타르박물

탈바꿈

탈핵으로
바꾸고
꿈꾸는 세상

탈바꿈프로젝트 지음

오마이북

일러두기

1. 이 책에서는 원자력발전소를 핵발전소라고 표기합니다. 핵발전소는 원자력이 아니라 핵에너지를 이용해 전기를 생산하기 때문입니다. 다만, 원자로나 원전처럼 관행으로 표기가 굳어진 경우는 부분적으로 사용했습니다.

2. 각 부의 끝마다 함께 보면 좋은 동영상, 책, 언론기사 자료를 제공합니다.

3. 본문 중 핵 관련 전문용어에는 밑줄로 표시해두었습니다. 용어의 뜻이 궁금하다면 부록 '탈핵 용어사전'을 참고해주세요.

탈핵과 에너지 전환을
꿈꾸는 당신에게

2011년 3월 11일 오후 2시 46분경, 일본 도호쿠 지역의 태평양 연안에서 규모 9.0 지진이 발생했습니다. 지진의 진동과 그로 인한 거대한 쓰나미는 동북부 지방의 수많은 건물과 생명을 앗아갔을 뿐 아니라 그보다 더 큰 재앙으로 이어졌습니다. 전 세계가 실시간으로 지켜보는 가운데 후쿠시마 핵발전소에서 폭발이 일어난 것입니다. 사람들은 그동안 가장 값싸고 안전하며 친환경적인 에너지 산업이라고 핵마피아들이 선전했던 핵발전의 몰락을 목격했습니다.

후쿠시마 사고의 여파는 빠르게 퍼져나갔습니다. 특히 일본에서 가까운 우리나라는 가장 큰 영향을 받을 수밖에 없었습니다. 일본에서 생활하던 수많은 이주민, 유학생 들이 급히 귀국했고 사고로 누출된 방사능이 우리나라에도 영향을 미칠지 모른다는 공포로 많은 사람이 불안감에 떨어야 했습니다. 정부는 사고 지역의 방사능은 편서풍을 타고 태평양 쪽으로 이동하기 때문에 우리나라에 큰 영향이 없다고 발표했지만 그 말에 안심하는 사람들은 많지 않았습니다. 일본에서 생산되는 수많은 식품과 근해에서 잡히는 생선 들이 한국으로 수입되는 등 당장 먹거리의 안전조차 보장되지 않았기 때문입니다. 관계 기관마다 유치원 및 학교 급식에 일본산 식재료가 쓰이지 않는지, 방사능 검사는 제대로 되고 있는지 불안해하는 학부모들의 문의가 쏟아졌고 온라인에서는 진실과 괴담이 뒤섞인 채 방사능 공포가 확산됐습니다.

아무리 큰 사건이라도 세월이 흐르면 조금씩 잊힙니다. 하지만 3년이 훌쩍 지난 지금도 후쿠시마 사고는 현재진행형입니다. 잘 수습되고 있다는 일본 정부의 주장과 달리 방사능 오염수가 매일 300톤씩 바다와 지하수로 누출되고 있고, 피난 생활을 하는 사람들은 아직 집으로 돌아가지 못하고 있습니다. 체르노빌 사고가 그러하듯 후쿠시마 사고는 앞으로 수십 년이 지나도 세대를 이어 피해를 낳을 것이고, 그보다 더 긴 세월이 흘러도 역사 속으로 사라지지 않을 겁니다. 그래서 우리는 또 다른 사고를 막고 근본적인 문제를 해결하기 위해서라도 체르노빌과 후쿠시마에서 일어난 사고를 기억하고 그로부터 배워야 합니다.

후쿠시마 사고 이후 많은 시민이 핵발전의 신화에 의문을 품기 시작했습니다. 과연 우리나라 핵발전소는 안전할까, 방사능은 우리에게 어떤 영향을 미칠까, 핵폐기물은 어떻게 처리되고 있을까, 핵발전은 정말 경제적일까? 그동안 관심 밖의 일이던 문제들이 우리 삶의 한가운데로 들어온 것입니다. 하지만 핵 관련 용어들은 일반 시민들이 이해하기 어려운 것투성이이며 관련 정보들은 대중에게 잘 공개되지 않습니다. 또 그동안 핵발전의 긍정적인 면들만 강요돼왔기 때문에 '핵발전 신화'에서 당장 벗어나기도 쉽지 않습니다. 공포는 제대로 알지 못할 때 더 심각해질 수밖에 없음에도, 우리 정부는 시민들의 우려를 '방사능 괴담'이라 치부하며 괴담 유포자를 처벌하겠다는 발표까지 했습니다.

알 권리 운동을 하고 있는 투명사회를 위한 정보공개센터(정보공개센터)는 이런 상황을 더는 보고만 있을 수 없었습니다. 정보공개센터는 핵 관련 정보들을 시민들에게 더 쉽게 전달하고 감춰져 있는 사실들을 공개하기 위해 아름다운재단의 '변화의 시나리오' 사업 지원을 받아 프로젝트를 시작했습니다. 우선 방사능와치(nukeknock.net)라는 사이트를 개설해 이슈가 되는 사건, 전문가의 정보, 정보공개 청구 결과, 해외의 정보 등을 정리해 공유했고, 특히 인포그래픽(infographic) 작업을 통해 시민들이 더 쉽게 정보를 이해할 수 있게 했습니다. 그리고 이렇게 쌓아온 정보들을 중심으로 《누크노크(NUKE KNOCK)》라는 자료집을 제작했습니다. 핵발전에 처음 관심을 갖게 된 사람들, 아이들에게 핵발전 및 방사능에 대해 가르치고 싶은 교사들, 안전한 먹거리 운동을 하는 생활협동조합 조합원들 사이에 입소문이 나면서 《누크노크》는 금세 동이 났습니다. 시민들이 핵발전과 방사능에 대한 정보에 목말라 있음을 알 수 있었습니다.

이 책 《탈바꿈: 탈핵으로 바꾸고 꿈꾸는 세상》은 이런 배경에서 기획됐습니다. 후쿠시마 사고 이후 관련 서적들이 쏟아져 나오고 있습니다. 반가운 일이기도 하지만 서글픈 일이기도 합니다. 그만큼 후쿠시마 사고가 끔찍한 일이었음을 반증하기 때문입니다. 정보공개센터는 많은 책이 있지만 조금 더 쉽게, 엄마와 아이가 함께 볼 수 있고, 핵과 방사능에 관심을 갖기 시작한 사람들의 입문서 역할을 할 수 있는 책을 만들어보기로 했습니다. '탈바꿈프로젝트'라는 이름 아래 필자 21명과 인포그래픽 팀이 모여 쉽고 친절한 탈핵 입문서를 펴내게 됐습니다.

이 책의 필자들은 그동안 탈핵운동을 고민하고 연구해온 환경운동가와 연구원, 정보공개운동을 하고 있는 활동가, 의학 전문가, 에너지 협동조합의 활동가, 후쿠시마 피해 지역의 주민, 탈핵을 선언한 독일에서 에너지 관련 연구를 하고 있는 연구원, 교사와 학생 등 다양하게 구성되어 있습니다. 각 분야의 전문가들과 핵 없는 사회를 위해 실천하는 필자들이 핵발전의 실체와 방사능의 위험성을 객관적인 자료들을 통해 전해줄 것입니다.

책은 총 3부 9장으로 구성되어 있고 각 부가 끝날 때마다 함께 보면 좋은 동영상과 책, 언론 기사 들을 소개합니다. 핵과 방사능에 대해 공부하는 모임이 있다면 각 부별로 읽고 참고해 더 깊게 공부하는 데 활용할 수 있습니다. 또 책의 강점 중 하나인 인포그래픽들을 중간 중간 삽입하여 주제별 내용의 이해를 돕고, 아이들이나 처음 정보를 접하는 사람들의 흥미를 돋울 수 있게 했습니다. 더불어 본문을 읽다가 궁금증이 생길 경우 참고할 수 있도록 탈핵 용어사전을 부록으로 엮었습니다. 이 용어사전은 관련 이슈나 논란도 함께 담아 탈핵의 관점에서 전문용어를 익힐 수 있게 정리했습니다.

책의 주요 내용을 소개하자면, 1부에서는 핵발전소의 위험성에 대에 다룹니다. 후쿠시마 사고 당시와 현재의 상황 및 후쿠시마에서 살아가는 사람들의 이야기를 전합니다. 또 우리나라 핵발전소 안전의 문제, 핵폐기물의 처리와 경주 핵폐기장을 둘러싼 쟁점을 이야기합니다.

2부는 방사능 먹거리와 건강에 대한 이야기입니다. 방사능으로부터 안전한 급식을 위한 실천 방법, 방사능이 인체에 미치는 영향, 최근 논란이 되었던 방사능 괴담에 대해 말합니다. 또 일본산 수입 식품과 수산물의 방사능 검사 현황을 중심으로 먹거리 안전에 대해 다룹니다.

3부는 대안에너지와 탈핵운동에 대한 내용입니다. 핵발전이 정말 경제적이고 친환경적인지, 독일은 어떻게 탈핵을 선언할 수 있었는지, 우리는 탈핵을 위해 어떤 일을 할 수 있는지 소개합니다.

이 책이 나오기까지 많은 분의 도움을 받았습니다. 정보공개센터가 탈바꿈프로젝트 활동을 시작할 수 있게 지원해준 아름다운재단과 인포그래픽 작업을 진행해준 장병인 대표, 홍익대학교 이주훈 교수와 IGIG팀(홍익대학교 조형대학 디자인영상학부 학생 모임)에게 깊은 감사의 마음을 전합니다. 무엇보다 이 책을 값진 원고들로 채워준 21명의 필자들께 특별한 감사와 응원을 보냅니다. 이분들의 활동은 핵 없는 세상을 만드는 데 실로 소금 같은 역할을 하고 있습니다. 마지막으로 이 책의 필요성을 공감하고 기획·편집해준 오마이북에도 감사를 전합니다.

탈핵은 하루아침에 실현할 수 있는 일은 아닙니다. 단계적인 계획과 제도 정비가 필요하며 시간이 걸리는 일입니다. 그러나 그 과도기를 안전하고 현명하게 보내기 위해, 또 시간을 단축하고 적극적으로 실천하기 위해, 더 많은 시민이 핵발전과 방사능에 대한 정보를 알아야 합니다. 제대로 된 정보를 통해 탈핵과 에너지 전환을 꿈꾸는 시민들의 고민과 실천이 이어지길 바랍니다. 그리고 이 책이 여러분에게 그런 고민과 실천의 시작이 될 수 있기를 바랍니다.

2014년 10월
투명사회를 위한 정보공개센터 소장 전진한

2부

방사능 먹거리와 안전

1부

삶을
위협하는
핵발전

1장 후쿠시마에 사는 사람들은 괜찮을까?

2장 우리나라 핵발전소는 안전할까?

3장 방사능 내뿜는 핵폐기물 어떻게 처리할까?

1장 후쿠시마에 사는 사람들은 괜찮을까?

"민지야, 아빠 이번 주에 일본 출장 가는데 뭐 사 올까?"

"일본? 일본으로 출장을 간다고요?"

"이맘때쯤 다녀오곤 했잖아. 초콜릿 사 올까?"

"지금 일본 가도 되는 거예요? 후쿠시마 사고 때문에
방사능 문제가 심각하다는데……."

"괜찮아! 아빠는 후쿠시마에서 멀리 떨어진 곳으로 가니까
걱정 안 해도 돼."

물론 일본 전체가 오염되지는 않았겠지,
일본이라고 해서 전부 위험하진 않겠지. 하지만 방사능은
눈에 보이지도 않고 느껴지지도 않는다는데 다른 지역으로
이미 많이 퍼지지 않았을까?

예전에는 아빠가 사다 주는 과자나 장난감 때문에
출장 다녀오시는 게 좋았지만 지금은 하나도 좋지 않다.

후쿠시마에서 멀리 떨어진 지역에 짧게 다녀오는 아빠의 출장도
이렇게 불안한데, 일본 사람들은 괜찮을까?

방사능 오염이 많이 된 후쿠시마에도
식물, 동물, 사람 들이 살 수 있는 걸까?

지금도 사람들이
죽어간다

2011년 3월 11일 오후 2시 46분 일본 도호쿠 지역에서 규모 9.0의 대지진이 발생했습니다. 이 지진으로 후쿠시마 핵발전소(후쿠시마 제1원전) 1~3호기 원자로는 자동적으로 제어봉이 삽입되고 긴급 정지됐습니다. 4호기는 정기 검사 중이었으므로 원자로가 운전 정지 상태였습니다. 그 후 지진으로 송전탑이 넘어지거나 무너지는 등 외부 전력이 끊기면서 비상용 디젤발전기가 가동했습니다.

지진이 나고 50여 분 후, 최대 높이 15.5미터의 쓰나미가 후쿠시마 핵발전소를 덮쳤습니다. 비상용 디젤발전기는 건물의 1층 또는 지하에 설치되어 있었기 때문에 물에 잠겨 기능이 멈췄습니다. 그에 따라 1, 2, 4호기는 모든 전원 공급이 중단됐고 3호기는 배터리는 살아 있었지만 교류 전원이 전부 끊겼습니다.

핵발전소는 원자로 내의 연료봉이 핵분열할 때 나는 열을 이용해서 전기를 생산하는데, 연료봉이 녹지 않도록 늘 식혀야 합니다. 후쿠시마 핵발전소의 원자로는 물로 식히는 구조이며 전기를 이용해 원자로에 물을 공급하고 있었습니다. 이런 시스템에서는 전원 공급이 중단되면 물을 공급할 수 없어 원자로가 열로 녹아내립니다. 이를 멜트다운이라고 하는데, 멜트다운이 일어나면 원자로 안에 봉쇄되어 있던 맹독의 방사성 물질이 외부로 누출될 위험이 있습니다. 4호기 원자로는 정지 중이었지만 문제가 없지는 않았습니다. 저장수조에 있는 사용후핵연료는 장시간 열이 나기 때문에, 냉각이 멈추면 물이 다 증발해서 결국 녹아내리고 맙니다.

사고 하루 후인 2011년 3월 12일 오후 3시 36분, 1호기에서 수소폭발이 일어났고 원자로 건물이 날아가버렸습니다. 핵연료를 넣는 관은 지르코늄이라는 금속으로 만들어져 있는데, 지르코늄은 녹으면 수소를 발생시키는 성질이 있습니다. 이렇게 발생한 수소가 연료봉을 밀봉한 격납용기 밖으로 샜고, 어떤 이유로 인화해 수소폭발을 일으킨 것이라고 추정됩니다.

그 후 멜트다운된 3호기가 14일에, 4호기가 15일에 수소폭발을 일으켰습니다. 물은 계속 주입하고 있었지만 지진으로 인한 배관 파손 등으로 원자로에 효율적으로 물을 보내기가 쉽지 않았습니다. 원자로에 연료봉이 없었던 4호기가 폭발한 이유는 3호기에서 발생한 수소가 4호기 원자로 건물에 유입됐기 때문으로 보입니다. 또한 15일에는 후쿠시마 핵발전소 정문 부근에서 시간당 약 12밀리시버트(mSv)의 방사선이 측정됐습니다. 이 수치는 일반인의 연간 피폭 한도인 1밀리시버트를 불과 5분 만에 넘기는 무척 높은 수치입니다.

수소폭발과 방사능 누출의 정확한 원인은 아직까지 규명되지 못하고 있습니다. 이를 밝히려면 녹아내린 연료봉의 위치 및 격납용기의 균열 등을 조사해야 하는데, 고농도의 방사능으로 인해 현장 접근이 쉽지 않기 때문입니다. 그럼에도 도쿄전력과 정부 원자력 기관은 사고의 주된 원인을 쓰나미에 있다고만 생각하고 싶은 눈치입니다.

그렇지만 국회가 설치한 도쿄전력 후쿠시마원자력발전소 사고조사위원회는 지진으로 1호기 원자로계 배관에 큰 균열이 생겨서 중대 사고로 이어졌다고 주장합니다. 사실이라면 내진설계(건물 등이 지진의 흔들림에 견딜 수 있게 설계하는 것) 기준을 근본적으로 재검토해야 하므로 전력회사와 정부에는 성가신 일입니다. 어쨌든 사고 후 3년이 지난 2014년 현재까지도 충분한 현장 검사가 이뤄지지 못했으므로 명확한 사고 원인은 알 수 없다는 것이 정확한 표현입니다.

결국 핵발전소 원자로 여러 기와 건물 들이 동시에 손상된 사상 초유의 핵발전소 사고는 막을 수 없었습니다. 일본 정부는 2011년 4월 12일이 되어서야 후쿠시마 핵발전소 사고등급이 체르노빌과 같은 최악의 수준이라고 인정했습니다. 그 후 원자로에 물을 주입하는 과정에서 방사능에 오염된 물을 다시 모아 정화하고 그 물로 냉각하는 순환 주수 냉각 시스템이 6월에 가동을 시작했고, 12월 16일에는 당시 총리이던 노다 요시히코(野田佳彦)가 '냉온정지 상태'를 선언했습니다.

냉온정지란 원자로가 격납용기 내에 안정적으로 밀봉된 상태, 즉 원자로 온도가 100도 이하로 냉각된 상황을 가리킵니다. 그러나 연료봉이 녹아 격납용기에 균열이 생기고 원자로 건물이 폭발한 상황이라면 당연히 냉온정지는 불가능합니다. 그래서 정부는 "압력용기 저부 온도가 100도 이하"이고 "부지 내 피폭 선량이 연간 1밀리시버트 이하"인 것을 냉온정지 '상태'라 일컫는 기묘한 표현을 만들어냈습니다. 그리고 닷새 후인 12월 21일에는 원전을 해체하는 '폐로(廃炉)를 위한 중장기 로드맵'을 발표했습니다. 요컨대 약 40년에 걸쳐 후쿠시마원전을 완전히 폐로하겠다는 계획입니다. 그런데 과연 순조로이 수습되고 있을까요?

'냉온정지 상태' 이후에도 원자로를 물로 식혀야 하는 상황은 바뀌지 않았습니다. 여기서 문제가 발생했습니다. 원자로에 주입하는 물보다 처리해야 하는 오염수가 많아진 것입니다. 순환 주수 냉각에는 하루 약 400톤의 물이 사용되지만, 그 외에도 산 쪽에서 원자로 건물 지하로 하루 약 400톤의 지하수가 흘러들어 가고 있습니다. 순환 주수 냉각을 사용하면 물의 절반은 정화되고 절반은 스트론튬 등을 포함한 오염수로 남습니다. 하루 800톤의 오염수를 정화 처리하지만 400톤은 오염수로 남는 겁니다. 이 오염수는 주로 탱크에 보관되는데 외부로 새어나오는 사고가 끊이지 않고 있습니다.

2013년 4월, 방수 시트가 깔린 지하 저수조에서 오염수가 누출됐습니다. 누출량은 추정으로 최대 약 120톤이고 포함된 방사성 물질은 약 7100억 베크렐(Bq)이었습니다. 이 사고 후 지하 저수조는 사용을 중단했습니다. 8월에는 지상 탱크에서 300톤, 24조 베크렐의 오염수가 누출됐습니다. 일부는 배수구를 통해 바다로 흘러나갔을 가능성이 높습니다. 누출 원인은 저수조가 볼트로 고정한 원통형 탱크여서 내구력이 약했기 때문이라고 추측됩니다. 용접으로 마무리한 튼튼한 탱크를 사용하는 것이 원칙이지만 급하게 만든 탓입니다.

여기서 그치지 않고 2014년 2월에는 다른 탱크에서 또다시 오염수 누출이 발견됐습니다. 양은 약 100톤이고 방사성 물질은 총 2300억 베크렐이었습니다. 초고농도 오염수가 누출되는 사고가 반복된 것입니다. 확인 결과 사고 당시 탱크의 배수 밸브가 열려 있었는데 누군가가 실수 또는 고의로 밸브를 열어놓은 것으로 보입니다.

도쿄전력에 따르면 2014년 4월 22일 기준으로 1~4호기 지하에 있는 오염수의 양은 약 7만 6100톤이고, 1000기가 넘는 지상 탱크들에 들어 있는 양은 총 45만여 톤이나 됩니다. 이 대량 오염수를 정화하기 위해 다핵종제거설비(ALPS)가 도입됐습니다. ALPS는 고농도 오염수에서 스트론튬 등 62종의 방사성 물질을 제거하는 설비입니다. 그러나 고장이 잦았고 아직 시운전 단계여서 제대로 가동되고 있지 않습니다. 또한 ALPS는 방사성 물질 트리튬은 제거할 수 없습니다.

도쿄전력은 원자로에 흘러드는 지하수의 양을 줄이기 위해 노력하고 있습니다. 원자로 건물로 흘러들어 가기 전에 지하수를 퍼올려 바다로 내보내는 '지하수 바이패스'를 2014년 5월부터 시작했습니다. 이렇게 하면 오염수를 하루 최대 100톤까지 줄일 수 있다지만 근본적인 해결책은 아닙니다.

그리고 도쿄전력은 2014년 6월, 원자로 건물 주변 지하를 높이 18~27미터의 동결시킨 철관으로 둘러싸는 '동토벽(凍土壁)' 건설 공사를 시작했습니다. 지하수 유입을 막는 일종의 차단벽인데, 길이 약 1500미터라는 전대미문의 규모이기 때문에 실증성이 부족하고 효과에 의문을 표하는 목소리도 있습니다. 어쨌든 오염수와의 싸움은 계속될 것입니다.

그렇다면 후쿠시마 사고 당시 누출된 방사성 물질은 얼마나 될까요? 당시 일본 원자력안전보안원은 요오드-131이 16경 베크렐, 세슘-134와 세슘-137이 각각 1.8경과 1.5경 베크렐, 스트론튬-89가 2000조 베크렐이라고 발표했습니다. 물론 이 수치보다 더 많았다고 주장하는 사람들도 있습니다. 하지만 중요한 것은 이 사고로 사람들이 어떤 피해를 입었느냐입니다.

먼저 이 사고는 사람들에게서 고향을 빼앗았습니다. 사고 후, 후쿠시마 핵발전소에서 20킬로미터 권내와 20킬로미터 권외지만 방사선량이 높은 일부 구역이 강제 피난 구역이 됐습니다. 2014년 9월 기준으로 피난 구역은 크게 셋으로 구분됩니다. 연간 피폭선량이 50밀리시버트 이상이면 '귀택 곤란 구역', 20~50밀리시버트면 '거주 제한 구역', 그 외에 20밀리시버트 이하로 떨어질 것이 예상되면 '피난 지시 해제 준비구역'입니다. 해제 준비구역에서는 일시적으로 집에 들를 수 있어도 거주할 수는 없습니다. NHK 보도에 따르면 이 세 개 피난 구역에 살고 있던 사람은 8만 1000명입니다. 자발적으로 이주한 사람 5만 4000명을 합치면 약 13만 5000명이 지금도 피난 생활을 하고 있습니다.

후쿠시마 사고는 사람들의 생명마저 빼앗았습니다. 체르노빌 사고처럼 매우 많은 양의 방사능에 노출되어 생기는 급성 방사선 장애로 사망한 사람은 없었지만 후쿠시마현 등의 조사에 의

하면 '재해 관련사'로 사망한 사람은 1600명 이상에 이릅니다. 재해 관련사란 지진이나 쓰나미로 직접 사망한 경우가 아니라 혹독한 피난 생활이나 재앙 피해에 절망감을 느낀 후의 자살 등을 포함한 사망을 가리킵니다. 후쿠시마현이 지진과 쓰나미 피해가 비교적 크지 않았고 방사능으로 인한 피난이 피해의 많은 부분을 차지한 사실을 고려하면, 이 숫자의 대부분이 방사능 피해 때문에 생겨난 결과라고 봐도 될 것 같습니다. 재해 관련사는 계속 늘어나고 있습니다. 후쿠시마의 비극적 사고는 지금도 사람들을 죽이고 있습니다.

방사능 피폭과의 인과관계는 명확히 밝혀지지 않았지만, 2014년 5월 후쿠시마현 주민들의 건강검진 결과에 따르면 사고 당시 18세 이하였던 어린이 및 청소년 30만 명 중 50명이 갑상선암 확진을 받았고 39명이 갑상선암이 의심된다고 합니다. 이는 일반 청소년 갑상선암 발병율이 100만 명 중 한 명인 것과 비교해볼 때 약 300배에 이르는 수치입니다.

그리고 잊어서는 안 되는 사람들이 있습니다. 바로 후쿠시마 핵발전소에서 일하는 노동자들입니다. 폐로 작업이나 오염수 처리 등으로 매일 약 3000명이 핵발전소에서 일하고 있고 그중 약 2000명이 하청 노동자로 추정됩니다. 그들 대부분은 저임금과 열악한 노동환경 조건에서 장래의 건강 피해에 대한 보상도 없이 일하고 있습니다. 이렇듯 후쿠시마 사고는 아직 끝나지 않았습니다. 여전히 수많은 사람들에게 피해를 입히며 비극은 지속되고 있습니다.

다카노 사토시(高野聡)　일본 요코스카 출신의 아시아평화시민네트워크 활동가. 2010년 미디어를 공부할 생각으로 한국에 왔지만, 2011년 3월 후쿠시마 사고에 큰 충격을 받아 한국에서 탈핵운동을 시작했다. 2011년 9월부터 2년 동안 에너지정의행동에서 활동하며 반핵 아시아 포럼, 한중일 탈핵 캠프 등의 통역 겸 국제 교류를 담당했다. 2014년 7월부터 아시아평화시민네트워크에서 탈핵 운동과 한일 시민 교류를 맡아 활동하고 있다.

저장 탱크

직경 12m

볼트 처리

높이 11m

고무 패킹 처리

용량 1000ton

고무 변형

누수

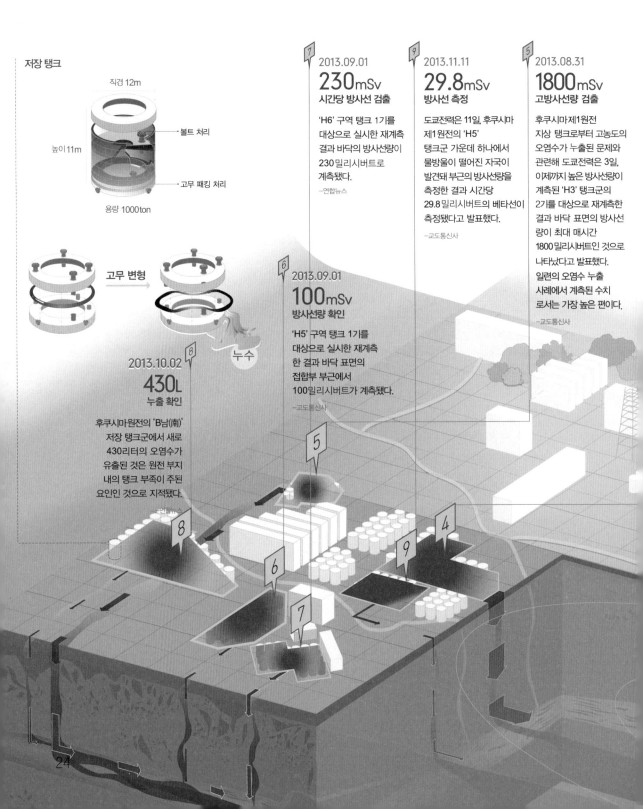

7
2013.09.01
230mSv
시간당 방사선 검출

'H6' 구역 탱크 1기를 대상으로 실시한 재계측 결과 바닥의 방사선량이 230밀리시버트로 계측됐다.

—연합뉴스

9
2013.11.11
29.8mSv
방사선 측정

도쿄전력은 11일, 후쿠시마 제1원전의 'H5' 탱크군 가운데 하나에서 물방울이 떨어진 자국이 발견돼 부근의 방사선량을 측정한 결과 시간당 29.8밀리시버트의 베타선이 측정됐다고 발표했다.

—교도통신사

5
2013.08.31
1800mSv
고방사선량 검출

후쿠시마제1원전 지상 탱크로부터 고농도의 오염수가 누출된 문제와 관련해 도쿄전력은 3일, 이제까지 높은 방사선량이 계측된 'H3' 탱크군의 2기를 대상으로 재계측한 결과 바닥 표면의 방사선량이 최대 매시간 1800밀리시버트인 것으로 나타났다고 발표했다. 일련의 오염수 누출 사례에서 계측된 수치로서는 가장 높은 편이다.

—교도통신사

6
2013.09.01
100mSv
방사선량 확인

'H5' 구역 탱크 1기를 대상으로 실시한 재계측한 결과 바닥 표면의 접합부 부근에서 100밀리시버트가 계측됐다.

—교도통신사

8
2013.10.02
430L
누출 확인

후쿠시마원전의 'B남(南)' 저장 탱크군에서 새로 430리터의 오염수가 유출된 것은 원전 부지 내의 탱크 부족이 주된 요인인 것으로 지적됐다.

—연합뉴스

24

infographic: 송윤지 · 이효진

1

2011.03~

300ton
2년간 매일 누출

2호기에서 2년간
매일 300톤씩 누출 인정.

2014.02.20

100ton
고농도 오염수 누출

후쿠시마 제1원자력
발전소에서 약 100톤에
이르는 고농도 방사능
오염수가 또다시 누출됐다.
오염수에 포함된 방사성
물질은 리터당 2억
3000만 베크렐에
이른다. 20일 후쿠시마제1
원전 오염수 저장 탱크에서
전날 약 100톤의 고농도
방사능 오염수가 탱크
주변을 에워싼
콘크리트보를 넘어 외부로
누출됐다고 밝혔다.

－뉴스원

4

2013.08.19

300ton
고농도 오염수 누출

19일 오전 'H4' 저장 탱크군
주변을 순찰 중이던 도쿄
전력 직원이 고선량 물
웅덩이를 발견했다.
저장 탱크 1기에서
오염수가 약 300톤 유출돼
일부는 인근 배수구를
타고 바다로 흘러들었을
가능성이 높은 것으로
밝혀졌다.

－교도통신사

2

2013.04.05

120ton
오염수 누출 확인

제1원전 지하 저장수조
에서 오염수120톤 누출
확인.

3

2013.07.22

300ton
오염 지하수 누출

일본 후쿠시마 제1원전
건물 근처에서 1일
300톤의 지하수가 방사성
물질에 오염돼 바다로
누출되고 있다.

－중앙일보

10

2013.11.11

방사성 세슘 농도
지속적인 상승

보도에 따르면 후쿠시마
원전 2호기의 취수구
인근 바다에서 방사성
세슘의 농도가 6개월 전
리터당 20베크렐에서
최근 80베크렐을 웃도는
수준으로 지속적으로
상승했다.

－문화일보

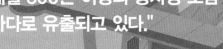

"매일 300톤 이상의 방사능 오염수가
바다로 유출되고 있다."

25

사망자

대지진으로 인한 사망자 (행방불명자 포함)

1만 8466명

재해 관련 사망자 중 방사능 관련 사망자

(피난 생활 중 건강 악화 등으로 사망)

910명
방사능 관련 사망자

2782명
재해 관련 사망자

핵발전소 사고 때문에 병원이 마비되면서
숨지거나 피난 도중에 죽은 사람들을 합한 수치.
하지만 아직까지 본격적인 방사능 후유증이 나타난 것은
아니기 때문에 장기적으로 사망자가 추가 발생할 가능성이 있음.

후쿠시마 사고 이후 핵발전소에서 일하다가 숨진 사람

6명

발전소장 요시다 마사오
식도암으로 사망

건강 피해

후쿠시마현 주민 갑상선 검사 결과

– 갑상선 검사는 사고 당시 18세 이하였던 후쿠시마현 주민을 대상으로 실시.
– 전 지역을 돌아 2014년 6월 30일에 결과(잠정치)가 정리됨.

Fukushima
후쿠시마

30만 명 대상 검사 중 갑상선암에 걸렸거나 걸렸을 수
있다고 확인된 104명 중에서 암이라고 확정된 사람은
57명이고 양성은 1명이었다. 사고 당시 이들 104명의
평균 연령은 14.8세였으며 남성이 36명, 여성이 68명이다.
종양 크기는 5∼41밀리미터로 평균 14밀리미터다.

57명
갑상선암 확정

1명
양성반응

의혹 대상자 104명 중 >

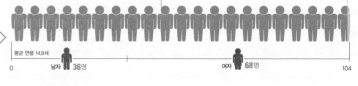

평균 연령 14.8세
0
남자 **36명**
여자 **68명**
104

사고 피해액

전체 사고 피해 처리 비용

원자로 폐쇄 등의 사고 수습 비용
2조 1675억 엔

행정 비용
4656억 엔

제염으로 발생한 폐기물 중간 저장 시설
1조 600억 엔

오염된 토지 제염 비용
2조 4800억 엔

피해 주민 손해배상
4조 9088억 엔

총 금액
∨

11조 819억 엔

(약 108조 5360억 원)

이주민

총 이주민 수

5만 4000명
자발적으로 피난

8만 1000명
피난 지시를 받음

∨

13만 5000명

총 13만 5000명이 피난 생활 하고 있음.

(NHK 보도)

infographic: 박지영

26

공기와 물이 오염된
도쿄에서 올림픽을?

"후쿠시마 사고에 대해 우려하는 사람들이 있다면 제가 확실하게 말씀드리겠습니다. 모든 상황은 통제하고 있습니다. 지금까지도 그랬고, 앞으로도 도쿄에 그 어떤 피해도 주지 않을 것입니다."

2013년 9월 7일 일본의 아베 신조(安倍晋三) 총리는 국제올림픽위원회(IOC) 125차 총회에서 이렇게 말했습니다. 이 말은 현대사에서 최고의 거짓말 가운데 하나로 기억될 것입니다. 일부 일본 사람들은 이 발언을 "새빨간 거짓말"이라고 합니다. 하지만 IOC는 총리의 말을 믿었는지, 2020년 올림픽을 도쿄에서 개최하기로 했습니다. 일본 정부 대변인은 방사능 오염 수준이 안전 수치를 넘어서지 않았다며 총리의 말을 두둔했습니다. 이는 어떤 남자가 10층 빌딩에서 뛰어내렸는데, 각 층을 지나면서 "아직은 괜찮아!"라고 말하는 게 들렸다는 옛날 우스갯소리를 생각나게 합니다.

후쿠시마와 방사능의 진실에 대해 우리가 모르고 있는 사실들이 너무나 많습니다. 여러분이 꼭 알아야 할 8가지를 말씀드리겠습니다.

첫째, 도쿄 주거지역의 토양에서 1제곱미터당 9만 2335베크렐을 넘어서는 방사능이 검출됐습니다. 이는 1986년 핵 참사가 일어난 체르노빌 핵발전소 4호기 주변 토양에서 검출된 방사능과 맞먹는 위험한 수치입니다. 후쿠시마에서 230킬로미터 떨어진 수도권이 왜 이렇게 오염됐을까요? 도쿄와 후쿠시마 사이에는 방사능구름을 막을 만한 높은 산들이 없다는 사실이 이유 가운데 하나입니다. 도쿄 주민들 중 일부는 후쿠시마에서 흘러나오는 방사능의 위험을 알고 있기 때문에 일본 동부 지역에서 생산되는 식재료를 절대 먹지 않습니다.

둘째, 만약 후쿠시마에 규모 5 이상 중간급 강도의 지진이 나면 이미 무너져 내린 건물은 완전히 망가질 것입니다. 실제로 사고 후 2년 반 동안 후쿠시마에는 계속해서 지진이 발생하고 있습니다. 지금 이 편지를 쓰는 순간에도 중간 규모의 지진이 일어나 건물을 흔들어놓았습니다.

후쿠시마 제1원전 1호기는 핵연료가 과열되어 멜트다운이 일어났습니다. 이는 핵연료가 녹아내렸음을 의미하며 핵연료 용융물과 접촉하는 구조물들도 녹아내렸다는 뜻입니다. 녹아내린 핵연료는 원자로 바닥은 물론이고 건물의 콘크리트 바닥까지 뚫고 내려가 땅속으로 가라앉았습니다. 지난 2년 반 동안 도쿄전력 사람들은 녹아내린 연료를 식히기 위해 필사적으로 원자로에 물을 부었습니다. 하지만 이 냉각수가 연료에까지 닿고 있는지는 알려져 있지 않습니다. 특히 위험한 곳은 4호기인데, 마치 또 한 번의 재난을 기다리는 것처럼 많은 양의 사용후핵연료가 저장수조에 담겨 있습니다.

셋째, 정말 큰 문제는 방사능에 고도로 오염된 물이 지하수에 섞여들었고, 이러한 누출을 막을 수 없어 결국 해양으로 오염수를 흘려보내고 있다는 사실입니다(그림 1-1). 이것은 통제할 수 없는 실제 상황입니다. 아베 총리의 IOC 연설보다 한 달 앞선 2013년 8월, 후쿠시마원전 1호기에서 시간당 8500마이크로시버트(μSv)의 방사선이 측정됐습니다. 1호기 건물에서 한 달 머물면 누구라도 사망할 수 있는 수치입니다. 이 수치는 더 이상 그곳이 사람들이 무엇인가를 할 수 있는 장소가 아님을 뜻합니다. 후쿠시마원전이 있는 오쿠마마치에서는 총리의 발언 두 달 전인 2013년 7월, 시간당 320마이크로시버트의 방사선이 측정됐습니다. 이런 환경에서 산다면 2년 반 안에 사망할 수 있습니다. 그래서 사고 핵발전소 반경 20~30킬로미터 안에는 아무도 살지 않는 유령도시가 생겨났습니다.

그림 1-1

**후쿠시마 핵발전소의
오염수 누출**

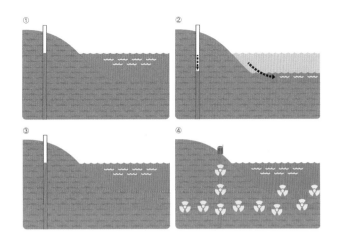

① 평상시의 지하수와 바다 상태.
② 쓰나미가 오기 전 해수면이 낮아지고 해수 경계면이 해안가에서 멀어진다.
　동시에 지하수 수위도 내려간다.
③ 땅 밑으로 흐르는 지하수가 멀리 해수와 연결되어 있기 때문이다.
④ 후쿠시마 핵발전소는 사고 이후 고준위 오염수를 계속 지하수로 흘려보냈고,
　이 오염수는 바다로 끊임없이 누출되고 있다.

　넷째, 2020년 도쿄올림픽과 관련된 외국의 보도에는 중요한 사실 하나가 빠져 있습니다. 방사능 오염수가 지표 아래로 스며들어 지하수 역시 오염되고 있고, 이 지하수가 해저 담수원과 연결돼 바다로 흘러들어 가고 있다는 사실입니다. 외신에서는 오염수가 원자로 부근 지상으로 누출되는 사실만 보도했습니다. 2012년 7월 6일, 독일 킬에 있는 해양연구소에서 태평양 오염 시뮬레이션을 발표한 적이 있습니다. 누출 시작 후 2276일이 지난 시점인 2017년 6월 6일의 상황을 시뮬레이션 해보니, 태평양이 치명적으로 오염될 것이라는 결과가 나왔습니다.

　다섯째, 오늘날 일본 전역의 음식점들은 방사능 오염 식품을 식탁 위에 올리는 것 말고는 달리 선택의 여지가 없어 보입니다. 도쿄에서 가까운 대형 어시장에서 대기 중 방사선량을 측정하면 0.05마이크로시버트가 나옵니다. 이는 대기의 방사선량 정상 수치보다 약간 높습니다. 그러나 생

선 가까이에서 방사선량을 측정하면 수치는 두 배에서 세 배로 늘어납니다(2013년 측정치). 그만큼 생선에서 강한 방사선이 뿜어져 나온다는 뜻입니다. 도쿄 지역 부근의 채소와 생선은 방사능에 오염돼도 폐기하지 않습니다. 이는 일본 정부가 식품에 허용한 방사능 수치, 그러니까 판매 금지 수치를 저준위 방사성 폐기물과 같은 수준으로 높게 정했기 때문입니다. 도쿄 부근의 먹거리도 문제지만, 후쿠시마 부근의 먹거리는 다른 현으로 보낸 다음 그 현에서 생산된 것처럼 원산지를 바꿔 출하하는 경우도 있어 문제가 더 심각합니다. 그뿐 아니라 대형 식품회사에서 공급하는 먹거리나 고급 식당에서 내오는 음식은 오히려 방사능 검사를 거의 하지 않습니다.

여섯째, 후쿠시마 핵발전소에서 측정하는 방사능은 방사성 세슘이 유일합니다. 측정되지 않은 스트론튬-90과 트리튬이 일본 전역에 대량으로 퍼지고 있습니다. 스트론튬과 트리튬 방사능은 투과력이 약한 베타선으로 구성되어 측정하기가 매우 어렵습니다. 그러나 이 둘은 대단히 위험합니다. 스트론튬은 백혈병을, 트리튬은 유전자 변형을 일으킬 수 있습니다.

일곱째, 아주 위험한 사실이 또 있습니다. 일본 동부 지역에서는 토양에 떨어진 방사능 오염물을 제거하려고 토양 상층부를 긁어내 플라스틱 포대에 담아 쌓아두고 있습니다. 이 플라스틱 포대는 일본 동부 지역에 산더미처럼 쌓인 채로 내외부 영향을 받아 열화(劣化)되고 있습니다. 그리고 폭우와 태풍에 그대로 노출되어 풍화되고 있습니다. 결국 플라스틱이 손상되어 내용물이 흘러나올 것입니다. 그런데도 이 오염물질을 안전하게 처리해 옮겨놓을 장소는 준비되어 있지 않습니다.

여덟째, 〈도쿄신문〉의 보도에 따르면 2013년 9월 21일 이노세 나오키(猪瀬直樹) 당시 도쿄도지사는 기자회견에서 "아베 총리가 IOC에서 발표한 내용은 상황을 통제하고 싶은 자기 의지를 표명한 것"이라고 말했다고 합니다. 이노세는 "상황은 현재 통제되고 있지 않다"라고 덧붙였습니다. 이제는 일본에서도 냉각수를 원자로에 퍼붓는 상황을 심각한 문제로 여깁니다. 지금까지 언론은 방사능의 위험을 감추기에 급급했는데 2013년 들어서는 방사능 누출 위험을 매일 보도하며 IOC에 거짓말을 한 아베 총리를 비난하고 있습니다.

슬픈 이야기지만 이것이 일본과 도쿄의 상황입니다. 저는 일본 음식과 이 땅을 사랑해왔습니다. 후쿠시마 사고가 일어나기 전까지 말입니다. 하지만 지금은……

올림픽이 무엇입니까? 공기와 물이 오염된 도쿄에서 스포츠를 즐기고 싶으십니까? 방사능에 오염된 음식을 먹겠습니까? 후쿠시마 핵 사고로 오늘날 일본은 과거 인류가 경험하지 못했던 비정상적인 상태에 있습니다. 이 내용을 여러분 나라의 언어로 번역하여 배포해주십시오.

여러분의 건강과 장수를 빕니다.

* 히로세 다카시 블로그(hibi-zakkan.net)의 글 발췌·재정리 (번역: 김복녀)

──────

히로세 다카시(広瀬隆)   저널리스트이자 반핵운동가. 다카기 진자부로와 더불어 일본 반핵운동계의 대표적 이론가이자 활동가다. 핵발전을 통해 공급되는 도쿄전력의 전기를 사용하지 않기 위해 집을 손수 뜯어고칠 정도로 반핵운동에 앞장서고 있다. 현재 여러 시민단체와 연합해 후쿠시마원전 피해보상 운동을 주도하고 있다.

시련 속에서도
희망을 일구는 사람들

2011년 3월의 후쿠시마 사고 후 3년이라는 시간이 흘렀습니다. 외부에서 보면 후쿠시마 사람들이 아무 일 없었던 듯 지내는 것 같습니다. 그러나 실제로 후쿠시마에 사는 많은 사람들은 핵발전소 사고로 누출된 방사능에 늘 불안해하면서도 겉으로 표현하지 않을 뿐입니다. 후쿠시마현 내에서 매일 보도되는 오염수 문제, 핵폐기물 처분장 문제, 진행되지 않는 폐로 작업, 연달아 발생하는 사건 사고……. 이렇듯 항상 불안 속에 있기 때문에 가까이 존재하는 공포를 잊고 싶은 마음에 아무렇지 않은 척 조용히 살아가는 겁니다.

핵발전소 사고는 방사능 오염 피해뿐 아니라 피난민 가족 간의 갈등부터 지역사회의 문제까지 여러 범위의 공동체에 영향을 주고 있습니다. 예를 들어 핵발전소 사고 피난민을 받아들인 이와키시(市)에서는 피난민과 지역 주민들 사이에 많은 문제가 발생했습니다. 2만 4000여 명의 피난민이 일시에 들어온 데다가 쓰나미 재해지의 복구 작업자, 핵발전소 폐로를 위한 작업자, 방사성 폐기물 처분 작업자 등이 외부에서 한꺼번에 몰려들면서 한가로이 살고 있던 기존 주민들은 생활이 여러모로 불편해져 불만이 쌓여 있습니다.

특히 피난민들의 삶은 사고 이후 완전히 달라졌습니다. 아이의 건강을 염려해 피난 간 엄마, 혼자 후쿠시마에 남아 일을 하는 남편, 함께 피난했지만 고향으로 돌아가고 싶어 하는 쪽과 돌아가지 않겠다는 쪽의 갈등, 좁은 가설 주택에서 24시간 서로가 노출된 생활, 파괴된 일상, 잃어버린 일자리, 도쿄전력의 배상금이 지급되는 사람과 지급되지 않는 사람, 지역별로 차이가 있는 배상금 규모 등 많은 것들이 서로의 마음에 벽을 만들고 있습니다. 이 때문에 자살, 이혼, 가정 폭력 등이 증가해 사회적으로도 문제가 되고 있습니다.

피난민들이 이주해 온 이와키시의 식당과 술집에는 사람과 차가 넘쳐나고 병원도 도로도 정원을 초과하고 있습니다. 피난민들이 배상금을 받아서 일도 하지 않고 흥청망청 먹고 마시는 것처럼 비치면서 피난민과 지역 주민 사이의 갈등도 강하게 드러나고 있습니다.

이러한 문제는 국가적 재난이 일어난 뒤 정부와 도쿄전력이 미흡하게 대처했기 때문에 벌어진 것입니다. 실제로 후쿠시마 지역은 쓰나미 등에 의한 직접적인 사망자보다 핵발전소 사고가 영향을 준 간접 사망자가 더 많습니다. 힘든 피난 생활로 질병을 얻거나 절망감을 느낀 후 자살하는 사람들이 생겨난 것입니다. 그럼에도 정부 및 이권을 챙기려는 쪽에서는 다양한 이유를 대면서 아무 일도 없었던 것처럼 핵발전소의 재가동과 이권 구조 회복을 위해 움직이고 있습니다. 그러나 후쿠시마에 살던 사람들의 생활은 사고 전의 상황으로 돌아갈 수 없습니다. 이들은 비정상 상태로 살아가고 있습니다. 정부나 이권층의 움직임은 현실을 외면한 행동이며, 이를 더 이상 지켜볼 수 없는 각 지역의 시민단체와 활동가 들이 해결을 위해 나서고 있습니다.

2011년 12월, 후쿠시마 지역 활동가들은 지진 및 핵발전소 사고로 생겨난 지역의 과제를 해결하기 위해 수도권의 지원자들과 만남의 자리를 가졌습니다. 그리고 이 만남을 계기로 후쿠시마에서 활동하는 민간비영리단체(NPO) 관계자가 중심이 되어 '이와키 오텐토 SUN 기업조합'이 설립됐습니다. 이 조합은 후쿠시마의 재건을 위해 세 가지 사업을 시작했습니다.

첫째는 유기농 목화 사업입니다. 핵발전소 사고의 영향으로 경작을 포기한 농지가 급격히 늘었는데, 이런 땅을 활용해 목화를 재배하고 상품화하고 있습니다. 피난 구역에서 해제된 히로노마치로 경작 범위를 넓혀 경작지가 3헥타르(약 9000평)를 넘어섰습니다. 토양의 방사선량 검사를 먼저 해서 안전한 땅으로 판명되면 목화씨를 뿌려 농사를 짓고, 이후 생산된 목화에도 방사능 검사를 진행합니다. 목화에 문제가 없으면 후쿠시마에서 생산한 목화 10퍼센트, 미국에서 수입한 유기농 목화 90퍼센트로 천을 만들고 그 천을 이용해 티셔츠나 수건을 제작해 판매하고 있습니다. 도쿄를 중심으로 많은 지역의 자원봉사자들이 경작에 참여했고, 2013년에는 7000명이 넘는 사람들이 후쿠시마에 와서 함께 땀을 흘렸습니다. 2014년 1월 한국에 이 활동을 소개하면서 몇몇 단체와도 연대가 이루어져 후쿠시마의 목화씨를 한국에서 심고 재배하는 작업을 진행하고 있습니다.

둘째는 태양광발전을 중심으로 한 지역공동체 발전 사업입니다. 핵발전소 사고 이후 에너지 절약에 대한 의식이 향상되고 있고, 재생에너지로 만든 전기를 전력회사가 의무적으로 전량 매입하는 제도 등으로 인해 후쿠시마현 내에서도 대규모 태양광발전소가 많이 설치되고 있습니다. 그러나 지역의 재건이나 새로운 산업 육성, 지역 공헌으로 이어지는 부분이 적습니다. 그래서 조합에서는 발전소 용지 확보부터 시공까지 모든 과정에 지역 주민들이 참여할 수 있는 시스템을 만들고 있습니다. 탈핵을 현실화할 수 있는 대체에너지를 시민이 직접 제안하고, 대체에너지의 확대를 위한 교육 사업의 일환으로 인재 육성 사업도 함께 이끌어가고 있습니다. 사업으로 발생한 수익은 다시 지역으로 환원해 피난민 지원, 지역에너지 사업 육성, 피해 지역 복구 비용 등으로 사용합니다. 2014년 9월까지 50킬로와트급 발전소 두 곳과 10킬로와트급 발전소 한 곳이 완성됐으며, 50킬로와트급 발전소를 시민들과 협력해 설치하는 중입니다. 또 태양광 패널을 밭 위에 설치해 그 아래에서 농작물을 생산하는 실험도 하고 있습니다. 그 외에 환경 교육 형태의 태양광발전 워크숍, 태양광발전으로 생산한 전력만으로 진행되는 콘서트, 관광지의 야간 조명 작업 등과 같은 사업을 하고 있습니다.

셋째는 스터디 투어 사업입니다. 스터디 투어의 목적은 핵발전소 사고로 극심한 피해를 입은 후쿠시마의 상황을 정확하게 알리고, 후쿠시마 지역 과제를 해결하기 위한 연대의 장을 넓히는 것입니다. 대지진 직후에는 재해 지역 견학이 주를 이뤘지만 요즘은 유기농 목화 재배 체험이나 태양광발전소 시공 체험, 방사능 위험 경계 지역 시찰, 방재(防災) 연수 등으로 목적이 확산되면서 개인들과 민간 기업 및 단체 들의 참여가 늘고 있습니다. 이 중에서 방사능 위험 경계 지역 시찰은 핵발전소 사고가 지역에 얼마나 큰 피해를 가져오는지를 호소하는 사업으로, 2013년에는 700명가량이 도미오카마치를 방문했습니다. 이곳은 후쿠시마 핵발전소 반경 20킬로미터 안에 있는 피난 구역 중 한 곳입니다. 스터디 투어는 유기농 목화 사업 및 지역공동체 발전 사업 등과 연계된 프로그램입니다. 참가자들은 현재 후쿠시마의 과제가 무엇인지, 아이들에게 어떤 미래를 물려줘야 하는지, 그것을 위해 지금 무엇을 해야 하는지 등에 대해 후쿠시마 사람들과 함께 생각하고 행동하며 연대를 이룹니다.

핵발전소 사고로 후쿠시마는 많은 것을 잃었고, 앞으로 더 많은 시련을 이겨내야 합니다. 지금도 그곳에서는 여전히 사람들이 삶을 이어가고 있으며, 또 그들과 함께하려는 사람들이 모여들고 있습니다. 후쿠시마의 현재를 알리고 연대하는 우리의 활동이 결국 탈핵과 희망이 있는 미래로 이어지길 바랍니다.

시마무라 모리히코(島村守彦)　1995년 효고현에서 한신 대지진을 겪었고, 2000년 후쿠시마현 이와키시로 이주했다. 주식회사 뎅카콤을 설립해 주택 리모델링 사업을 벌이며 주택용 태양광발전을 판매 및 시공해왔다. 지진과 핵발전소 사고가 일어난 뒤 태양광발전을 통해 쓰나미 재해지에 불빛을 밝히는 활동을 수행하던 중, 지역 활동가들과 '이와키 오텐토 SUN 기업조합'을 설립해 자연에너지를 이용한 후쿠시마 재건 활동을 이어가고 있다. 한국에서도 여러 차례 강연을 했고, 태양광발전 및 목화 사업의 연대를 통해 후쿠시마의 경험에서 배운 새로운 가치관의 전환을 제안하고 있다.

2장 우리나라 핵 발전소는 안전할까?

"엄마, 우리나라는 지진이 안 일어나요?"

"아니, 우리나라도 일어나지. 얼마 전 외할머니 사시는

울산에도 지진이 난 적 있어."

"그러면 우리나라도 일본처럼 지진 때문에 핵발전소 사고가

날 수 있겠네요? 후쿠시마 사고가 지진 때문이래요.

거대한 쓰나미가 후쿠시마 지역을 덮치면서

핵발전소가 폭발했대요."

"우리나라는 일본처럼 큰 지진이 일어날 리 없으니까

그런 사고는 나지 않을 거야."

엄마는 괜찮을 거라고 하시지만, 사고가 일어나지 않는다는

보장도 없지 않을까? 그동안 우리나라에는 지진이 얼마나 있었을까?

인터넷으로 '우리나라 지진 발생'을 검색해보니

일본만큼은 아니지만 우리나라도 점점 자주 지진이 일어나고 있고

강도도 세지고 있다고 한다.

우리나라 핵발전소는 지진이 나도 정말 안전할까?

튼튼하게 지어서 안전하겠지? 일본처럼 사고를 예상 못 하면 어쩌지?

만약 큰 지진이 나면 핵발전소 주변에 사는 주민들은 어떻게 피하지?

지진 발생 지대에 세워진 한국의 핵발전소

한반도는 지진 안전지대가 아닙니다. 1978년 지진계(지진 계측기)가 도입된 이후의 기록을 보면 한반도 지진 횟수는 계속 늘어나고 있습니다(그림 2-1). 1990년대부터 꾸준히 증가 추세를 보이고 있는데, 1978년부터 1998년까지 21년간의 연평균 지진 발생 횟수는 19.2회지만 1999년부터 2013년까지 최근 15년간의 연평균은 47.7회로 증가했습니다. 일부 전문가들은 지진관측망이 늘어나고 관측 장비가 현대화되면서 지진 감지 능력이 향상되어 미세한 지진도 측정되기 때문이라고 합니다. 그러나 지진 발생 자체가 늘어난 것은 사실입니다. 측정 장비가 민감해지기도 했지만 작은 규모의 지진이 늘어난 점도 부정할 수 없는 사실입니다. 특히 2013년에는 최근 14년간의 연평균 지진 발생 횟수의 두 배에 달하는 지진이 일어났습니다.

지진의 크기는 지진을 느끼는 정도에 따라 메르칼리 진도로 표현하거나 지진계로 측정하는 값인 리히터 규모로 나타냅니다(표 2-1). 메르칼리 진도는 지진의 영향을 받은 지역의 피해 정도를 등급으로 환산해 그 강도를 매기는 것이고, 리히터 규모는 진앙지에서 발생한 지진의 규모를 기계로 측정해 숫자로 표기하는 것입니다. 과거 지진계가 없었던 시기에 일어난 지진은 피해 정도에 따라 메르칼리 진도로 표시하는데, 이를 지진 규모로 환산해서 지진의 크기를 추정할 수 있습니다. 큰 지진이라고 느껴지는 정도는 리히터 규모 4.8, 메르칼리 진도 5 수준입니다. 참고로, 지진 규모에 표시되는 숫자는 단순히 수치로 비교하기 어렵습니다. 규모 6에서 7로 증가할 때 지진에너지는 32배 커집니다. 단순히 두 배로 세지는 것이 아닙니다.

지진은 일본에서처럼 판 경계 지점에서 발생하기도 하지만 중국 내륙에서처럼 판 내부에서 일어나기도 합니다. 전문가들은 우리나라에서 지진이 늘어나는 이유를 일본과 중국 양쪽에 대규

그림 2-1

국내 지진 발생 추이

출처: 기상청 www.kma.go.kr/weather/earthquake/domestictrend.jsp

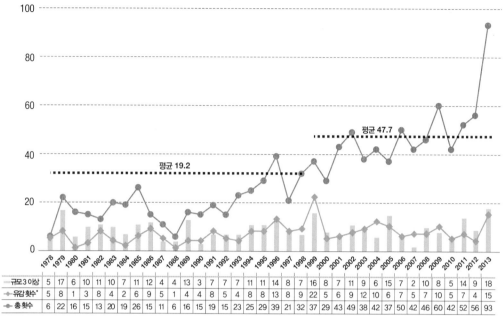

	1978	1979	1980	1981	1982	1983	1984	1985	1986	1987	1988	1989	1990	1991	1992	1993	1994	1995	1996	1997	1998	1999	2000	2001	2002	2003	2004	2005	2006	2007	2008	2009	2010	2011	2012	2013
규모3 이상	5	17	6	10	11	10	7	11	12	4	4	13	3	7	7	7	11	11	14	8	7	16	8	7	11	9	6	15	7	2	10	8	5	14	9	18
유감 횟수*	5	8	1	3	8	4	2	6	9	5	1	4	4	8	5	4	8	8	13	8	9	22	5	6	9	12	10	6	7	5	7	10	5	7	4	15
총 횟수	6	22	16	15	13	20	19	26	15	11	6	16	15	19	15	23	25	29	39	21	32	37	29	43	49	38	42	37	50	42	46	60	42	52	56	93

*유감 횟수: 일반인이 감지한 지진 횟수

표 2-1

메르칼리 진도와 리히터 규모의 상관관계와 지진 효과

메르칼리 진도	강도	효과	리히터 규모
1	기계만 느낌	지진계나 민감한 동물이 느낌	−3.5
2	아주 약함	가만히 있는 민감한 사람이 느낌	3.5
3	약함	트럭이 지나가는 것과 같은 진동을 느낌	4.2
4	중간 정도	실내에서 진동을 느끼고 정지한 자동차가 흔들림	4.5
5	약간 강함	일반적으로 진동을 느껴 자는 사람이 깸	4.8
6	강함	나무가 흔들리고 의자가 넘어짐. 일반적인 피해를 초래함	5.4
7	보다 강함	벽에 금이 가고 잔해가 떨어짐	6.1
8	파괴적	굴뚝, 기둥이나 약한 벽이 무너짐	6.5
9	보다 파괴적	집이 무너짐	6.9
10	재난에 가까움	많은 빌딩이 파괴되고 철도가 휨	7.3
11	상당한 재난	몇 개의 빌딩만 남고 다 무너짐	8.1
12	천재지변	모든 것이 완전히 파괴됨	8.1 이상

모 지진이 발생하면서 힘이 쌓여왔기 때문이라고 설명합니다.

2014년 들어서는 1978년 관측 이후 세 번째로 큰 규모인 5.1 지진이 충남 태안 앞바다에서 발생하기도 했습니다. 기상청 관측 사상 국내에서 가장 큰 규모의 지진은 2004년 5월 29일 오후 7시 14분께 경북 울진 동쪽 약 80킬로미터 해역에서 발생한 규모 5.2 지진입니다. 우리나라에서 지금까지 규모 5 이상의 지진은 6번 기록됐습니다.

지진계가 도입된 1978년 이전의 한반도에서도 대규모 지진이 발생했음을 확인할 수 있습니다. 기상청이 2012년 발간한 자료집 《한반도 역사지진 기록》에 따르면 기원후 2년부터 1904년까지 《삼국사기》 등 역사 문헌에 기록된 지진은 총 2161회입니다. 그중 인명 피해가 발생하거나 건물을 파괴할 수 있는 진도 8 내지 9(규모 6.5에서 6.9 정도)의 지진이 15회 일어났다고 기록돼 있습니다. 그런데 표 2-2를 보면, 총 15회 중 10회가 경주 일대에서 일어났습니다. 지금 경주에는 월성 핵발전소가 있습니다. 1643년에는 진도 10의 지진이 발생한 기록도 있는데 이는 규모 7.3 정도로 추정할 수 있습니다. 이 정도 지진을 에너지 크기로 보면 히로시마에 떨어졌던 핵폭탄보다 크고 22만 명의 사망자가 발생한 2010년 아이티 지진(규모 7.0)보다 큽니다.

지진계가 도입된 1978년 이후로 큰 지진이 발생하지 않았다고 해서 우리나라가 지진 안전지대는 아닙니다. 과거에 대규모 지진이 일어났음을 역사적 기록에서 확인할 수 있고, 이는 앞으로도 그럴 가능성이 있다는 뜻입니다. 특히 지진 발생의 결과로 보이는 단층이 있는 곳은 지진 가능성이 더 높습니다.

2012년 소방방재청이 발표한 지진 위험 지도(그림 2-2)에서도 영덕-경주 일대가 한반도에서

표 2-2

경주 인근 지역의 역사적 지진 기록

출처: 〈경주 핵폐기장 1차 후보 부지 조사 보고서〉, 2005.

시기	메르칼리 진도	감진 지역 및 피해
34년	9	경주 지진으로 인해 샘이 솟았다.
100년 10월	9	경주 지진으로 가옥이 무너지고 사람이 사망하였다.
123년 5월	9	경주 동쪽에서 땅이 꺼져 연못이 되고 연꽃이 자라났다.
304년 8월	9	지진 발생으로 샘이 솟았다.
304년 9월	9	경주 지진으로 가옥이 무너지고 사람이 사망하였다.
471년 3월	9	지표면이 약 20장 정도 갈라지고 샘이 솟아올랐다.
510년 5월	9	지진 발생으로 가옥이 무너지고 사람이 사망하였다.
630년	9	큰 관청이 크게 균열이 갔다.
779년 3월	9	지진으로 가옥이 무너지고 사망자가 100여 명이며, 사좌좌와 같은 자리 100자리를 만들어놓고 높은 스님을 모시고 설법하는 큰 법회를 열었다.
1643년 7월 24일	10	영덕 등지에서 연대(煙臺)와 성첩(城堞)이 대부분 무너졌다. 울산에서는 땅이 갈라지고 물이 솟았다. 신시에 땅의 축이 크게 흔들렸다. 마치 우레 소리 같았다. 관청 건물이 흔들리고 마치 갈라져 무너질 듯하였으나, 좌우의 사람들이 미처 도망해 나오지 못하였다. 변괴가 비상하다.

가장 큰 지진이 발생할 확률이 높다는 점을 확인할 수 있습니다. 이 일대는 지진 발생의 원인이 되는 활성단층(움직임이 있는 단층)이 몰려 있기 때문에 지진이 일어날 가능성이 높습니다. 그런데 이곳에 건설, 가동, 계획 중인 핵발전소가 집중되어 있습니다. 영덕은 신규 핵발전소 부지로 지정·고시됐고 경주시에는 월성 핵발전소 4기와 신월성 핵발전소 2기(1기 가동 중, 1기 건설 중)가 있습니다. 그 밑에 있는 울산광역시에는 신고리 핵발전소 6기가 건설 또는 건설 계획 중입니다. 울산광역시와 붙어 있는 부산광역시에는 고리 핵발전소 4기가 가동 중입니다.

경주 월성과 부산 고리에는 수명이 끝난 핵발전소도 한 기씩 있습니다. 핵발전소는 설계할 때부터 수명이 정해져 있는데 수명이 다한 핵발전소는 안전성이 매우 낮아지게 됩니다. 월성 1호기는 2012년에 수명이 끝나서 2014년 현재 5년째 수명 연장 심사 중이고 고리 1호기는 2007년에 수명이 끝났지만 10년간 수명이 연장되어 2014년 현재 37년째 가동 중입니다.

소방방재청 지진 위험 지도를 보면 영덕-경주 일대가 한반도에서 가장 붉은색을 띠고 있습니다. 가장 강한 지진이 발생할 확률이 높다는 의미입니다. 이 지도에 따르면 영덕-경주 일대는 지진재현주기 4800년에서 최대지반가속도 0.27지(g)가 예상됩니다. 최대지반가속도는 중력가속도 지의 배수로 표현하며, 지진이 발생했을 때 수평으로 미치는 힘을 의미합니다.

지진이 발생하면 땅이 상하 좌우로 움직이는데 지상에 있는 구조물에 가장 큰 영향을 미치는 것은 수평으로 작용하는 힘입니다. 수평으로 작용하는 힘, 즉 최대지반가속도를 추정해서 건물이 받을 힘을 가정해 내진설계에 반영합니다. 지진 규모는 최대지반가속도와 규모 사이의 관계식을 이용해서 구합니다. 지반의 상황에 따라 이 관계식은 다르며 나라에 따라서도 다릅니다. 한국수력원자력(한수원)의 관계식에 따르면 0.2지의 최대지반가속도를 견디는 내진설계를 하면 지진 규모 6.5까지 견딜 수 있다고 합니다. 하지만 0.2지보다 더 큰 최대지반가속도가 예상되면 규모 6.5 이상의 지진이 발생할 수 있다는 의미이므로 내진설계를 더 높여야 합니다.

극한 상황을 고려한 핵발전소 스트레스 테스트는 지진재현주기 1만 년 빈도를 기준으로 합니다. 지진이나 홍수와 같은 자연재해는 언제 어느 정도 크기로 발생할지 예상하기 쉽지 않습니다. 이때 재현주기를 이용하는데 4800년 재현주기라고 해서 4800년 이후에 지진이 일어나는 것은 아닙니다. 후쿠시마 사고를 일으킨 동일본 대지진의 경우 규모 9.0이었는데 1000년 재현주기라고 평가했지만 2011년 3월에 발생했습니다. 우리나라는 일본보다 상대적으로 지진 안전지대라고 평가받지만 재현주기가 길어지면 대규모 지진 발생 가능성이 높아집니다. 지진 빈도를 스트레스 테스트 기준인 1만 년 빈도로 확대하면 영덕–경주 일대는 최대지반가속도 0.41지로 평가됩니다. 0.41지는 한수원의 지반가속도–규모 환산식에 의하면 지진 규모 7.19가량으로 추정할 수 있습니다.

하지만 고리원전과 월성원전의 내진 설계는 0.2지이며 신고리원전 3·4호기부터 내진설계 0.3

그림 2-2

지진원별 지진 위험도

(재현주기 4800년)

출처: 소방방재청, 〈활성단층 지도
및 지진 위험 지도 제작〉, 2012.

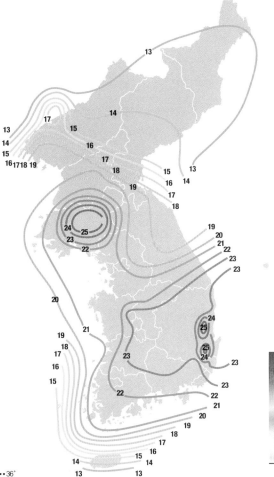

그림 2-3

동해안 주요 4기 단층

출처: 〈국제신문〉, 2005.

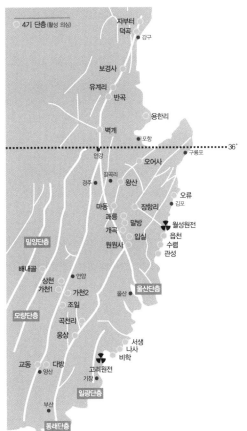

지로 건설 중입니다. 0.2지는 내진설계로는 지진 규모 6.5를 견디는 강도이고 0.3지는 지진 규모 6.9를 견디는 강도입니다. 이보다 더 큰 지진이 발생했을 때 이들 핵발전소는 안전을 보장하기 어렵습니다. 현재 가동 중인 핵발전소들은 발생 가능한 지진에 견디는 설계가 되어 있지 않은 채 유지되고 있습니다.

부산과 울산, 경주를 이은 고리, 월성, 동해안 일대에 총 18기의 핵발전소가 가동 예정이며 이 인근 30킬로미터 반경에 400만 명이 넘는 인구가 몰려 있습니다. 특히 핵발전소가 집중되어 있고 인구밀도도 높은 고리원전과 월성원전 인근에는 활성단층이 다수 분포해 있습니다.

지질학계에서는 지진이 일어날 수 있는, 다시 말하면 다시 활동할 수 있는 단층을 활성단층이라고 합니다. 신생대인 제4기(180만~200만 년 전부터 지금까지)에 움직인 단층들이 활성단층인데, 핵산업계는 이 활성단층들 중에서 가장 최근에 움직인 단층들을 '활동성단층'이라고 해서 특별히 주의해야 할 단층으로 취급하고 있습니다. 월성원전 인근에는 이런 단층들이 많습니다. 월성원전 반경 5킬로미터, 2킬로미터, 1킬로미터 거리에 각각 단층들이 있습니다(그림 2-3). 이들은 월성원전의 안전에 직접적인 영향을 끼칠 수 있습니다. 하지만 월성원전과 신월성원전은 국내에서 가장 약한 내진설계로 지어졌습니다. 특히 월성원전 1호기는 30년 전의 토목건축 기술로 건설됐습니다.

다시 한 번 강조하지만, 국내에서 가장 큰 규모의 지진이 일어날 확률이 높은 지대에서 핵발전소가 집중적으로 건설·운영되고 있습니다. 하지만 지진에 대한 발전소의 대책은 턱없이 부족합니다. 경주, 울산 같은 대도시에 만약 큰 지진이 일어난다면 그 자체만으로도 커다란 인명 피해와 경제적 손실을 가져올 수 있습니다. 게다가 지진 앞에 속수무책일 핵발전소는 어떤 결과를 불러일으킬까요? 후쿠시마원전이 지진과 쓰나미의 영향으로 폭발한 사실을 우리는 잘 알고 있습니다. 지금은 그저, 월성원전과 고리원전이 설계수명을 다해 폐쇄될 때까지 지진이 일어나지 않기를 기도하는 수밖에 없는 걸까요?

양이원영　환경운동연합 에너지기후팀 처장. 학부에서 생물학과 화학을 공부했다. 1995년 굴업도 핵폐기장 반대운동으로 반핵운동을 시작해 1997년에 환경운동연합 반핵운동 담당 간사가 되었다. 2005년 대학원에서 공공정책학과 경영학을 공부하고 현재 환경운동연합 에너지기후팀에서 일하고 있다. '핵발전소는 안전할 때 중단하는 것이 가장 현명하고 경제적'이며, '핵발전소가 없어야 더 잘살 수 있다'는 내용을 널리 알리고 있다.

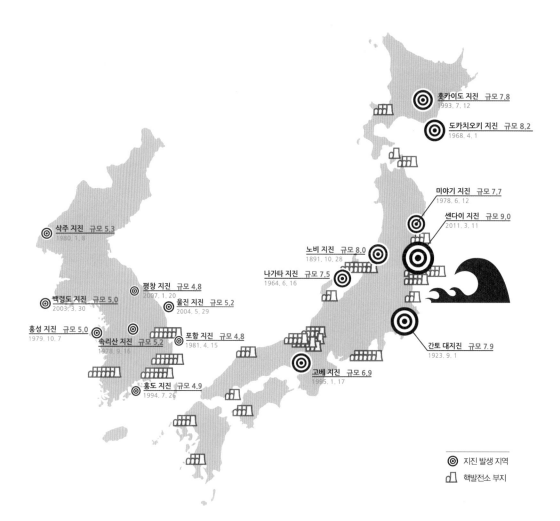

홋카이도 지진 규모 7.8
1993. 7. 12

도카치오키 지진 규모 8.2
1968. 4. 1

미야기 지진 규모 7.7
1978. 6. 12

센다이 지진 규모 9.0
2011. 3. 11

삭주 지진 규모 5.3
1980. 1. 8

노비 지진 규모 8.0
1891. 10. 28

나가타 지진 규모 7.5
1964. 6. 16

평창 지진 규모 4.8
2007. 1. 20

백령도 지진 규모 5.0
2003. 3. 30

울진 지진 규모 5.2
2004. 5. 29

홍성 지진 규모 5.0
1979. 10. 7

속리산 지진 규모 5.2
1978. 9. 16

포항 지진 규모 4.8
1981. 4. 15

간토 대지진 규모 7.9
1923. 9. 1

홍도 지진 규모 4.9
1994. 7. 26

고베 지진 규모 6.9
1995. 1. 17

◎ 지진 발생 지역

🏭 핵발전소 부지

인포그래픽으로 이해하기 | 주요 여행지 화산 지형과 핵발전소 현황

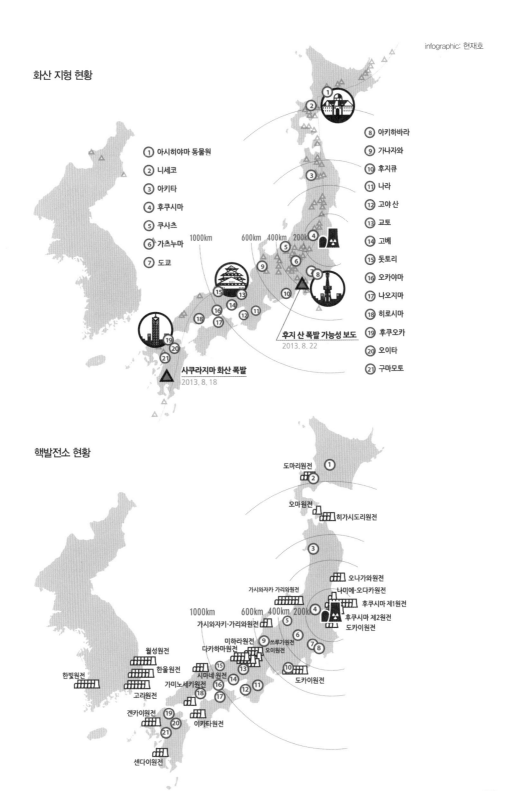

infographic: 현재호

화산 지형 현황

① 아시히야마 동물원
② 니세코
③ 아키타
④ 후쿠시마
⑤ 쿠사츠
⑥ 가츠누마
⑦ 도쿄

⑧ 아키하바라
⑨ 가나자와
⑩ 후지큐
⑪ 나라
⑫ 고야 산
⑬ 교토
⑭ 고베
⑮ 돗토리
⑯ 오카야마
⑰ 나오지마
⑱ 히로시마
⑲ 후쿠오카
⑳ 오이타
㉑ 구마모토

후지 산 폭발 가능성 보도
2013. 8. 22

사쿠라지마 화산 폭발
2013. 8. 18

핵발전소 현황

도마리원전
오마원전
히가시도리원전
오나가와원전
나미에·오다카원전
후쿠시마 제1원전
후쿠시마 제2원전
도카이원전
가시와자카 가리와원전
가시와자키·가리와원전
미하라원전
쓰루가원전
다카하마원전
오이원전
월성원전
한울원전
시마네 원전
도카이원전
한빛원전
가미노세키원전
고리원전
겐카이원전
이카타원전
센다이원전

47

늙고 병들어도 멈추지 않는
핵에너지 산업

당연한 이야기지만 모든 기계에는 수명이 있습니다. 기계의 수명은 처음 기계를 설계하거나 제작할 때 정해집니다. 100만 개 이상의 부품으로 이뤄진 핵발전소 역시 다양한 부품의 내구성과 경제성, 안전성 등을 고려해서 설계수명을 정합니다. 설계수명이란 말 그대로 기계를 설계할 당시 계산한 사용 기간을 의미합니다.

대략 10년 정도 자동차를 사용하면 우리는 흔히 '수명을 다했다'고 말합니다. 자동차처럼 복잡한 기계의 경우 오래 사용하다 보면 일부 부품은 교체되어 '새것'이고 일부는 출시 당시의 것을 그대로 사용하곤 합니다. 하지만 차의 몸체처럼 핵심적인 부품은 교체하기 힘들기 때문에, 이들 핵심 부품이 설계수명에 근접하면 성능이 떨어지고 언제 멈출지 모르는 불안한 상태가 되어 자동차를 폐기하게 됩니다. 물론 잘 관리하면 설계수명을 훌쩍 넘겨 20~30년 혹은 50년 이상 사용하기도 합니다. 하지만 이는 매우 예외적인 경우이며 그런 낡은 자동차에서 최신 자동차와 같은 성능을 기대하는 사람은 없습니다.

핵발전소도 마찬가지입니다. 소모성 부품들을 주기적으로 교환하더라도 핵발전소 전체의 설계수명은 원자로와 격납용기 등 핵심 부품의 설계수명에 맞춰 정해집니다. 핵발전소 사용에 대한 정부의 인허가도 이에 따라 진행됩니다. 자동차와 달리 핵발전소는 단 한 번의 사고가 너무나 치명적인 결과를 낳습니다. 방사능은 한번 새어나오면 지구 전체로 퍼지고, 그 피해는 세대를 이어갑니다. 핵발전소의 설계수명에 주목하는 이유는 그 때문입니다.

그럼에도 수명을 다한 핵발전소가 계속 사용되는 사례는 전 세계적으로 많습니다. 2014년 3월 기준으로 전 세계 핵발전소 435기 중 86기가 설계수명이 끝났지만 수명이 연장됐습니다.

위험성이 많음에도 핵발전소의 수명을 연장하는 이유는 무엇일까요? 핵발전소는 아주 비싼 기계입니다. 최근 우리나라에서 건설되는 핵발전소 1기의 건설 가격은 3조 원 정도입니다. 이렇게 비싼 기계를 수명이 다했다고 폐기하면 사업자 입장에서 매우 아까울 것입니다. 약간의 보수를 통해 더 가동할 수 있다면 새로운 수익을 거둘 수 있기 때문입니다. 또한 핵발전소를 지을 땅을 새롭게 찾기 어려운 점도 수명 연장의 이유 중 하나입니다. 체르노빌과 후쿠시마 사고를 거치면서, 전 세계적으로 신규 핵발전소 건설 부지를 찾기란 모래사장에서 바늘 찾기만큼 어려워졌습니다. 오늘날 세계 곳곳의 지역 주민들은 짧게는 수년에서 길게는 수십 년에 걸쳐 핵발전소 건설 반대운동을 벌이고 있습니다. 이러한 경제적 이득과 신규 건설의 어려움이라는 이유 때문에 기존 핵발전소의 수명 연장은 전 세계적으로 많이 벌어지고 있습니다.

그런데 경제성은 핵발전소 수명 연장의 이유이기도 하지만 폐쇄의 근거가 되기도 합니다. 미국 위스콘신 주의 키와니 핵발전소는 우리나라의 고리 핵발전소 1호기와 같은 모델이어서 흔히 '쌍둥이 핵발전소'로 불립니다. 1974년 가동을 시작한 키와니 핵발전소는 고리 1호기와 모델은 같지만 설계수명 40년을 부여받았고, 수명 연장 심사를 통과해 20년간 수명이 연장됐습니다. 하지만 키와니 핵발전소를 운영하는 도미니언리소스사(Dominion Resources)사는 발전소 매각을 추진하다 실패하자 2013년 3월에 발전소 폐쇄를 결정했습니다. 핵발전소의 설계수명은 남았지만 더는 경제성이 없다고 판단했기 때문입니다.

그렇다면 키와니의 쌍둥이 핵발전소인 고리 1호기를 비롯한 우리나라 핵발전소들의 경제성은 어떨까요? 고리 1호기는 수명 연장 결정 10년 전인 1998년에 증기발생기와 주급수 펌프 등 주요 기기를 교체했으며, 월성 핵발전소 1호기는 수명 만료를 불과 3년 남긴 2009년 7000억 원을 투입해 압력관 교체 작업을 진행했습니다. 주요 부품을 이미 교체했기 때문에 수명 연장 심사 당시의 경제성 분석에서는 이 비용이 빠졌습니다. 벌써 많은 비용을 투자했으니 수명을 연장하는 것이 더 경제적이라는 결론에 이른 것입니다. 그렇기 때문에 수명 연장 후의 예상 이익이 부풀려졌다는 비판이 이어졌습니다.

게다가 고리 1호기와 월성 1호기의 경제성 분석 보고서는 영업상 비밀을 이유로 현재 비공개 상태입니다. 그런데 '영업상 비밀'은 다른 업체와 경쟁하는 상황에서 쓰는 말이 아닐까요? 우리나라의 핵발전 사업자인 한수원은 공기업입니다. 경제성 분석이 제대로 이뤄졌는지, 수명 연장에 문제가 없는지 확인하는 일은 노후 핵발전소 문제로 불안을 느끼는 국민의 알 권리를 위한 것입니다. 그런데도 정부와 공기업이 국민을 상대로 영업상 비밀을 운운하는 상황은 이해하기 어렵습니다.

한편 정부와 한수원의 계획대로 주요 부품을 교체하면 핵발전소를 영구적으로 사용할 수 있을까요? 그렇지 않습니다. 앞서 이야기했듯 '무한정 쓸 수 있는 기계'란 존재하지 않습니다. 핵발전소도 언젠가는 폐쇄해야 하며, 따라서 건설할 때 이 문제도 함께 준비해야 합니다.

일반 건물을 철거하는 일은 비교적 간단합니다. 요즘에는 폭파 공법이 다양하게 발달해서 큰 건물도 안전하고 빠르게 철거할 수 있습니다. 하지만 핵발전소는 그렇게 할 수 없습니다. 사용하고 남은 핵연료인 사용후핵연료는 직접적으로 노출되면 즉사할 수 있을 정도로 많은 양의 방사성 물질을 내뿜고 있고, 냉각수로 계속 식히지 않으면 후쿠시마 사고처럼 수소폭발로 이어질 수 있습니다. 사용후핵연료만큼은 아니지만 원자로와 증기발생기처럼 방사성 물질이 직접 닿았던 부품들도 방사선을 계속 내뿜기 때문에 '중준위 핵폐기물'로 분류되어 별도로 보관해야 합니다.

따라서 각 부품과 건물의 잔해를 방사선의 세기에 따라 분류하고 이에 맞춰 핵폐기장으로 보내는 등 더 이상 핵시설로 규제할 필요가 없게 만드는 작업이 필요한데, 이를 폐로(廢爐)라고 합니다. 폐로는 단순히 핵발전소의 가동만을 멈춘 폐쇄나 물리적인 해체와는 구분되는 개념입니다. 다시 말해 핵발전소의 폐로는 핵발전소가 폐쇄되고 난 다음에 이뤄지는 모든 해체를 포괄하는 개념입니다.

이처럼 개념을 구분하는 이유는 폐로가 매우 오랜 기간 동안 복잡한 과정을 거치면서 진행되기 때문입니다. 전 세계적으로 핵발전소 해체 방법은 두 가지로 구분할 수 있습니다. 하나는 폐쇄와 거의 동시에 해체 과정이 진행되는 '즉시 해체'이고, 다른 하나는 일정 시간이 흘러 반감기가 짧은 방사성 물질이 소멸되고 난 뒤에 해체하는 '지연 해체'입니다. 즉시 해체는 완료되기까지 걸리는 기간이 15년 정도로 비교적 짧기 때문에 사회적 수용성은 좋지만 많은 양의 방사성 폐기물이 나오고 해체 과정에서 피폭 노동자가 많이 양산된다는 단점이 있습니다. 반면 60년 안에 해체를 완료하는 지연 해체는 방사선 준위가 떨어진 다음에 해체를 진행하기 때문에 피폭량이 줄고 비용도 분산되는 장점이 있지만, 사실상 미래 세대에 해체 업무를 떠넘긴다는 점에서 사회적 수용성이 낮은 단점이 있습니다.

핵발전소의 위험성을 걱정하고 불안해하는 사람들은 하루빨리 핵발전소를 폐로하기를 바랄 것입니다. 그러나 폐쇄 결정은 즉각 내릴 수 있을지 몰라도, 폐로가 완료되기까지는 복잡한 판단과 비용 투입이 필요하며 또 다른 사회적 갈등이 유발될 수 있습니다. 따라서 이에 대한 사회적 논의와 대비책이 필요하지만 그동안 우리는 신규 핵발전소를 짓는 데만 정책 역량을 치중해왔을 뿐 폐로에 대해서는 준비하지 않았습니다.

더 큰 문제는 우리나라가 이제 본격적인 노후 핵발전소 시대로 접어들고 있다는 것입니다. 이미 수명이 만료된 고리 1호기와 월성 1호기 외에도 현재 가동 중인 23기의 핵발전소 중 절반인 12기가 2028년까지 수명이 만료됩니다. 1980년대에 집중적으로 건설한 핵발전소들의 수명이 이제 끝나가는 것입니다. 1기당 수천억 원의 비용과 수십 년의 시간, 그리고 또다시 복잡한 사회적 갈등을 낳을 핵발전소 폐로 계획을 더는 늦출 수 없는 상황이 되고 있습니다.

이헌석　에너지정의행동 대표. 인천 영흥도화력발전소 반대운동, 2005년 핵폐기장 주민투표 반대운동, 고리 1호기 수명 연장 반대운동 등에 참여했다. 반핵국민행동 사무국장, 국가에너지시민포럼 공동사무국, 핵 없는 사회를 위한 공동행동 공동집행위원장 등 다양한 단체들의 네트워크를 구성하고 조율하는 일에도 참여해왔다. 핵발전소와 핵폐기물 문제, 에너지 전환 등의 이슈를 지속 가능하고 정의로운 관점에서 재해석하는 일에 관심이 많다.

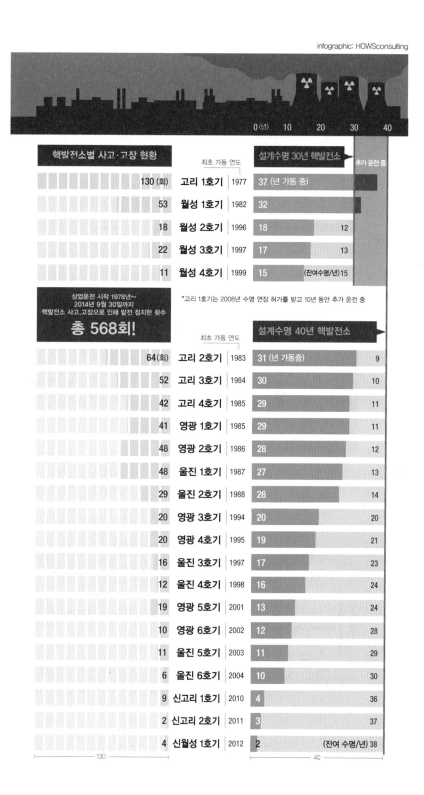

infographic: HOWSconsulting

0 (년) 10 20 30 40

핵발전소별 사고·고장 현황

사고·고장 (회)	핵발전소	최초 가동 연도	설계수명 30년 핵발전소	추가운전 중
130 (회)	고리 1호기	1977	37 (년 가동 중)	
53	월성 1호기	1982	32	
18	월성 2호기	1996	18 · 12	
22	월성 3호기	1997	17 · 13	
11	월성 4호기	1999	15 (잔여수명/년) 15	

상업운전 시작 1978년~ 2014년 9월 30일까지 핵발전소 사고·고장으로 인해 발전 정지한 횟수

총 568회!

*고리 1호기는 2008년 수명 연장 허가를 받고 10년 동안 추가 운전 중

사고·고장 (회)	핵발전소	최초 가동 연도	설계수명 40년 핵발전소	
64 (회)	고리 2호기	1983	31 (년 가동중)	9
52	고리 3호기	1984	30	10
42	고리 4호기	1985	29	11
41	영광 1호기	1985	29	11
48	영광 2호기	1986	28	12
48	울진 1호기	1987	27	13
29	울진 2호기	1988	26	14
20	영광 3호기	1994	20	20
20	영광 4호기	1995	19	21
16	울진 3호기	1997	17	23
12	울진 4호기	1998	16	24
19	영광 5호기	2001	13	24
10	영광 6호기	2002	12	28
11	울진 5호기	2003	11	29
6	울진 6호기	2004	10	30
9	신고리 1호기	2010	4	36
2	신고리 2호기	2011	3	37
4	신월성 1호기	2012	2 (잔여 수명/년) 38	

130

40

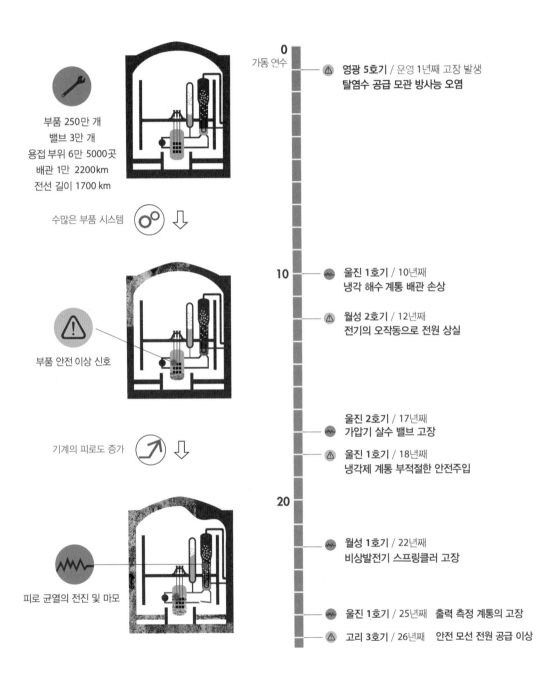

부품 250만 개
밸브 3만 개
용접 부위 6만 5000곳
배관 1만 2200km
전선 길이 1700 km

수많은 부품 시스템

부품 안전 이상 신호

기계의 피로도 증가

피로 균열의 전진 및 마모

0
가동 연수

영광 5호기 / 운영 1년째 고장 발생
탈염수 공급 모관 방사능 오염

10

울진 1호기 / 10년째
냉각 해수 계통 배관 손상

월성 2호기 / 12년째
전기의 오작동으로 전원 상실

울진 2호기 / 17년째
가압기 살수 밸브 고장

울진 1호기 / 18년째
냉각제 계통 부적절한 안전주입

20

월성 1호기 / 22년째
비상발전기 스프링클러 고장

울진 1호기 / 25년째　출력 측정 계통의 고장

고리 3호기 / 26년째　안전 모선 전원 공급 이상

infographic: 김다희

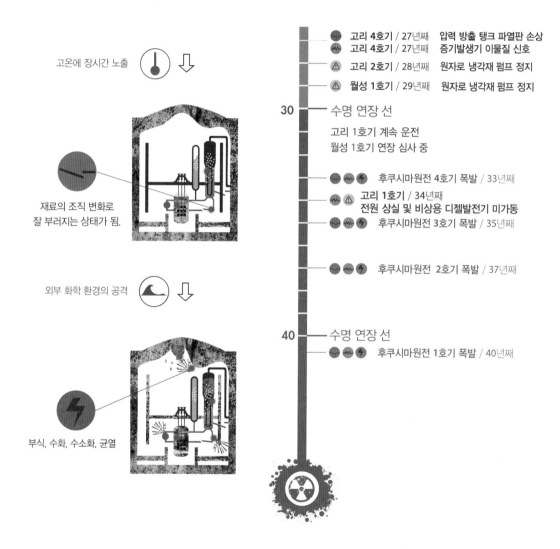

고온에 장시간 노출

재료의 조직 변화로
잘 부러지는 상태가 됨.

외부 화학 환경의 공격

부식, 수화, 수소화, 균열

고리 **4호기** / 27년째   압력 방출 탱크 파열판 손상
고리 **4호기** / 27년째   증기발생기 이물질 신호
고리 **2호기** / 28년째   원자로 냉각재 펌프 정지
월성 **1호기** / 29년째   원자로 냉각재 펌프 정지

30 ── 수명 연장 선

고리 1호기 계속 운전
월성 1호기 연장 심사 중

후쿠시마원전 4호기 폭발 / 33년째

고리 **1호기** / 34년째
전원 상실 및 비상용 디젤발전기 미가동

후쿠시마원전 3호기 폭발 / 35년째

후쿠시마원전 2호기 폭발 / 37년째

40 ── 수명 연장 선
후쿠시마원전 1호기 폭발 / 40년째

우리나라에서
핵 사고가 일어난다면

부산은 가만히 생각해보아도 너무 커다랗지.

너무 커다래서 커다랗다고 말하는 게 어색할 정도로 커다랗지.

당시 해운대에는 약 42만 명의 사람들이 살고 있었다고 자막은 말했다.

사람들은 회사를 다녀야 하고 가게는 장사를 해야 하고 어디에 있건 사람들은 밥을

먹고 얼굴을 바라보며 이야기를 해야 하는데요.

그런데 당장 이사를, 아니 대피를 가거나 어딘가로, 어디로? 대체 어디로?

고리핵발전소에서 서울까지는 고작 300Km 거리인데요.

서울로 가면 우리는 안전합니까?

서울은 안전하다고 누군가는 정말로 믿고 있습니까?

당장 해운대를 빠져나가는 외국인들이 보도되고

그 사람들은 부산을 죽음의 땅이라고 말했는데…….

— 박솔뫼, 〈겨울의 눈빛〉, 2013

〈겨울의 눈빛〉은 부산 기장군에 있는 고리 핵발전소의 방사능 누출 사고를 가정해 황폐화된 부산을 배경으로 쓰인 소설입니다. 서울 다음으로 가장 화려한 도시인 부산이 핵발전소 사고로 어떻게 변했는지를 보여주는 이 소설에는 이미 일상화된 사고 이후의 폐허가 담담하게 담겨 있습니다. 만약 우리나라에서 후쿠시마와 같은 핵발전소 사고가 일어난다면 어떻게 될까요? 별로

상상하고 싶지는 않지만 그래도 이야기를 꺼내는 이유는 핵발전소 사고가 우리에게 미치는 영향이 아주 심각하기 때문입니다.

저의 상상을 잠깐 말해볼까요? 아마 사고 당일은 핵발전소 인근의 지역 주민 말고는 사고에 대해 알지도 못할 것 같습니다. 너무 심각한 상황이다 보니 국민의 동요를 막기 위해 알리지 않을 가능성이 높기 때문입니다. 후쿠시마도 마찬가지였습니다. 사고에 대한 정확한 정보가 국민에게 전달되지 않아 피해를 더 키웠다는 문제 제기가 계속되고 있습니다. 그렇게 사고 후 며칠이 지나 조금은 구체적인 정보들이 뉴스를 통해 보도되겠지만 피해 상황은 수시로 변할 겁니다. 고농도의 방사능이 누출될 경우, 피폭 문제로 사고 발생 지역으로 들어가기가 어려워 확실한 조사를 진행하기 힘들 테니까요. 이 상황을 책임지고 수습해야 할 정부와 지방자치단체들은 아마 우왕좌왕할 겁니다.

한 달 즈음이 지나고 나서야 사고 지역의 주민들을 다른 지역으로 피난시키는 일이 가능해질 겁니다. 수십만 명의 사람들이 한꺼번에 피난을 갈 수는 없을 테니까요. 실제로 후쿠시마는 피난 과정에서 사망하거나 다친 주민들도 많았습니다. 피난 지역에 임시 가옥이나 생활용품 등을 충분히 준비해놓는 일도 쉽지 않을 겁니다. 또 방사능은 눈에 보이지도 냄새가 나지도 않고 일정하게 확산되는 물질도 아니라서, 비상계획구역 밖으로 피난했다 하더라도 안전하다고 장담할 수 없습니다. 바람이 그쪽으로 더 많이 분다면 오히려 위험 지역이 됩니다.

그렇게 한 해, 두 해가 지나면 상황이 조금 나아질까요? 아닙니다. 후쿠시마 사고도 3년이 지난 지금까지 현재진행형입니다. 수백 톤의 방사능 오염수가 지하수와 바다로 흘러들고, 제염(除

染) 작업으로 걷어낸 방사능 오염 토양이 버젓이 공원과 농지에 쌓이고, 핵발전소에서 수습 작업을 하는 노동자들이 피폭되고, 후쿠시마 지역 어린이들의 갑상선암 발병률이 증가하는 것이 후쿠시마의 현실입니다. 그렇게 시간이 좀 더 지나면요? 잊히겠죠. 원래 살던 곳으로 돌아가는 주민들도 있겠지만 핵발전소는 더 이상 지역을 풍요롭게 하는 존재가 아니라 공포의 대상이 될 겁니다. 폐허가 된 발전소를 보면서 처음 핵발전소가 유치될 때 막지 않은 것을 후회할 테고 자주 고장이 발생했음에도 대수롭지 않게 생각한 일을 후회할 겁니다. 지역 주민이 아닌 사람들은 어떨까요? 누군가는 잊고 살겠고 누군가는 그 사고로 인해 다른 생각을 갖게 될 수도 있겠죠. 그렇게 기억되든 잊히든, 돌이킬 수 없는 끔찍한 사고라는 사실은 달라지지 않을 겁니다.

사실 저는 얼마나 심각한 상황일지 잘 그려지지 않습니다. 그래서 아주 단편적인 상상들만 할 뿐입니다. 정부는 무조건 안전하다고만 하니까, 사고가 발생해도 잘 수습할 준비가 돼 있다고 하니까, 그냥 믿어야 하나, 생각도 해봤습니다. 그런데 체르노빌도 후쿠시마도 우리가 예상하지 않은 상황에서 발생한 사고였습니다. 우리나라만 운 좋게 사고가 발생하지 않으리라 믿기보다는 언제라도 발생할 수 있는 사고를 잘 대비하는 일이 더 중요하다고 생각합니다.

정부는 만에 하나라도 발생할 수 있는 핵발전소 사고를 대비해 국가방사능방재계획을 정기적으로 수립하고 있습니다. 그런데 이 매뉴얼만 잘 따른다면 정말 정부의 말처럼 핵발전소 사고가 발생하더라도 안심할 수 있을까요? 그 답을 얻기 위해 국가방사능방재계획에서 방사선 비상계획구역 및 구호소 현황, 국가방사선비상진료체제, 방사능방재훈련 현황에 대해 살펴보겠습니다.

첫째, 방사선 비상계획구역이란 방사선 비상의 재난이 발생할 경우 신속하게 주민을 보호하기

		한국	일본	프랑스	벨기에	핀란드	헝가리	남아공	미국
비상계획구역	예방적 보호조치구역	3~5km	후쿠시마 사고 전 8~10km	5km	10km	5km	3km	5km	16km
	긴급보호조치 계획구역	20~30km		10km	20km	20km	30km	16km	80km 식품 섭취 피폭대비 대응지역
	식품제한 계획구역		후쿠시마 사고 후: 예방적 보호조치구역 5km, 긴급보호조치 계획구역 30km	필요 조치 여부에 따라 즉시 구역 확대	전국 식품 섭취 환경 감시 지역			300km	

표 2-3
나라별 비상계획구역 설정

위해 집중적 대책이 필요한 지역을 말합니다. 이때 방사선 비상이란 방사능 누출 등 심각한 사고가 발생할 우려가 있거나 진행 중인 상태를 뜻합니다. 정부는 2014년 4월 30일, 반경 8~10킬로미터에 불과했던 비상계획구역을 예방적 보호조치구역 3~5킬로미터와 긴급보호조치 계획구역 20~30킬로미터로 나누어 확대했습니다. 농업 대책이 필요한 식품제한 계획구역은 이 두 구역을 모두 포함하며 지역을 더 넓혀서 적용하진 않습니다. 일본의 경우 후쿠시마 사고 전에는 비상계획구역이 8~10킬로미터였지만 사고 후인 지금은 예방적 보호조치구역은 5킬로미터, 긴급보호조치 계획구역은 30킬로미터로 확대했습니다. 현재 최대 50킬로미터까지 비상계획구역을 확대할 것을 제안 중이라고 합니다. 다른 나라들의 비상계획구역 설정은 표 2-3과 같습니다.

　방사능 누출 이전 또는 이후 즉시 긴급보호조치를 실시해야 하는 예방적 보호조치구역의 경우 우리나라와 헝가리만 제외하고 모두 반경 5킬로미터 이상입니다. 특히 벨기에와 미국은 각각 10킬로미터, 16킬로미터로 우리나라에 비해 상당히 넓게 설정되어 있는 것을 확인할 수 있습니다. 또한 우리나라의 경우 긴급보호조치 계획구역이 20~30킬로미터로 설정되어 있기 때문에 실제 사고가 발생했을 때 최소 범위인 20킬로미터로 설정될 가능성도 있습니다.

　비상계획구역이 아직 8~10킬로미터였을 때인 2013년에 4개 발전소 본부별 주변 인구는 정부 추산으로 고리 핵발전소 주변에 8만 3632명, 월성 핵발전소 주변에 1만 101명, 울진 핵발전소 주변에 1만 5561명, 영광 핵발전소 주변에 1만 8849명으로 총 12만 8143명이었습니다. 그런데 구역을 반경 30킬로미터까지 확대한다면 발전소 4개 본부별 인구는 420만 명 정도가 됩니다. 발전소들에서 동시에 사고가 발생하지는 않겠지만 가장 수명이 오래된 고리원전을 기준으로 생각하면 반경 30킬로미터까지 320만 명 정도가 거주하고 있습니다.

핵발전소 사고가 나면 이 많은 사람을 어떻게 대피시켜야 할까요? 둘째, 국가방사능방재계획에서 구호소 현황에 대해 살펴보겠습니다. 각 발전소 주변에는 사고 발생 시 대피할 구호소들이 지정돼 있습니다. 고리 핵발전소 주변에는 기장군과 울주군을 포함해서 67곳(수용 인원 8만 4060명), 영광 핵발전소의 경우는 영광군과 고창군, 예비구호소를 포함해 27곳(수용 인원 4만 4891명), 월성 핵발전소의 경우 10곳(수용 인원 1만 909명), 울진 핵발전소의 경우 28곳(수용 인원 1만 9053명)입니다. 발전소 주변 지역 주민의 인구수에 비해 수용 가능 인원이 크게 부족한 점도 문제지만 구호소들이 핵발전소에서 그리 멀지 않은 것도 문제입니다. 가장 가까운 구호소가 고작 11킬로미터 떨어져 있고 대부분은 20킬로미터 내외에 있습니다. 핵발전소 사고는 방사능 확산이 가장 문제인데 20킬로미터 내외에 있는, 대부분이 초등학교인 구호소에 사람들을 대피시키면 과연 안전이 보장될까요? 어떻게든 빠르게 최대한 멀리 피난시키는 일이 우선이므로 이처럼 멀지 않은 구호소 지정보다는 피난 도로의 확보가 더 중요하지 않을까요?

셋째, 국가방사능방재계획 중 국가방사선비상진료체제에 대해 알아보겠습니다. 핵발전소 사고로 많은 사람이 피폭되는 상황에 대비하여 정부는 비상진료체제를 구축하고 있습니다. 국가방사선비상진료체제는 한국원자력의학원에 설치된 국가방사선비상진료센터와 1차 및 2차 방사선비상진료기관으로 구성돼 있습니다. 방사선비상진료기관은 수도권(4개), 충청권(3개), 영남권(9

그림 2-4

구호소 및 방사선비상진료기관 현황
출처: 〈원자력안전위원회 연차보고서〉(2013) 참고.

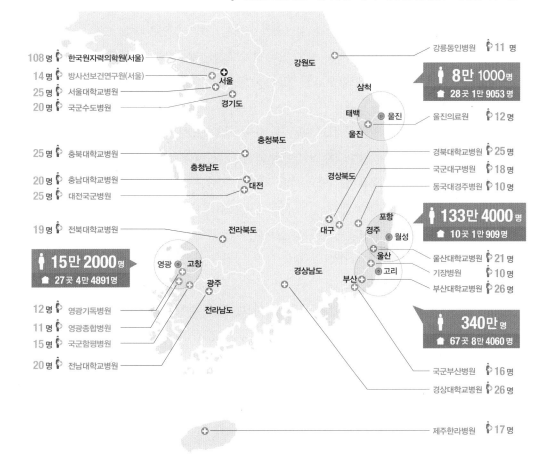

방사능 비상계획구역
예방적 보호조치구역 3킬로미터
긴급보호조치 계획구역 30킬로미터

방사능 비상계획구역 반경 30km 내 인구수

주변 지역 구호소, 수용 인원

방사선비상진료기관 ⊕ 1차 지정 기관 ⊕ 2차 지정 기관

비상진료기관별 진료 요원(의사, 간호사, 의료기사, 연구원, 응급구조사, 행정, 기타 포함)

강원도

강릉동인병원 11명

삼척
태백
울진

8만 1000명
28곳 1만 9053명

울진의료원 12명

108명 한국원자력의학원(서울)
14명 방사선보건연구원(서울)
25명 서울대학교병원
서울
20명 국군수도병원
경기도

충청북도

25명 충북대학교병원

충청남도
20명 충남대학교병원
대전
25명 대전국군병원

경상북도

경북대학교병원 25명
국군대구병원 18명
동국대경주병원 10명

19명 전북대학교병원
전라북도

대구
경주
포항
월성

133만 4000명
10곳 1만 909명

15만 2000명
27곳 4만 4891명

영광 고창
광주

울산
고리

울산대학교병원 21명
기장병원 10명
부산대학교병원 26명

12명 영광기독병원
11명 영광종합병원
15명 국군함평병원
20명 전남대학교병원
전라남도

경상남도

부산

340만명
67곳 8만 4060명

국군부산병원 16명
경상대학교병원 26명

제주한라병원 17명

개), 호남·제주권(6개), 강원권(1개) 등 23개입니다(그림 2-4). 진료 기관의 위치가 핵발전소 주변이기는 하지만 울진의 경우는 1차 지정 기관인 울진의료원만 가장 가까운 곳에 있습니다. 게다가 이 진료 기관들이 각 지역의 주민들을 어느 정도 수용할 수 있을지도 의문입니다.

아울러 국가방사선비상진료체제의 방호약품 관리 현황도 의문을 자아냅니다. 방호약품은 갑상선 보호를 위한 요오드 치료제와 세슘 치료제인 프러시안블루가 있습니다. 고리, 월성, 영광, 울진 핵발전소와 지방자치단체에서 보유하고 있는 요오드제는 총 125만 7660정으로 12만 5765명이 복용할 수 있는 양입니다(1인당 100정 정도). 국가방사선비상진료센터를 비롯해 방사선비상진료기관 23곳이 보유한 요오드제는 274만 670정으로 27만 4067명분입니다. 지방자치단체와 발전소, 방사선진료기관을 모두 합쳐도 39만 명 정도만 요오드제를 복용할 수 있는 것입니다. 세슘 치료제인 프러시안블루는 한국수력원자력, 국가방사선비상진료센터, 방사선비상진료기관이 총 278병(1병당 30정)을 보유하고 있고 복용 가능한 인원은 278명이라고 합니다. 초기 투여량 기준으로 한 병당 15명을 치료할 수 있는 분량이지만 중증 내부 오염자의 경우(1일 6정, 10일 투여 기준) 한 병당 0.5명을 치료할 수 있다고 합니다. 방사능 오염 정도에 따라 가감되는 치료제 양이 변하므로 수치상 한 병당 한 명으로 평균 가용 인원을 산정했습니다. 이 정도의 방호약품으로는 방사능 비상사태가 발생했을 때 사람들을 안전하게 지키기 힘듭니다.

다른 나라는 방호약품을 어떻게 배포하고 있을까요? 표 2-5에서 볼 수 있듯 일본과 우리나라는 사고 발생 후에 배포하는 반면, 미국, 프랑스, 독일, 영국, 체코 등은 핵발전소 인근 가정 등에 미리 배포하고 있습니다.

표 2-4

방호약품 보유 현황

출처: 〈원자력안전위원회 연차보고서〉, 2013.

구분		기관명	방호약품	
			요오드 치료제 보유량(정) * 1인당 100정 복용	프러시안블루 보유량(병) * 1인당 1병 복용
지자체 및 원전	고리	원전	6만 7000	8 (원전 4곳의 보유량)
		지자체	54만	
	월성	원전	3만 3210	
		지자체	11만 7600	
	영광	원전	3만 9800	
		지자체	24만 1030	
	울진	원전	2만 6181	
		지자체	19만 2838	
국가방사선비상진료센터		한국원자력의학원	229만 9970	128
방사선비상진료기관		경북대학교병원	2만	2
		경상대학교병원	2만	2
		국군대전병원	2만	2
		국군수도병원	2만	2
		부산대학교병원	2만	2
		서울대학교병원	2만	2
		울산대학교병원	2만	2
		전남대학교병원	2만	2
		전북대학교병원	2만	2
		충남대학교병원	2만	2
		충북대학교병원	2만	2
		한라병원	4만	2
		기장병원	2만	2
		동국대경주병원	2만	2
		영광기독병원	2만	2
		영광종합병원	2만	2
		울진군의료원	2만	2
		방사선보건연구원	2만	100
		국군대구병원	700	2
		국군부산병원	2만	2
		국군함평병원	2만	2
		강릉동인병원	2만	2
총 보유량			399만 8330	278
가용인원(명)			39만 9833명	278명
비고			핵발전소 4곳 주변(반경 30킬로미터 기준) 인구: 420만 명	

표 2-5	국가		배포 지역	배포 방법
주요 국가 방호약품 배포 출처: 〈원자력안전위원회 연차보고서〉 (2013) 참고.	사고 후 배포	한국	- 방사선 영향 평가를 고려 - 현장지휘센터장이 배포 결정(배포 범위 등)	지자체 배포
		일본	- 방사선 영향 평가를 고려, 배포 결정(배포 범위 등)	
	사전 배포	미국	- 대부분의 주에서 비상계획구역(16km) 사전 배포	주 정부 배포
		프랑스	- 핵발전소 반경 10km - 방사성 요오드 생산 시설 반경 2.5km	약국에서 배포, 불가능한 경우 우편
		독일	- 핵발전소 반경 5km까지 모든 가정에 사전 배포 - 5~10km까지 사전 배포 또는 주요 지점 저장 (시청, 학교 등) - 10~25km까지 지자체 보관 권고	주 권한 당국에서 배포
		영국	- 사업자에 의해 지정된 구역	우편으로 무료 제공
		체코	- 두코바니 핵발전소 반경 10km - 테멜린 핵발전소 반경 20km	사업자가 책임 배포 (지역 당국의 지원)
		핀란드	- 핵발전소 반경 5km(가정 및 여름별장) - 유치원 및 학교는 국가 전체 보유	우편 배포

사전 배포를 하는 국가 중 특히 독일은 핵발전소 반경 5킬로미터까지 모든 가정에 방호약품을 배포하고 있습니다. 방호약품을 충분히 갖추지 못한 우리나라와는 대조적입니다. 방사능 재난 상황이 발생했을 때 피폭을 그나마 줄이려면 빨리 대피하고 방호약품을 먹어야 합니다. 그런데 지금 우리나라 국민들은 피폭이 얼마나 큰 위험인지, 방호약품은 얼마나 먹어야 하는지, 어디에서 방호약품을 구할 수 있는지도 제대로 알지 못합니다.

마지막으로 넷째, 방사능방재훈련에 대해 정리해보겠습니다. 재난 사고 대책의 성공 여부는 평상시에 방재 훈련을 제대로 하는가에 달려 있습니다. 안전하게 대피할 방법과 대피로, 진료 체계 등에 대한 안내가 제대로 돼 있어야 하고, 적어도 핵발전소 지역 주민에게는 관련 교육과 훈련이 철저하게 이뤄져야 합니다. 그런데 원자력안전위원회에서 조사한 2013년도 방사능방재훈련 현황을 보면 여러 가지가 의문스럽습니다.

2013년에 원자력안전위원회 주관 훈련은 각 발전소 본부별로 3회 정도씩 진행됐고, 지방자치단체 주관 훈련은 4년에 한 번씩 발전소별로 돌아가면서 시행되기 때문에 영광 본부를 대상으로

만 실시됐습니다. 영광 본부의 훈련에는 영광군 주민 1200여 명이 참가했으며 비상경보방송 취명(사이렌을 울림) 훈련, 주민 옥내 대피, 차량 통제 훈련 등이 실시됐습니다. 영광군에 실제로 거주하는 인구가 5만 명이 넘으니 참가율은 턱없이 낮은 수준입니다. 게다가 핵발전소 사고가 나면 영광군만의 문제가 아니라 더 넓은 지역까지 피해가 확산될 것은 당연합니다. 또한 훈련 내용도 민방위훈련과 별반 다르지 않다는 지적이 있습니다. 이대로라면 실제 핵발전소 사고가 발생했을 때 현장 대응력이 떨어질 가능성이 매우 높습니다.

2014년에 일어난 비극, 수백 명의 아까운 생명을 앗아간 세월호 침몰은 우리가 한 번이라도 상상했던 사고였나요? 비상 사고 시에 어떻게 대처해야 하는지를 분명히 알고 있었더라면, 그런 훈련을 제대로 받아보기라도 했더라면, 안전 관리를 조금 더 세심히 했더라면 어쩌면 더 많은 생명을 구할 수 있었을지 모릅니다. 핵발전소의 중대 재난 사고에서 국민들을 안전하게 지킬 의무가 있는 정부와 지방자치단체, 사업자인 한수원이 사고 예방과 수습 조치를 위한 준비를 제대로 하지 않는다면 세월호와 같이 '가만히 있으라'의 상황이 될 수도 있습니다.

미국 스리마일 섬 핵발전소 사고에 조사단으로 참여한 사회학자 찰스 페로(Charles Perrow)는 핵발전소 사고를 비롯한 국가적 재난들을 '정상 사고(normal accident)'라는 개념으로 설명합니다. 우리는 보통 사고가 비정상적인 상황에서 발생한다고 생각하지만 핵발전소와 같은 첨단 복합 시스템에는 구조, 조직, 건설에 사고 가능성이 이미 내재해 있다는 뜻입니다. 결국 아주 작은 고장과 실수가 예측할 수 없는 재난의 상황을 만들 수 있기 때문에 언젠가 사고가 발생할 수 있다는 점을 늘 기억해야 합니다. 일본의 저널리스트이자 반핵운동가인 히로세 다카시(広瀬隆)는 일본에서 1989년에 펴낸 《원전을 멈춰라: 체르노빌이 예언한 후쿠시마》(2011년 국내에서 번역 출간)에서 후쿠시마 사고를 정확히 예언했습니다. 사고의 원인이 지진과 해일이 될 수 있다는 점까지 말입니다. 그리고 후쿠시마와 더불어 프랑스, 한국의 핵발전소가 10년 안에 폭발할지 모른다고 예언했습니다. 그 예언이 20여 년의 세월이 지나 후쿠시마에서 현실이 됐습니다.

누가 후쿠시마에서 핵발전소가 폭발할 줄 알았을까요? 고리 핵발전소가 언젠가 폭발할 수도 있다는 상상을 어떻게 할 수 있을까요? 불행은 예기치 않게 찾아옵니다. 한국에서 핵발전소가 폭발한다면, 그때 우리는 무엇을 할 수 있을까요?

강언주 투명사회를 위한 정보공개센터 활동가. 2009년부터 시민의 알 권리와 사회의 투명성을 위해 정보공개 운동을 해왔다. 후쿠시마 사고 발생 이후 핵발전과 방사능에 관련한 정보의 아카이빙과 공유를 위한 활동을 하고 있다. 온라인 아카이빙 공간 방사능와치(nukeknock.net)를 개설, 운영해오고 있으며 공공기관을 비롯한 찬핵 기관을 정보공개 청구로 괴롭히고 있다. 핵 없는 세상을 위해 기본적으로 정보가 투명하게 공개되어야 하고 더 많은 시민이 이해하기 쉽게 공유해야 한다고 생각한다. 녹색당 탈핵특별위원회 위원으로도 활동 중이다.

3장 방사능 내뿜는 핵폐기물 어떻게 처리할까?

부모님을 도와 쓰레기 분리수거를 하는데 지난번에 다녀온
경주 체험학습이 생각났다.
그때 엄마가 경주 방폐장에 대해 설명해주셨다.
"경주에는 불국사와 석굴암만 있는 게 아니란다.
핵발전소에서 나오는 쓰레기를 모아두는 곳도 있어."
"전기를 만들어주는 곳인데 왜 쓰레기가 나와요?"
"우라늄이라는 원료로 전기를 만들면 방사능에 오염된
쓰레기가 많이 나와. 핵발전소에서 일하는 사람들이 입던 옷, 장갑도
다 방사능에 오염되거든.
그런 쓰레기는 처리하기가 아주 어렵고
방사능 때문에 재활용도 못 해. 그래서 따로 모아두는 거지."
"재활용도 안 되고 위험한 거면…… 똥이네, 똥!
아니지, 똥은 거름으로라도 쓰지. 그럼 똥보다 못한 거네?"
봄에 다녀온 경주는 참 아름다운 곳이었다.
그런 곳에 핵쓰레기를 모아놓은 장소가 있다니…….
쓰레기를 처리할 방법이 없으면
핵발전소를 짓지 말아야 하는 거 아닐까?

핵발전의 영원한 숙제, 핵폐기물

핵발전을 하는 모든 나라에서는 핵폐기물이 발생합니다. 핵폐기물은 방사능 기준값에 따라 고준위와 중·저준위로 분류합니다. 고준위 핵폐기물은 사용후핵연료, 즉 원자로에서 약 4년 동안 핵분열을 하며 물을 끓이다가 수명이 다한 연료봉을 말합니다. 이런 폐연료봉은 식히는 데만 10년이 걸립니다. 중·저준위 핵폐기물은 고준위를 제외한 모든 핵폐기물을 가리키며 폐원자로, 폐증기발생기 등 상당히 고농도의 방사능에 오염된 해체 폐기물도 포함됩니다.

우리나라에는 23기의 핵발전소가 있습니다. 이 핵발전소들에서 사용되는 원자로의 종류는 경수로와 중수로로 나뉘는데, 경수로가 19기로 대부분을 차지합니다. 경수로 1기에는 약 100톤의 핵연료가 장착돼 있고 이 핵연료는 약 4년 반 동안 원자로에서 사용된 후 밖으로 나오게 됩니다. 따라서 4년 반마다 약 100톤의 핵연료(연료봉)가 폐기됩니다. 경수로 1기당 1년에 20톤 정도로 계산하면 19기의 경수로에서 매년 약 400톤의 폐연료봉이 발생하는 셈입니다. 중수로는 우라늄의 농도가 경수로의 4분의 1 정도입니다. 따라서 경수로보다 원자로당 4배가량 더 많은 양의 고준위 핵폐기물을 발생시킵니다. 잠깐 설명을 하자면, 핵발전의 연료는 우라늄으로 이루어집니다. 세계적으로 플루토늄을 사용하는 원자로도 있지만 상당히 예외적인 경우입니다. 플루토늄은 핵재처리를 해야 생산되는 핵연료입니다. 우라늄 원료는 원자량에 따라서 우라늄-235와 우라늄-238로 구성되는데, 이 중에서 핵분열 반응성이 있는 것은 우라늄-235입니다. 보통 핵연료의 농도라고 하면 전체 우라늄 중 우라늄-235의 농도를 말합니다. 경수로에는 3퍼센트 농도의 우라늄이 사용되고, 중수로에는 천연우라늄, 즉 0.8퍼센트 농도의 우라늄이 사용됩니다. 중수로의 우라늄은 반응성이 있는 우라늄-235가 적으므로 발생 에너지도 적습니다. 따라서 같은

표 3-1

발전소별 사용후핵연료 현황

(2014년 3월 말 기준)

출처: 사용후핵연료 공론화위원회, 2014.

본부		저장 방식	저장 용량(t)	누적 저장량(t)	포화상태(%)
고리		습식	2691	2121	80.9
한빛		습식	3318	2202	66.7
한울		습식	2960	1848	62.1
월성	경수로	습식	219	27	12.2
	중수로	습식	3204	2643	82.4
		건식	6237	4583	73.3
합계			1만 8629	1만 3423	76.1

양을 연료로 써도 4년이 아니라 약 1년 만에 원자로에서 나오게 됩니다. 그래서 핵폐기물의 체적이 약 네 배가 되는 것입니다.

현재 우리나라에 있는 고준위 핵폐기물의 절반 정도가 경주 월성 핵발전소에 사용되는 중수로 4기에서 발생하고 있습니다. 우리나라의 사용후핵연료 발생량을 나타낸 표 3-1에서 이 사실을 확인할 수 있습니다. 표에 나타나듯 저장 용량의 포화상태가 대부분 50퍼센트를 훌쩍 넘어선 상황입니다.

그럼에도 우리나라에 고준위 핵폐기장은 아직 없습니다. 저장 공간의 포화상태가 80퍼센트를 넘어선 곳도 있는 상황이지만 이렇다 할 대책은 없습니다. 이 문제를 해결하기 위해 정부는 2013년에 '사용후핵연료 공론화위원회'를 만들었습니다. 이 위원회는 사용후핵연료, 즉 고준위 핵폐기물을 어떻게 처리할지 결정하는 역할을 합니다.

고준위 핵폐기물을 처리하는 방법은 두 가지입니다. 하나는 핵재처리 후 영구 보관하는 방식이고, 다른 하나는 핵재처리를 하지 않고 영구 보관하는 방식입니다. 우리나라는 핵재처리가 허용되지 않는 나라이므로 직접 영구 보관해야 합니다. 이를 '직접처분'이라고 부릅니다. 그런데 이렇게 직접처분을 할 경우 기술적인 문제가 있습니다.

사용후핵연료는 적어도 10만 년 이상 핵폐기물로 보관돼야 합니다. 그런데 10만 년 동안 견고하게 유지될 수 있는 핵폐기장 기술은 우리나라뿐 아니라 전 세계 어느 나라도 갖고 있지 않습니다. 현재 우리 기술로는 약 50년 정도 사용 가능한 방폐성폐기물처분장(방폐장)을 건설할 수 있다고 합니다. 그래서 공론화위원회는 50년짜리 고준위 핵폐기장, 즉 '사용후핵연료 중간저장소'를 국내 어딘가에 세우려 하고 있습니다. 이 중간저장소를 어디에 만들면 좋을까요? 어디를 선정하든 지역 주민들이 반발할 것은 분명합니다. 게다가 10만 년 이상 보관해야 하는 사용후핵연료를 50년짜리 중간저장소에 보관한다면, 엄청난 기술적 진보가 이뤄지지 않는 한 50년에 한 개씩 중간저장소를 약 2000개 만들어야 합니다. 중간저장소 한 곳을 지을 때 1조 원이 든다고 가정하면 2000조 원의 예산이 필요합니다. 이는 경주 방폐장(중·저준위)을 짓는 데 1조 원이 넘게 든 사실을 추정 근거로 삼아서 계산한 것입니다. 이렇게 많은 돈을 사용후핵연료를 발생시킨 우리가 후손들에게 떠넘기는 셈입니다. 우리의 1000년, 1만 년, 10만 년 후손들은 우리가 발생시킨 핵폐기물을 보관하느라 수천조 원을 써야 하는 겁니다. 큰 위험까지 떠안고 말입니다.

비용보다 심각한 문제는 안전성입니다. 2000개의 고준위 핵폐기물 중간저장소에서 10만 년 동안 방사능 누출 사고가 전혀 일어나지 않으리라고 보장할 수 있을까요? 1000년에 한 번만 발생해도 우리나라는 100번의 고농도 방사능 누출 사고를 겪게 되는 셈입니다. 체르노빌과 후쿠시마 사고가 말해주듯 방사능 누출은 오랜 세월에 걸쳐 넓은 지역과 많은 사람에게 피해를 입힙니다. 과연 고준위 핵폐기물을 이곳저곳으로 옮겨가며 10만 년 동안 안전하게 보관하는 일이 가능할까요? 완벽하지 않은 우리 인간이 이렇게 어려운 일을 해낼 수 있을까요? 우리는 정말 심각한 문제를 해결해야 하는 위기에 처해 있습니다.

이번에는 고준위 핵폐기물이 아닌 중·저준위 핵폐기물은 얼마나 안전하게 처리되고 있는지 살펴보겠습니다. 중·저준위 핵폐기물은 고준위를 제외한 모든 방사성 폐기물을 말합니다. 고준위에 가까운 해체 폐기물뿐 아니라 아주 저농도로 오염된 작업복, 장갑 등 다양한 핵폐기물이 모두 중·저준위 핵폐기물로 분류됩니다. 그래서 최근 정부에서는 중·저준위 핵폐기물을 오염도에 따라 여러 가지로 분류하는 것을 법제화하려고 노력 중입니다.

현재 중·저준위 핵폐기물은 경주의 '중저준위 방사성폐기물처분장'에서 처리할 예정입니다. 1단계 방폐장(인위적으로 만든 동굴에 1000리터 단위 드럼 10만 개를 처분)은 2014년 12월 완공 예정이고, 2단계 방폐장(드럼 12만 5000개를 땅을 얕게 파고 보관하는 천층식으로 처분)은 공사가 착수될 예정입니다.

국제원자력기구(IAEA)에 따르면 중·저준위 핵폐기물은 10만 년을 안전하게 보관해야 하는 고준위와 달리 약 300년 동안 보관하면 된다고 합니다. 300년이면 대표적 인공 방사성 물질인 세슘-137의 반감기인 30년의 10배에 해당합니다. 이 시간이 흐른 후에는 무시해도 좋을 만큼 방사능의 양이 줄어든다는 근거로 설정한 시간입니다. 그래서 중·저준위 방폐장의 보관 기간은 300년 정도로 인정되고 있습니다. 그러나 300년 동안 핵폐기물을 안전하게 보관하는 일도 그리 쉽지는 않습니다. 2005년에 중·저준위 방폐장으로 경주 부지가 결정됐는데 경주시 양북면의 방폐장 부지는 문무대왕릉(대왕암)에서 2킬로미터 정도 떨어져 있습니다. 감은사탑도 근처에 있습니다. 세계적인 문화 유적들이 있는 관광도시 경주에서 진행 중인 방폐장 공사는 2014년 6월 30일에 1단계 공사가 사실상 끝났습니다. 지금은 사용 허가를 위해 안전성 검사를 받고 있고, 2014년 12월에 공식적으로 완공 예정입니다. 그러나 경주 방폐장은 시작부터 안전성 문제로 시끄러웠습니다. 암반이 약한 지역이고 지하수가 많이 흐르는 곳을 부지로 선정했기 때문에, 공사도 쉽지 않았지만 완공 후에도 지하수 문제로 안전성이 확보되지 않고 있습니다. 경주 방폐장은 콘크리트 방벽만으로 주변의 지하수를 막도록 지어졌습니다. 만일의 경우 콘크리트에 금이 간다면 어떻게 될까요? 금이 간 콘크리트를 통해 지하수가 새어들고, 방사성 물질이 그 지하수에 섞여 밖으로 새어나갈 겁니다. 현재까지 콘크리트가 영구적으로 견고하게 유지된다는 과학적 근거는 없는 상태입니다. 게다가 콘크리트에 균열이 생기고 방사성 물질이 한번 새어나가기 시작하면 보수공사가 불가능합니다. 두 가지 이유 때문입니다. 첫째, 이곳이 처분장이기 때문에 보수공사를 하지 않는다는 관리 원칙이 있습니다. 둘째, 방폐장 운영 기간(약 10년)이 끝나면 쇄석이나 콘크리트로 빈 공간을 모두 채운 후 입구를 막아버리는데, 방사능 누출 사고가 발생해도 10만 드럼의 방폐물을 다시 꺼내는 일은 공학적으로 불가능합니다. 모든 방사능이 빠져나갈 때까지 누출은 계속될 겁니다. 이런 위험을 막을 방법은 없을까요?

딱 한 가지 방안이 있습니다. 300년 동안 침투하는 지하수를 퍼내면 됩니다. 현재 방사성 폐기물을 관리하는 원자력환경공단은 운영 기간이 끝나면 수십 년 안에 경주 방폐장(1단계)을 폐쇄하고 콘크리트로 밀봉할 계획을 갖고 있습니다. 경주 방폐장 측은 운영이 끝난 후 언제 방폐장을 폐쇄할지는 정하지 않고 있습니다. 말로는 운영이 끝난 후 수십 년간 관리를 하고 이후에 폐쇄를 한다고 하는데, 어디에도 그런 계획이 문서화 혹은 법제화되어 있지 않습니다. 임의로 판단해서 폐쇄 시기를 정할 가능성도 있습니다. 비용을 이유로 운영 기간이 끝나면 곧바로 폐쇄할 것이라고 짐작되지만 아직 정해진 방안은 없습니다. 그리고 폐쇄 후에는 방사성 물질이 새어나가더라도 그냥 둘 계획입니다. 경주 방폐장은 처분장이기 때문에 방사능이 새어나가더라도 다른 곳으로 폐기물을 옮기거나 보수공사를 할 계획이 없다는 입장을 정보공개 청구 결과 확인한 바 있습니다.

폐쇄 시기가 언제가 되든 지금의 기술로 가능한 폐쇄 방법은 콘크리트 밀봉뿐입니다. 하지만 이는 시간이 오래 걸릴뿐더러 콘크리트에 금이 가는 등 안전성에도 문제가 있습니다. 그러나 만일 300년간 방폐장 주변의 지하수를 밖으로 퍼낸다면 방사성 물질이 외부로 이동하는 일은 불가능해집니다. 방사성 물질이 방폐장 밖으로 이동하는 것은 지하수를 통해서만 가능하므로 지하수 유동을 막으면 방폐장은 안전할 수 있습니다. 이를 실현하기 위해서는 현재의 방폐장과 사후 관리에 대한 관련 법률이 수정되어야 합니다.

아울러 핵폐기물을 방폐장으로 옮기는 과정의 안전성 또한 사회적 논의와 법적 정비가 필요한 문제입니다. 핵폐기물은 영광군, 경주시, 울진군, 부산(기장군), 울산(울주군), 대전(원자력연구소 및 핵연료공장)에서 주로 나옵니다. 이 핵폐기물은 육로와 해로를 통해 옮겨지는데 그 과정에서 문제가 생기면 방사능 오염 사고가 일어나게 됩니다. 아직까지 핵폐기물 이동 과정에서 큰 문제가 발생한 적은 없습니다. 고준위 핵폐기물은 옮겨지지 않고 발생한 현지에 임시로 보관돼 있기 때문입니다. 중·저준위 방폐장도 아직 사용 허가가 나지 않았기 때문에 본격적인 핵폐기물 운반은 이뤄지지 않았습니다. 그러나 경주 방폐장으로 10만 드럼의 중·저준위 핵폐기물이 이동될 것이고, 사용후핵연료 중간저장소가 완공되면 고준위 핵폐기물의 이동도 시작될 것입니다. 이 과정의 안전성 역시 완벽하게 확보하기는 어려울 듯합니다. 우리 인간은 완전하지 않은 존재이기 때문에 모든 사고를 통제하기란 불가능합니다. 다만 우리가 할 수 있고 해야 하는 일은, 자만하거나 방심하지 않고 다양한 우려의 목소리에 귀 기울이는 것, 그럼으로써 만일의 사고를 예측해 보고 대책을 마련하기 위해 노력하는 일일 것입니다.

———

김익중 동국대학교 의과대학 교수. 평범한 교수 생활을 하다가 2009년 경주환경운동연합 공동의장을 맡으면서 방폐장의 위험성을 깨닫고 방폐장 공사 반대운동을 벌여왔다. 후쿠시마 사고 이후에는 방폐장뿐 아니라 핵발전소 자체의 위험성을 경고하며 탈핵운동으로 방향을 전환했다. 2011년 탈핵에너지교수모임과 핵 없는 세상을 위한 의사회 설립에 관여했고, 전국에서 탈핵 강의를 하고 있다. 우리나라도 독일처럼 모든 핵발전소를 닫는 일이 가능하다고 믿는다. 저서로 《한국 탈핵》 등이 있다.

• 방사성 폐기물 분류 기준

드럼에 보관된 폐기물들은 방사능 농도에 따라 고준위 폐기물 / 중저준위 폐기물로 구분된다.

고준위   중준위   저준위

10μCi/ml 이상   10~10³μCi/ml 이상   10³μCi/ml 이하

사용 후 핵 연료   원전내 부품   연구기관 내
              및 작업도구   동위원소 폐기물

1978 ~2003 ● 우리나라 핵발전 개시 = 방사능 폐기물 보유

1978년 고리 핵발전소 1호기 운영의 시작은 방사성 폐기물 발생의 시작이기도 하다.
현재 23호기의 핵발전소와 1개의 연구소가 가동되고 있으며 그곳에서 방사성 폐기물이 발생되고 있다.

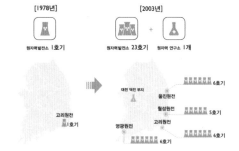

[1978년]   [2003년]

원자력발전소 1호기   원자력발전소 23호기 + 원자력 연구소 1개

대전 역천 부지
                        울진원전   6호기
                                   월성원전 5호기
고리원전   영광원전   고리원전
1호기   6호기

2003 ● 2003년 방사성 폐기물 저장량 최초 공개

우리나라 원자력 발전소 1호기 가동을 시작으로 23년 만에 WACID를 통해 공식적으로
방사성 폐기물에 대한 정보공개를 하였다.
그리고 처분 부지 5곳에 총 76826.3개의 드럼이 천층처분 방식으로 처리되었다.

총 저장량 = **76,826.3**드럼

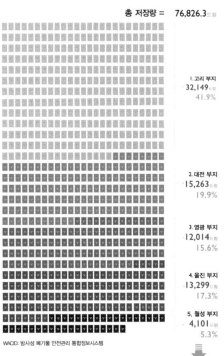

1. 고리 부지
32,149드럼
41.9%

2. 대전 부지
15,263드럼
19.9%

3. 영광 부지
12,014드럼
15.6%

4. 울진 부지
13,299드럼
17.3%

5. 월성 부지
4,101드럼
5.3%

WACID: 방사성 폐기물 안전관리 통합정보시스템

천층처분 (5개 부지)

• 천층처분의 구조 및 처분 과정

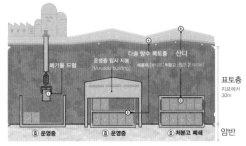

폐기물 드럼   운영중 임시 지붕   다중 방수 복토층   산디
           (Movable building) 채움재 (방사로) 저장고 (침근 콘크리트)

표토층
지표에서
30m

암반

ⓐ 운영중   ⓑ 운영중   ⓒ 처분고 폐쇄

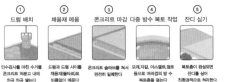

① 드럼 배치   ② 채움재 메움   ③ 콘크리트 마감   ④ 다중 방수 복토 작업   ⑤ 잔디 심기

침수검사를 마친 수거물   드럼과 드럼 사이를   콘크리트 슬라브를 쳐서   모래,자갈, 아스팔트,벤토   복토층이 완성되면
콘크리트 처분고 내에   채움재(몰탈)로   완전히 일체화한다   로 어러겹의 방 수   잔디를 심어
차곡 차곡 쌓는다   빈틈없이 메운다   복토층을 덮는다   친환경적으로 처리한다

2008 ● 처리 용량 한계점 도달 (천층처분 5개 부지)

저장량 공개 5년 만에 천층처분은 처리 용량 한계점에 도달했다. 그러나 해마다 약 23,800개의
방사성 폐기물 드럼은 계속 발생되고 그대로 부지별 임시 저장소에 저장되고 있다.

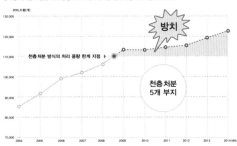

방치

천층처분 방식의 처리 용량 한계 지점 ▶

천층처분
5개 부지

2008 ~2014 ● 경주 방폐장 완공 전까지 약 14769.2개 드럼 미처리

2008년 천층처분 처리 용량 한계점 도달 이후에도 방사성 폐기물은 계속 발생된다. 그러나 방폐장 완공까지는
5년 6개월이나 남았다. 그 사이에 발생하는 방사성 폐기물은 그대로 부지 내 임시 저장되고 있다.

5년 6개월 동안 미처리
중저준위 폐기물의 양
14769.2개의 드럼
=

10ton

10톤 트럭 x 620대

↓
2014 ● 경주 방폐장 완공 예정 (동굴처분)

5년 6개월 동안 임시 저장 중이였던 방사성 폐기물이 동굴처분 방식의 경주 방폐장으로 옮겨진다. 그리고 경주 방폐장은 완공되자마자 전체 처리 규모의 16%가량을 동굴처분 방식으로 처리하게 된다.

• 동굴처분의 구조 및 처분 과정

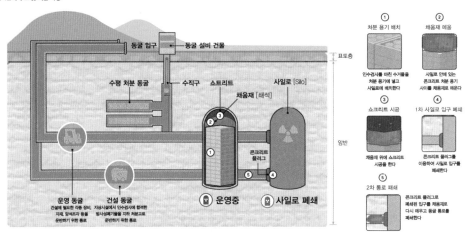

↓
2014 ~2044 ● 경주 방폐장은 완공과 동시에 14769.2개 드럼 처리
(미처리 누적분)

경주 방폐장은 완공되자마자 전체 처리 가능 용량의 16%를 처리한다. 16%는 5년 동안의 처리분이며 약 30년 후에는 경주 방폐장도 처리 용량 한계점이 도달하게 된다.

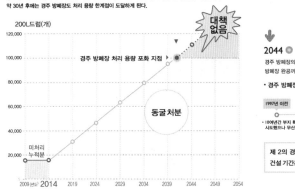

↓
2044 ● 제 2의 방폐장 건설 기간은 17년

경주 방폐장의 처리 용량 포화 이후, 제 2의 방폐장 건설을 대책으로 삼는다면 방폐장 완공까지 걸리는 기간은 17년으로 예상된다.

• 경주 방폐장 건설 사례

↓
2061 ● 17년 만에 제 2의 방폐장 완공을 할지라도…

제 2의 방폐장 완공 전까지 방사능 폐기물은 계속 발생될 것이다. 그러나 이미 포화된 경주 방폐장에는 더 이상 폐기물을 처분하지 못하고 뚜렷한 대책없이 17년 동안 42,500드럼은 누적된다.

17년 동안 미처리
중저준위 폐기물의 양
42,500개의 드럼  = **10톤 트럭 × 1,785대**

↓
2061 ~2076 ● 중저준위 방사성 폐기물의 불안정한 대물림

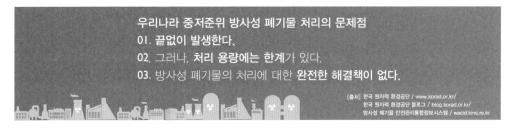

우리나라 중저준위 방사성 폐기물 처리의 문제점
01. 끝없이 발생한다.
02. 그러나, 처리 용량에는 한계가 있다.
03. 방사성 폐기물의 처리에 대한 완전한 해결책이 없다.

[출처] 한국 원자력 환경공단 / www.korad.or.kr/
한국 원자력 환경공단 블로그 / blog.korad.or.kr/
방사성 폐기물 안전관리통합정보시스템 / wacid.kins.re.kr

infographic: 배은영

01 방사성 폐기물이란?

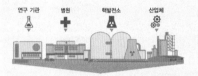

연구 기관   병원   핵발전소   산업체

핵발전소 등에서 배출되는 방사성을 함유한 폐물질로
유용한 성분을 제거한 나머지를 폐기물로 분류한다.

02 물질 상태에 따른 방사능 처리 방법

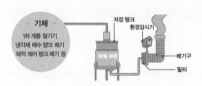

기체
1차 계통 탈기기
냉각재 배수 탱크 배기
체적 제어 탱크 배기 등

저장 탱크
환경감시기
30일 보관
배기구
필터

대기 중으로 새어나가지 않게 탱크에 저장 ▶ 방사능 농도가 떨어질 때까지 보관
▶ 방출 시설의 필터로 거른다 ▶ 배기구를 통해 방출

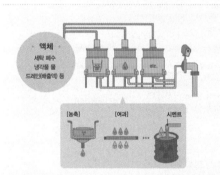

액체
세탁 폐수
냉각풀 물
드레인(배출액) 등

etc.

[농축]   [여과]   시멘트

특성별로 별도의 탱크에 분류 ▶ 방사능 농도가 떨어질 때까지 관리 ▶ 배수구를 통해 방출
** 방사능 농도가 높은 경우 특정 처리(농축, 증발, 여과) 후 시멘트에 섞어 고체화

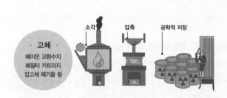

소각   압축   공학적 저장

고체
폐이온 교환수지
폐필터 카트리지
잡고체 폐기물 등

특성별로 분류: 가연성/비가연성, 압축성/비압축성, 파쇄 ▶ 처리하여 부피를 줄여 보관

03 방사성 준위에 따른 처리 방법

고준위   중준위   저준위
10μCi/ml 이상   10~10⁻² μCi/ml 이상   10⁻² μCi/ml 이하

· μCi(마이크로퀴리): 1퀴리는 37기가베크렐

중·저준위 핵폐기물

ⓐ 천층처분   ⓑ 동굴처분

방수용 점토성 흙   방수용 점토성 흙
                                   폐기물
                                   시멘트로 입구 봉쇄
5-10m
폐기물
모르타르
(모래와 시멘트를 물로 갠것)
콘크리트 벽   통로

그러나
고준위 핵폐기물 처리,
규정된 국가 정책이
없다!

덮어놓기엔 너무 큰 문제,
고준위 핵폐기물

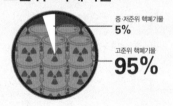

중·저준위 핵폐기물
5%

고준위 핵폐기물
95%

고준위 폐기물은 핵발전에서 나오는 총 방사능의 95%를 차지한다.
전 세계적으로 폐기물은 연간 약 1만 2000 톤씩 증가 하고 있는데,
무책임하게 '일단 쓰고, 나중에 결정하자'는 태도를 취하고 있다.

포화 상태의 핵발전소 폐기물!
대책 마련이 시급하다

안전을 보장할 수 없는 경주 방폐장

경주 중저준위 방사성폐기물처분장(경주 방폐장)은 2014년 6월 1단계인 '동굴처분' 공사를 마쳤고, 2016년 12월까지 2단계 '천층처분' 사업을 진행할 예정입니다. 그런데 최근 1단계 공사가 완료되기도 전에 2단계 사업을 진행하려고 해서 지역 주민들과 갈등을 빚고 있습니다. 원래 경주 방폐장 1단계 공사는 2009년 12월에 완료될 예정이었지만 핵폐기물 저장 공간인 사일로(silo)에서 연약 지반이 발견되면서 건설 기간이 4년 연장됐습니다. 지반이 약하면 지하수가 유입될 가능성이 커지므로 이를 해결하기 위해 5회에 걸쳐 설계를 변경했기 때문입니다. 당연히 공사비도 애초의 계획보다 많이 들었습니다.

경주 방폐장은 공사가 완료된 후 1단계와 2단계 둘 다 10년간 운영하게 됩니다. 10년이 지나면 저장 공간이 꽉 차기 때문에 방폐장을 밀봉합니다. 그런데 밀봉 이후 방폐장 안으로 지하수가 들어올 가능성이 아주 높습니다. 지하수 유입은 방사성 물질의 누출로 이어지는 심각한 문제입니다. 핵폐기물을 관리하는 한국원자력환경공단(2013년 6월까지 한국방사성폐기물관리공단)에 방폐장 지하수 유입의 위험 가능성과 조치 방안 등에 대해 정보공개를 청구했습니다.

한국원자력환경공단은 '지하수가 유입돼도 안전한 것으로 확인했다', '폐쇄 후 지하수 침투는 별도로 확인하지 않는다'고 답했습니다. 하지만 만약 지하수가 침투되어 핵폐기물과 접촉하면 방사능에 그대로 노출되는 것은 과학적으로 당연한 일입니다. 그런데도 한국원자력환경공단은 근거는 밝히지 않고 '안전한 것으로 확인됐다'는 답변을 내놓았습니다. 공단의 무책임한 답변에 재청구를 했습니다.

- **청구 기관**: 한국방사성폐기물관리공단

- **청구 일자**: 2013년 2월 18일

- **청구 내용**

1. 경주 방폐장과 관련 방폐장 공사 진행 내용, 완공 확정일, 완공 가능의 여부.

2. 방폐장 완공 후 운영 기간 동안 방폐장 내부로 지하수 침투 시 조치 방안.

3. 방폐장 운영 완료(방폐장 폐쇄) 후 지하수 침투 시 확인 방법.

4. 방폐장 운영 완료(방폐장 폐쇄) 후 지하수 침투 시 조치 방안 및 사후 처리에 대한 내용 일체.

- **답변 내용 중 일부**

운영 완료 후 폐쇄 시에는 사일로 등 동굴 내부를 쇄석과 콘크리트로 채운 후 완전하게 밀봉하므로 <u>사일로 내부에 지하수가 침투하기는 어려우나</u>, 처분시설의 안전성 평가는 폐쇄 직후 사일로 내부에 <u>지하수가 채워지는 것으로 보수적인 가정하에 실시했음에도 안전한 것으로 확인됐습니다.</u>

<u>따라서 폐쇄 후 별도의 지하수 침투를 확인하지 않으며 이는 선행된 스웨덴이나 핀란드 방폐장의 경우와 동일한 사안입니다.</u>

*밑줄은 필자 강조

지난번 청구 답변에는 지하수 침투 여부를 확인하지 않는다고 했습니다. 그런데 이번에는 경주 방폐장 폐쇄 후 "지하수 감시 결과 방사능 오염이 발생한다면" "제한 구역 내의 접근 금지 강화, 누출 부위 봉쇄, 누출원 제거 등의 조치를 취하게 될 것"이라고 답변했습니다. 다시 궁금증이 생겼습니다. 제한 구역은 어떻게 설정하는지, 누출원을 제거한다는 것은 어떤 의미인지(핵폐기물을 옮긴다는 뜻인지), 누출 부위의 봉쇄는 가능한지, 방폐장에 결함이 생긴다면 보수가 가능한지 다시 정보공개 청구를 했습니다.

정보공개 대상이 아니라는 답을 받은 후 담당자와 통화를 했습니다. 아직 폐쇄 계획에 대한 방향만 있을 뿐 공식적인 계획이나 가이드라인이 수립되지 않았다고 합니다. '방폐장의 건설과 함

■ **청구 기관**: 한국방사성폐기물관리공단

■ **청구 일자**: 2013년 3월 4일

■ **청구 내용**

지하수 침투로 인한 방사능 누출의 여부를 사일로(방폐물 저장 공간) 밖에서 확인, 감시하겠다는 것인데 만약 유출이 확인될 경우의 대처 방안.

■ **답변 내용**

1. 처분이란 방사성 폐기물을 인간 생활권으로부터 영구히 격리하는 개념으로, 처분시설은 정상 및 자연재해 또는 인위적 사고 등을 가정하여 엄격한 기준에 따라 사전에 안전성을 평가하고 이를 근간으로 건설·운영하며, 처분시설 폐쇄 전에 안전성을 재평가한 후 폐쇄하는 관리 방법을 채택하고 있는데 이는 장기간 처분시설 운영 경험을 가진 외국의 경우도 마찬가지임.

2. 따라서 우리나라에서도 원자력안전법에서 정한 규정(원안위 고시 제2012-63호)에 따라 처분시설 폐쇄 전에 폐쇄 계획을 수립하고, 규제 기관의 심사를 거쳐 안전성이 입증되어야만 폐쇄할 수 있으므로 <u>폐쇄 후 국민 건강 및 환경에 위해가 되는 방사성 물질이 유출될 확률은 극히 낮을 것임.</u>

3. 그러나 만약의 경우 방폐장 폐쇄 후 환경방사선 및 지하수 감시 결과 방사능 오염이 발생한다면, 주민에게 미치는 영향이 없도록 하기 위해 상황에 따라 <u>제한 구역 내의 접근 금지 강화, 누출 부위 봉쇄, 누출원 제거 등의 조치를 취하게 될 것임.</u>

*밑줄은 필자 강조

께 폐쇄에 대한 계획이 수립돼 있어야 방사능 누출 사고를 대처할 수 있지 않은가'라고 물었지만 공식화된 계획이 없어 공개해줄 수 있는 정보가 없다고 했습니다. 즉 공개 대상이 아니어서 답을 주지 않는 게 아니고 공개할 정보 자체가 없는 것입니다. 제한 구역 설정, 누출원 제거, 방폐장 보수공사 등에 대한 내용은 구상만 있을 뿐 결국 구체적인 계획은 하나도 없다고 할 수 있습니다.

독일은 1967년부터 운영을 시작한 아세 중·저준위 방폐장에 대해 2010년 폐쇄 결정을 내렸습

- **청구 기관**: 한국방사성폐기물관리공단
- **청구 일자**: 2013년 3월 27일
- **청구 내용**

1. 제한 구역의 설정: 만일 방폐장에서 방사능이 누출될 경우 양남, 양북, 감포 주민들이 먹는 식수인 지하수가 오염되게 됩니다. 어디까지 오염이 됐는지 파악을 해야 제한 구역을 정할 수 있을 텐데, 어떤 방법으로 오염의 범위를 정할 수 있는지 답변 바랍니다.

2. 귀 기관은 방폐장에서 방사능 누출이 확인되면 누출 부위 봉쇄 및 누출원 제거를 하겠다고 답변을 했습니다. 이 답변에서 누출원 제거는 드럼통을 들어내는 것을 의미합니까? 만일 그렇다면 쇄석으로 채운 상태의 드럼통을 들어내는 것이 가능한지, 또한 누출 부위를 찾아서 봉쇄하는 공사가 가능한지 여부에 대한 답변 바랍니다.

3. 방폐물관리공단은 기존에 보수공사가 불가능하며, 보수공사의 계획도 없다고 밝힌 바 있는데 보수공사를 할 계획인지 안 할 계획인지 어느 답변이 옳은지 답변 바랍니다.

- **답변 내용**

1. 귀하께서 "경주 방폐장의 지하수 침투로 인해 만약 방사능 유출이 확인될 경우 대처 방안"에 대해 정보공개를 청구하여 본 기관에서는 귀하의 방폐장 안전성에 대한 우려를 이해하여 안전하게 폐쇄하겠다는 답변을 드린 바 있습니다.

2. 그러나 이에 대해 추가로 2013. 3. 27일 자로 정보공개를 요청하셨으나, 처분시설의 폐쇄는 폐쇄 전에 원자력안전법에서 정한 규정에 따라 폐쇄 계획을 수립하여 규제 기관의 엄격한 심사를 거쳐 승인을 받아야 하나, 아직 심사받지 않은 사안으로 귀하께서 추가로 요청하신 사항에 대해서는 정보공개 대상이 아님을 알려드리오니 양지하시기 바랍니다.

*밑줄은 필자 강조

니다. 지반에 균열이 생겨 지하수가 스며들 가능성이 높다는 점이 폐쇄의 이유였고, 폐기물은 다른 방폐장으로 이전하기로 했습니다. 1967년부터 1978년까지 약 12만 6000드럼(드럼당 기본 200리터)의 폐기물이 아세 방폐장에 저장된 이후 불과 30년 만의 일입니다. 저장된 폐기물을 이전하는 데 걸리는 기간은 10년이고, 비용은 약 40억 유로(6조 4632억 원)로 추산된다고 합니다. 그런데 이런 일이 경주 방폐장에서는 발생하지 않을 수 있을까요?

'지하수가 침투하기 어렵다'는 답변을 무턱대고 믿기에는 마음이 불안합니다. '방사성 물질이 누출될 확률은 낮다'는 것도 가정일 뿐입니다. 물론 이 글에서 말하는 '누출될 가능성이 있다'는 것 또한 추측의 하나라고 말할 수 있습니다. 하지만 경주의 지반적 특성, 지진 가능성, 콘크리트의 균열 여부 등을 고려할 때 지하수 누출 가능성은 결코 '0'이라고 말할 수 없습니다. 그렇다면 인간과 환경에 심각한 피해를 끼칠 수 있는 가능성을 최대한 줄이기 위해 노력하고, 혹시 있을지 모르는 사고에 대비해야 하는 것 아닐까요?

경주 방폐장은 유해한 영향을 미치는 방사능을 내뿜는 핵폐기물을 저장하는 곳입니다. 그래서 극히 낮은 방사능 누출 가능성에 대해서도 대처 방안이 있어야 합니다. 우리는 아세 방폐장의 사례를 그냥 지나쳐서는 안 됩니다. 아세 방폐장이 바로 경주 방폐장의 미래가 될 수도 있습니다.

강언주　　투명사회를 위한 정보공개센터 활동가. 2009년부터 시민의 알 권리와 사회의 투명성을 위해 정보공개 운동을 해왔다. 후쿠시마 사고 발생 이후 핵발전과 방사능에 관련한 정보의 아카이빙과 공유를 위한 활동을 하고 있다. 온라인 아카이빙 공간 방사능와치(nukeknock.net)를 개설, 운영해오고 있으며 공공기관을 비롯한 찬핵 기관을 정보공개 청구로 괴롭히고 있다. 핵 없는 세상을 위해 기본적으로 정보가 투명하게 공개되어야 하고 더 많은 시민이 이해하기 쉽게 공유해야 한다고 생각한다. 녹색당 탈핵특별위원회 위원으로도 활동 중이다.

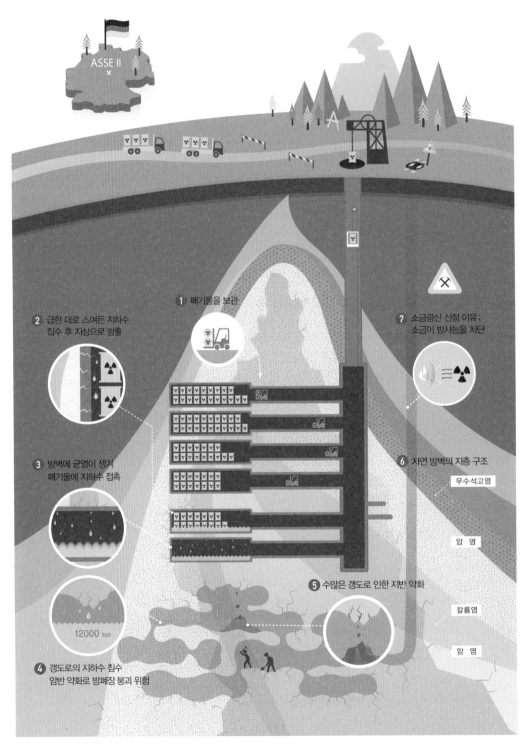

infographic: 조재영

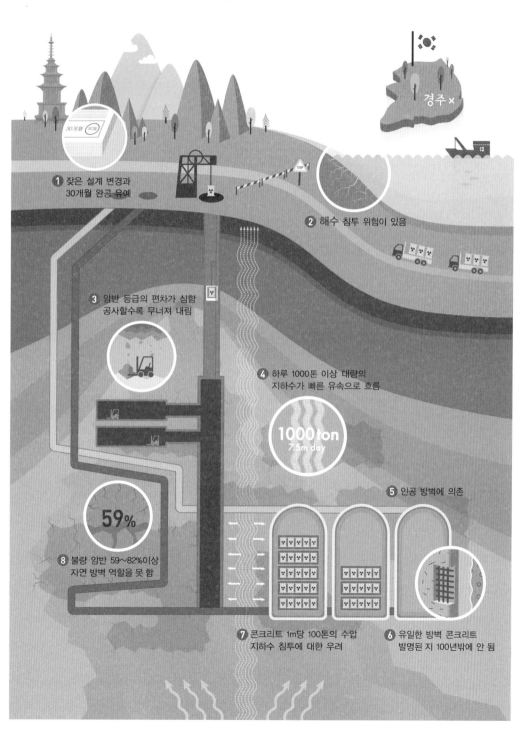

① 잦은 설계 변경과
　 30개월 완공 유예

② 해수 침투 위험이 있음

③ 암반 등급의 편차가 심함
　 공사할수록 무너져 내림

④ 하루 1000톤 이상 대량의
　 지하수가 빠른 유속으로 흐름

1000 ton
7.5m day

⑤ 인공 방벽에 의존

59%

⑧ 불량 암반 59~82%이상
　 자연 방벽 역할을 못 함

⑦ 콘크리트 1m당 100톤의 수압
　 지하수 침투에 대한 우려

⑥ 유일한 방벽 콘크리트
　 발명된 지 100년밖에 안 됨

경주×

동영상

후쿠시마의 사람들

"(방사능이) 지하수로 바다로 누출되고,
대기로 점점 퍼져나가게 되는 것입니다.
이대로 두면 엄청난 일이 일어날 거라고 생각해요."

omn.kr/a9w7
박광우 번역 | 5분 | 2013

일본의 저널리스트이자 반핵운동가인 히로세 다카시를 인터뷰한 영상. 일본의 심각한 방사능 누출 현황을 제대로 보도하지 않는 언론을
비판하고, 후쿠시마현 아이들을 집단 대피시켜야 하는 이유를 전한다.

후쿠시마 어머니의 이야기

"한 사람의 엄마로서 아이들의 건강과 생명을 지키는 것은 특별한 일이 아닙니다.
여러분은 후쿠시마 사태로부터 배워야 한다고 봅니다."

omn.kr/a9w9
그린피스 | 3분 | 2012

후쿠시마현 주민이었던 가나코 시카타를 인터뷰한 영상. 핵발전소 사고 당시 후쿠시마에
살았던 그는 사고 이후 야마가타현의 임시 거주지로 아이들과 함께 대피했다. 11세 아들과
9세 딸의 엄마인 그는 방사능으로부터 후쿠시마현 아이들을 보호하고 싶어서 '아동구호
를 위한 후쿠시마 네트워크'의 회원이 되었다.

+ 관련 영상

원전과 생존, 후쿠시마를 가다 | EBS | 34분 | 2013 | omn.kr/a9wa

일본 탈핵운동가 강연회 1 – 이케나가 오사무 변호사 | 예수회 인권연대 연구센터 | 1시간 1분 | 2014 | omn.kr/9x0i

일본 탈핵운동가 강연회 2 – 아오야기 유키노부 원전안녕! 후쿠오카 대표 | 예수회 인권연대 연구센터 | 1시간 38분 |
2014 | omn.kr/9x0j

어느 괴물의 고백

"내가 만든 전기로 수만 명의 배를
채울 수 있었다 한들 나는 애초에 태어나서는
안 될 괴물이었다는 사실을."

후쿠시마는
또 다른 체르노빌이 되었다

omn.kr/9xax
김현아 감독 | 6분 | 2012

녹색연합, 탈핵에너지교수모임, 에너지정의행동 공동주최로 개최한 '탈핵UCC콘테스트'에서 버금상을 수상한 김현아 감독의 작품. 노후 핵발전소인 고리 1호기의 탄생부터 현재까지의 이야기를 핵발전소 시점으로 의인화하여 전하고 있다. 사람들에게 풍요로운 에너지를 만들어 줄 수 있다며 세워진 고리 1호기. 하지만 체르노빌과 후쿠시마 사고, 핵마피아의 비리, 고장 은폐 등의 사건을 겪으면서 스스로를 괴물이라고 고백하는 내용이다.

+ 관련 영상

체르노빌의 전투 The Battle of Chernobyl | 디스커버리채널 | 1시간 33분 | 2006 | omn.kr/9xb0

사용후핵연료와 핵폐기물 처리 방법

"우주로 날려 보내자, 바다에 묻자, 남극에 쌓아두자……
이제 몽골에 처분장을 만들자고 하는 부끄러운 대책까지 나왔습니다."

omn.kr/9xau
6분 | 2012

일본의 핵물리학자이자 반핵운동가인 고이데 히로아키 교수의 사용후핵연료 및 고준위 핵폐기물 처리 방법에 대한 강연 영상. 핵발전소는 '죽음의 재'라고 불리는 폐기물을 만들 수밖에 없고 우주처분, 바다처분, 빙상처분, 지층처분 그 어떤 방법으로도 완벽히 안전하게 처리할 수는 없다고 말하고 있다.

+ 관련 영상

끝나지 않은 악몽 D'echet le cauchemar du nucléaire | 디스커버리채널 | 1시간 33분 | 2006 | omn.kr/9xb0

책

위험한 동거: 강요된 핵발전과 위험경관의 탄생
이상헌 외 | 알트 | 2014
핵발전소 인근 지역 주민들과의 인터뷰를 바탕으로 쓰인 책. 국책사업이라는 명목으로 주민 동의 없이 진행된 핵발전소 건설이 지역과 주민들의 삶에 어떤 영향을 미치고 있는지 생생한 목소리로 전한다. 핵과 동거하는 위험에 처한 주민들, 핵발전소에서 만들어진 전기를 송전하는 송전탑 건설로 갈등에 빠진 밀양의 이야기는 우리 모두가 핵발전에서 자유로울 수 없다는 사실을, 누군가의 희생 위에 만들어진 전기로 살아가고 있음을 깨닫게 한다.

원전을 멈춰라: 체르노빌이 예언한 후쿠시마
히로세 다카시 지음, 김원식 옮김 | 이음 | 2011
히로세 다카시가 말하는 체르노빌과 후쿠시마 핵 사고의 진실. 이 책은 핵발전소 사고를 천재지변에 의한 단순 사고로 볼 수 없다는 점을 지적하고, 지진과 화산폭발 위험이 있는 일본에 수많은 핵발전소를 왜 지었는지, 핵 마피아들은 왜 끊임없이 핵발전을 찬양하는지에 대해 문제를 제기한다.

원자력의 거짓말 | 고이데 히로아키 지음, 고노 다이스케 옮김 | 녹색평론사 | 2012
은폐된 원자력 핵의 진실 | 고이데 히로아키 지음, 김원식 외 옮김 | 녹색평론사 | 2011
원자력 딜레마 | 김명자 | 사이언스북스 | 2011
체르노빌 후쿠시마 한국 | 강은주 | 아카이브 | 2012
안젠데스까 안전합니까 | 이이다 데쓰나리 외, 송제훈 옮김 | 서해문집 | 2012
원전의 재앙 속에서 살다 | 사사키 다카시 지음, 형진의 옮김 | 돌베개 | 2013
체르노빌의 봄 | 엠마뉘엘 르파주 지음, 해바라기 프로젝트 옮김 | 이미지프레임(길찾기) | 2013
체르노빌의 목소리 | 스베틀라나 알렉시예비치 지음, 김은혜 옮김 | 새잎 | 2011
체르노빌의 아이들 | 히로세 다카시 지음, 육후연 옮김 | 프로메테우스 | 2011
후쿠시마에 남겨진 동물들 | 오오타 야스스케 지음, 하상련 옮김 | 책공장더불어 | 2013
후쿠시마 이후의 삶 | 다카하시 데쓰야 외 지음, 이령경 옮김 | 반비 | 2013
후쿠시마가 본 체르노빌 26년째의 진실 그리고 부산 | 무나카타 요시야스 지음, 김해창 옮김 | 해성 | 2014
잃어버린 후쿠시마의 봄 | 정남구 | 시대의창 | 2012
방사능 지진에서 살아남는 법 | 고현진 | 시공사 | 2011
멜트다운 | 오시카 야스아키 지음, 한승동 옮김 | 양철북 | 2013
겨울의 눈빛 | 박솔뫼 외 | 문학과지성사 | 2014
후쿠시마에서 살아가다 | 하승우 외 | 땡땡책협동조합 | 2014
일본 원전 대해부 | 〈신문 아카하타〉 편집국 지음, 홍상현 옮김 | 당대 | 2014

기사

"후쿠시마 오염수 차단? 日 정부의 거짓말" | 노컷뉴스 | 2013. 12. 6. | omn.kr/a9u4
후쿠시마 원전사고 피난 사망자 1600명… 직접 사망자 웃돌아 | 참세상 | 2013. 12. 19. | omn.kr/a9u8
정부 "수명연장이 싸다" 국민 담보로 '원전 모험' | 한겨레 | 2013. 11. 28. | omn.kr/a9u9
고리1호기 또 고장중단… 수명연장 뒤 '5번째' | 한겨레 | 2013. 11. 28. | omn.kr/a9ua
"국민에 고통" 원전 마피아 무더기 징역형 | 중앙일보 | 2013. 12. 7. | omn.kr/a9ub
"어차피 유출될 방사능, 그냥 동해바다에 던져" | 프레시안 | 2012. 11. 1. | omn.kr/a9uc
이 많은 원전 핵폐기물, 어디로 가져갈 텐가 | 한겨레 | 2013. 12. 20. | omn.kr/a9ud

4장 아이들의 단체급식 정말 안전할까?

"딩동댕동 딩동댕동."

드디어 점심시간! 쇠고기뭇국, 생선튀김,

두부조림, 소시지볶음까지! 맘에 쏙 드는 반찬들이다.

배식을 받고 친구들과 모여 앉았다. 그런데 혜림이 앞에는

배식판이 아니라 도시락이 놓여 있었다.

"혜림아, 왜 급식 안 받아 왔어?"

"오늘부터 엄마가 싸준 도시락 먹기로 했어."

"갑자기 왜?"

"일본에서 방사능 오염수를 바다로 흘려보냈나 봐.

근데 우리나라도 일본에서 생선이나 식품을 수입하니까,

급식 재료로 쓰였을까 봐 엄마가 걱정된대."

"진짜로 심각한 거야? 우리 엄마는 별말 없던데……."

일본에서 핵발전소가 폭발하는 큰 사고가 일어났다고 들었지만

우리나라에도 영향을 미치는 걸까? 방사능이 위험하다고 하니까

일본산 식품들은 안 먹는 게 좋을 것 같기는 한데…….

그래도 우리나라에서 다 검사하겠지.

설마 급식에 방사능 식재료를 쓰겠어?

방사능에 취약한
성장기 아이들

방사능 내부피폭에 대한 이야기를 지인과 나누고 있을 때였습니다. 우리 둘째아이의 친구인 초등학교 1학년생 준혁이가 저에게 대뜸 물었습니다.

"어? 어묵요? 오늘 학교에서 어묵 먹었는데. 급식에는 방사능 없어요?"

저는 아이의 동그란 눈을 제대로 바라볼 수 없었습니다. 뭐라고 답해야 할지 한참 고민해야 했습니다.

2011년 3월, 일본 동북부 지방을 강타한 대지진과 쓰나미로 인해 후쿠시마 핵발전소에서 폭발이 일어났습니다. 사고 직후 방사능 오염수가 바다로 새어나갔다는 소식이 전해졌는데, 일본 정부는 오염수가 잘 통제되고 있으며 누출 사고는 재발하지 않을 것이라고 사람들을 안심시켰습니다. 그런데 사고 2년 후인 2013년 여름부터 핵발전소의 오염수 누출 소식이 줄곧 언론을 오르내리기 시작했습니다. 2013년 7월 일본 정부는 핵발전소에서 매일 300톤 이상의 방사능 오염수가 바다로 흘러들어 가고 있다는 사실을 발표했습니다. 같은 달 후쿠시마 제1원전 3호기에서는 성인 연간 피폭 허용량의 2000배가 넘는 초고농도 방사능 수증기가 분출되기도 했습니다. 10월에는 방사성 물질 중 하나인 스트론튬이 허용 기준치의 100만 배 이상 포함된 오염수가 한 시간 가량 새어나간 사고가 있었고, 11월에는 멜트다운(원자로의 냉각장치 정지로 핵연료가 과열되어 원자로의 노심부가 녹아내리는 현상)이 일어난 원자로의 핵연료를 냉각하기 위해 쏟아부은 냉각수가 줄곧 배관을 타고 새고 있었다는 사실이 확인됐습니다.

상황이 이런데도 일본의 아베 신조(安倍晋三) 총리는 2020년 도쿄올림픽 유치를 위한 회의에서 '후쿠시마원전 오염수는 완전하게 차단되고 있다'고 발표했습니다. 그러나 아베의 말과 달리 핵발전소를 관리하는 도쿄전력은 '고농도 방사능 오염수가 언제부터 어떻게 누출됐는지 경로를 파악할 수 없으며 누출이 계속되고 있다'고 실토했습니다. 지금 이 순간에도 고농도의 방사능 오염수가 후쿠시마 앞바다로 흘러들어 태평양으로 퍼져나가고 있으며, 핵 오염이 통제 불가능한 상황임을 공식적으로 인정한 것입니다.

핵발전소 사고로 얼마나 많은 양의 방사능 오염물이 바다와 대기로 새어나왔고 또 지금도 새어나오고 있는지는 정확히 알 수 없습니다. 이 때문에 일본산 수산물의 방사능 오염에 대한 불안이 커지고 그것이 국내 수산물 시장의 불황으로까지 이어지자 우리 정부는 2013년 9월 6일 '후쿠시마 근해 8개 현 수산물 수입 금지' 조치를 발표했습니다. 그런데 정부가 수산물 수입을 금지한 지역들은 이미 일본 정부가 자체적으로 출하를 제한한 곳입니다. 이런 조치가 방사능 오염 수산물을 걱정하는 자국민들을 위한 실질적 대책이라고 할 수 있을까요? 게다가 정부는 시중에 유통되는 수산물에서 검출된 방사능은 "기준치 이하라서 안전하다"라며 시민들을 안심시키려 했습니다. 하지만 정부의 방사능 '기준치'를 우리는 얼마나 신뢰할 수 있을까요? 그리고 우리나라의 방사능 관리 체계는 정말 안전할까요?

우리나라의 식품 방사능 기준치는 방사성 세슘(세슘-134, 세슘-137)과 요오드(요오드-131)에 대해서만 정해져 있습니다. 스트론튬이나 플루토늄 등 다른 방사성 물질은 아예 기준이 없으며, 따라서 표본 검사도 하지 않습니다. 현재의 기준치는 세슘이 킬로그램당 100베크렐(Bq/kg)이고(임시특별조치에 따름) 요오드가 킬로그램당 300베크렐입니다. 그런데 이 수치는 국가의 상업적 관리 기준이지 의학적 안전 기준이 아닙니다. 방사능은 적은 양이면 낮은 확률로, 많은 양

학교별 일본산 수산물 납품업체 현황

(2011년 3월 1일~2012년 6월 30일)

출처: 2012년 교육부 국정감사 자료. 유은혜 의원실 제공.

시도	학교명	급식학생수('12. 6. 기준)	납품업체명	납품 품목	납품 수량(kg)	원산지	비고
경기	화성 OO초	1300	OO단체급식사업단	연어살	90	일본산	
경기	용인 OO초	650	OO단체급식사업단	연어살	30	일본산	
경기	용인 OO중	1045	OO단체급식사업단	연어	74	일본산	
경기	용인 OO중	1164	OO에프에스	연어살	109	일본산	
겨기	의정부 OO초	998	OO수산	연어	60	일본산	
충북	청원 OO초	566	OO씨엔에프	꽁치	320	일본산	
대구	OO중	1078	OO유통	코다리	72	일본산	

이면 높은 확률로 암을 발생시킵니다. 수산물에 농축된 방사성 물질의 양이 아무리 적더라도 지속적으로 섭취하면 인체에 나쁜 영향을 끼칠 수밖에 없습니다.

동국대학교 의과대학 김익중 교수 등이 번역한 미국국립과학아카데미의 〈저선량 방사선의 건강 위험에 관한 보고서(*Health Risks from Exposure to Low Levels of Ionizing Radiation*)〉(2011)에 따르면 방사능 피폭량과 암 발생은 비례하며, 이는 통계적 데이터나 생물학적 데이터 모두가 뒷받침하고 있다고 합니다. 이 보고서는 음식을 통한 방사능 피폭은 성장기의 청소년, 특히 영·유아기의 아이들에게 더욱 치명적이라고 강조하고 있습니다.

관세청 수출입 실적 자료에 따르면 2011년 3월부터 2014년 6월까지 수입된 일본산 수산물의 양은 무려 10만 6892톤입니다. 식품의약품안전처(식약처) 공식 자료에 따르면, 후쿠시마 사고가 난 지 사흘 뒤인 2011년 3월 14일부터 2014년 7월 31일까지 일본산 어류 1만 7169건의 방사능 검사를 실시한 결과, 총 136건에서 방사성 물질이 검출됐습니다. 2011년 7월에는 세슘 수치가 킬로그램당 98베크렐로 측정된 대구가 '기준치 이하 적합' 판정을 받아 우리 식탁에 올랐습니다. 그리고 후쿠시마 사고 후 지금까지, 방사능 오염 여부가 확인되지 않았거나 확인됐더라도 '기준치 이하이기 때문에 수입이 통과된 일본산 수산물은 학교급식 재료로 꾸준히 공급돼왔습니다.

표 4-1과 4-2는 각각 2012년과 2013년 국회에서 열린 교육부 국정감사에 제출된 자료입니다. 여기 나온 집계를 보면 교육부가 2011년 3월부터 2012년 6월까지 같은 기간 같은 지역 학교

표 4-2

연간 일본산 수산물 및 수산 가공품 사용량

(2011년 3월~2013년 9월. 단위: kg)
출처: 2013년 교육부 국정감사 자료.
안민석 의원실 제공.

시도	연도	학교	수입처	코다리	새우	꽁치	연어살	병어	가다랑어(가쓰오부시)	계	비고
경기	2011	초	일본산	0	0	0	0	0	3	3	1교
경기	2011	중	일본산	0	0	0	0	0	10	10	5교
경기	2012	초	일본산	0	0	0	0	0	5	5	3교
경기	2012	중	일본산	0	9	0	0	0	17	26	6교
경기	2013	초	일본산	0	0	0	0	0	9	9	5교
경기	2013	중	일본산	0	7	0	0	0	13	20	8교
충북	2011	초	일본산	0	0	0	0	0	0	0	0교
충북	2012	초	일본산	0	0	0	0	0	0	0	0교
충북	2013	초	일본산	0	0	0	0	0	0	0	0교
대구	2011	중	일본산	24	0	0	0	0	0	24	1교
대구	2012	중	일본산	0	0	0	0	0	0	0	0교
대구	2013	중	일본산	0	0	0	0	0	0	0	0교

의 급식 현황을 전혀 다르게 파악하고 있음을 알 수 있습니다. 2012년 제출 자료(표 4-1)에는 경기도 화성 ○○초등학교에 일본산 연어살이 90킬로그램 사용됐고 용인 ○○초등학교에는 30킬로그램이 사용됐다고 나오지만, 2013년 제출 자료(표 4-2)에는 같은 기간 경기도 내 초등학교에 연어살이 전혀 사용되지 않았다고 나옵니다. 충북 ○○초등학교의 경우 2012년 자료에서는 일본산 꽁치를 320킬로그램 사용했다고 나오지만 2013년 자료에는 같은 기간 동안 전혀 사용하지 않았다고 나옵니다. 대구 ○○중학교도 일본산 코다리가 72킬로그램 사용됐다고 밝혔으나 다음 해 자료에서는 같은 기간 대구의 모든 중학교에서 24킬로그램밖에 사용되지 않았다고 보고했습니다. 아이들의 급식에 사용되는 식재료 중 일본산 식품의 사용량에 대해 교육부는 정확한 내용을 파악하지 못하고 있었습니다.

국민의 생명과 안전을 지키는 것은 정부의 가장 기본적인 책임이자 의무입니다. 막연히 "기준치 이하라서 안전하다"라고 해서는 안 됩니다. 특히 방사능에 취약한 어린이, 청소년 들이 단체급식을 통해 피폭되는 일은 없어야 합니다. 이 의무를 중앙정부가 다하지 않는다면 지방자치단체와 교육청에서라도 해야 합니다. 그렇지만 정부의 책임 방기와 마찬가지로 지방자치단체와 교육청도 아무런 대책이 없습니다.

녹색당은 2013년 8월 서울특별시, 광역시, 도 단위의 전국 17개 지방자치단체와 교육청에 식품 방사능 관리에 관한 정보공개를 청구했습니다(표 4-3). 그 결과를 보면 전국 대부분의 지방자치단체가 급식 재료에 대한 방사능 검사를 하지 않았거나, 했어도 대부분 정기 검사가 아닌 1회성에 그쳤고, 경기도는 휴대용 방사능 간이측정기를 통한 검사로 대체해왔습니다. 그런데 방사능 간이측정기로는 식재료에 들어 있는 방사성 물질을 정확히 측정하기 어렵습니다.

영·유아의 경우 극소량의 방사능 피폭도 건강에 치명적인 위험을 일으킬 수 있기 때문에 어린이집 급식 등 음식을 통한 피폭을 방지하기 위한 세심한 주의가 필요하지만 여전히 이 영역은 관리의 사각지대에 놓여 있습니다.

초·중·고등학교는 특별시·광역시·도 단위의 광역 지방자치단체와 관할 교육청이 담당하는 반면, 어린이집은 시·구·군 단위의 기초 지방자치단체에서 관리합니다. 2013년 투명사회를 위한 정보공개센터와 녹색당은 서울시 관할 25개 구에 있는 국공립·서울형·민간 어린이집의 급식 실태에 대해 공동으로 정보공개 청구를 진행했습니다.

이 결과에 따르면 서울시 25개 자치구 중에서 마포구, 서대문구, 종로구 세 곳만이 어린이집 급식에 제공되는 수산물 식재료의 원산지 정보를 확보하고 있었습니다. 나머지 구청은 어린이집 급식 식재료의 원산지를 확인한 자료가 전혀 없었습니다. 방사능 검사는커녕 원산지 관리조차 제대로 되지 않고 있었습니다.

이렇듯 어린이, 청소년의 급식이 방사능으로부터 안전하게 관리되고 있지 않은 현실을 바꾸기 위해 2013년 8월 녹색당은 지방 교육청과 지방자치단체에 권고하는 '방사능에서 안전한 급식을

표 4-3	지역	식품 방사능 관리 대책
교육청의 식품 방사능 대책에 관한 정보공개 청구 결과	강원도	학교급식 위생관리 지침서(교육과학기술부)에 의거 학교급식품에 HACCP 검증을 위한 미생물 검사를 실시하고 있으며, 방사능 검사와 관련한 세부 내용은 수립되어 있지 않습니다.
	경기도	▷ 식재료에 대한 방사능 안전성 검사는 국립농산물품질관리원, 국립수산물품질관리원, 식품의약품안전처 등 여러 기관에서 식재료 유통 단계 시 지속적으로 실시하고 있으며, 이에 대한 결과는 홈페이지를 통해 정보공개를 하고 있습니다. ▷ 경기도교육청에서는 지도 차원으로 휴대용 방사능 계측계(5대 보유)를 이용하여, 식품접촉표면 방사선량 측정을 하여 표본조사를 실시하고 있습니다.
	경상남도	해당 사항 없음.
	경상북도	식품 방사능 검사 실시하고 있지 않음.
	광주시	미실시.
	대구시	해당 사항 없음.
	대전시	해당 사항 없음.
	부산시	해당 사항 없음.
	서울시	우리 교육청에서는 2012년도에 시범 사업으로 서울특별시보건환경연구원에 학교급식 식재료에 대한 방사능 검사 55건을 의뢰한 바 있으며, 검사 결과는 모두 음성으로 나왔습니다.
	세종시	학교급식에 사용되는 식재료는 식약처, 자치단체 등 관계 기관에 허가 및 신고를 득한 제품을 사용하는 등 안전성이 확보된 우수 식재료를 구매하고 있으며, 관련 법령에 따른 표시 사항 등을 철저하게 확인하여 안전하고 위생적인 학교급식 제공에 최선을 다하고 있음을 알려드립니다. 아울러, 세종특별자치시교육청에서는 식재료 안전성 검사의 일환으로 쇠고기 유전자 검사 및 농산물 잔류농약 검사를 실시하고 있으나, 학교급식 식재료에 대한 방사능 검사를 실시하고 있지 않습니다.
	울산시	해당 사항 없음.
	인천시	교육청에서는 학교급식에 대해 식품 방사능 검사는 실시하고 있지 않습니다만 수산물 수입 과정 중 농림수산검역본부의 방사능 검사를 통하여 안전한 수산물만이 수입될 수 있도록 조치하고 있다고 합니다. 검사 관련 세부 내용에 대한 정보는 없습니다.
	전라남도	우리 도 교육청에서는 학교급식 식재료에 대한 식품 방사능 검사는 별도로 실시하고 있지 않음.
	전라북도	학교급식 식재료에 대한 식품 방사능 검사는 실시하고 있지 않음.
	제주도	우리 교육청에서는 식품 방사능 검사를 하지 않고 있습니다. 다만, 2012년에 국립수산물품질관리원 제주지원[(구)농림수산검역검사본부 제주지역본부]의 협조를 받아 학교급식에 납품되는 수산물의 안전성을 확인하기 위하여 2개교에서 2건을 수거하여 실시한 바 있습니다. (방사능 검출 여부: 불검출)
	충청남도	해당 사항 없음.
	충청북도	우리 교육청에서는 학교급식 식재료 안전성 확보를 위하여 국립수산물품질관리원 평택, 장항지원의 협조로 금년도에 학교급식 수산물에 대하여 방사능 검사를 표본으로 실시하고 있으며, 국립수산물품질관리원 평택지원에서는 고순도 게르마늄 감마선 분광분석기를 이용하여 분석을 실시하고 있습니다.

위한 모범 조례안'을 발표했습니다. 이 조례에는 다음과 같은 내용이 포함돼 있습니다.

- 방사성 물질 검사에 관한 체계를 갖추고 필요한 인력과 장비를 확보한다.
- 최소한의 검사 주기를 명시한다.
- 방사성 물질 검사 체계, 품목, 주기, 방식 등을 포함하는 방사성 물질 검사 계획 등을 심의·의결할 감시 기구를 갖추고, 이 기구에 대한 학부모와 시민단체의 참여를 보장한다.
- 방사성 물질이 검출될 경우에는 식재료 사용을 제한한다.
- 학교별로 존재하는 학교운영위원회에서 방사능 검출 가능성이 높은 식재료를 급식에서 제외할 수 있게 한다.
- 모든 시민에게 정보를 투명하게 공개한다.

녹색당의 조례안 제안 외에도 전국에 있는 여러 시민단체가 방사능으로부터 안전한 급식 체계를 마련하기 위해 여러 노력을 기울이고 있습니다. 그 결과로 교육청 조례, 광역 지방자치단체 조례, 기초 지방자치단체 조례가 만들어지고 있습니다. 표 4-4를 통해 여러분이 사는 지역에 조례가 있는지 확인해보세요. 아직 없다면 교육청이나 지방자치단체에 제정을 촉구할 필요가 있습니다. 교육청 조례 중 경기도교육청 조례는 2013년 8월 12일 전국에서 최초로 만들어지고 시행됐지만 2014년 4월 조례 이름만 빼고 사실상 모든 내용이 개정됐습니다. 개정된 조례에는 방사능 국가 기준치가 삭제됐고, 검사 의무화 및 투명한 정보공개에 대한 조목이 들어갔습니다. 경기,

표 4-4 방사능 안전 급식 관련 전국 조례 제·개정 현황 (2014년 8월 기준)	단위	조례명	단체·지역	구분	시행 일자
	교육청	학교급식 방사능 오염 식재료 사용 제한에 관한 조례	경기도교육청	전부 개정	2014. 4. 4.
		방사능 등 유해물질로부터 안전한 학교급식 식재료 공급에 관한 조례	대전광역시교육청	제정	2014. 2. 28.
		방사능으로부터 안전한 식재료 사용에 관한 조례	부산광역시교육청	제정	2014. 5. 1.
		방사능 등 유해물질로부터 안전한 식재료 공급에 관한 조례	서울특별시교육청	제정	2013. 10. 10.
		학교급식 방사능 등 유해물질 식재료 사용 제한에 관한 조례	인천광역시교육청	제정	2014. 1. 6.
		방사능 등 유해물질 식재료 사용 제한에 관한 조례	세종특별자치시교육	제정	2014. 5. 11.
		방사능 등 유해물질로부터 안전한 학교급식 식재료 공급에 관한 조례	전라남도교육청	제정	2013. 11. 7.
		학교급식 방사능 오염 식재료 사용 제한에 관한 조례	전라북도교육청	제정	2013. 12. 27.
	광역 지방 자치단체	급식시설 방사성물질 차단에 관한 조례	경기도	제정	2014. 7. 11.
		안전한 공공급식을 위한 방사성물질 검사 지원에 관한 조례	인천광역시	제정	2014. 5. 26.
		영·유아 시설 급식의 방사능 안전 식재료 사용 지원에 관한 조례	서울특별시	제정	2014. 7. 17.
	기초 지방 자치단체	영·유아 보육시설 방사능 등 유해물질로부터 안전한 식재료 공급에 관한 조례	서울시 동대문구	제정	2013. 12. 12.
		영·유아 및 친환경 무상급식 방사능 안전 식재료 사용에 관한 조례	울산시 북구	제정	2013. 12. 23.
		방사능으로부터 안전한 식재료 공급 지원 조례	군포시	제정	2014. 5. 20.
		방사성물질로부터 안전한 공공급식 관련 우수급식 산업 진흥 조례	부천시	제정	2014. 5. 16.
		방사능으로부터 안전한 식재료 공급 지원 조례	서울시 구로구	제정	2014. 7. 17.

서울, 인천에서는 광역 지방자치단체 차원에서 방사능 안전 급식을 지원하는 조례가 만들어졌습니다. 특히 경기도 조례는 모든 급식 시설에 대한 정기 검사를 의무화했습니다. 기초 지방자치단체 조례는 어린이집 급식에 대한 방사능 검사를 주요 내용으로 합니다. 이에 따라 서울시 구로구는 어린이집별로 연 2회 이상 의무적으로 식재료에 대한 사전 검사를 받아야 한다는 내용을 조

례에 포함시켰습니다.

조례를 새로 만들거나 고치는 일은 쉽지 않습니다. 지방자치단체에서 협조하지 않거나 반대 의견이 나올 때마다 설득하고 근거를 보완하고 서명운동을 벌이는 등 어렵고 힘든 과정이 뒤따릅니다. 방사능 안전 급식을 위한 조례는 이런 어려움에도 포기하지 않은 시민들의 노력과 의지가 모여 만들어낸 것입니다.

그럼에도 조례의 내용을 살펴보면 방사능으로부터 안전한 급식이 학교와 어린이집에서 실질적으로 제도화될 수 있을지 우려스럽습니다. 부산시교육청 조례를 예로 들면, 방사능 기준치를 초과하는 식재료만 급식에서 빼게 했고 이를 정하는 방사능 검사 체계도 교육감의 노력에 따르게 되어 있을 뿐 의무 조항이 아닙니다. 또한 조례가 만들어졌지만 지방자치단체의 반대로 무산 위기에 있거나 조례를 시행하기 위한 과정에서 구색만 갖추려는 지방자치단체도 있습니다. 경기도 조례는 도지사의 거부로 두 번이나 도의회를 거친 후에야 제정됐지만, 경기도가 조례 시행을 막기 위해 소송을 제기하기도 했습니다. 이후 2014년 6·4 지방선거에서 당선된 남경필 경기도지사는 조례를 수정하는 조건으로 소송을 취하하기로 했습니다. 그런데 경기도 집행부가 제안한 내용은 '방사능 검사 설비 의무화' 조항이나 '정기검사 의무화' 조항 등 방사능 걱정 없는 급식을 위한 기본적 내용을 대부분 삭제하는 전면 수정안이었습니다.

후쿠시마 사고로 야기된 방사능 불안은 한두 해 만에 해소될 수 있는 일이 아닙니다. 방사능은 우리 세대를 넘어 계속해서 자연을 오염시키고 사람들의 식생활을 위협할 겁니다. 그 위험성을 알리고 대책을 마련하기 위해 많은 시민과 단체가 노력하고 있지만 '방사능 안전'은 여전히 갈

길이 멀어 보입니다. 해결해야 할 많은 과제 중에서도 특히 우리의 미래인 어린이와 청소년의 급식 안전이 시급합니다.

우리 아이의 급식 안전을 위해 내가 할 수 있는 일은 무엇이 있을까요? 지속적인 관심을 갖고 행동으로 표현하는 한 사람 한 사람의 작은 실천으로 큰 변화를 이끌어낼 수 있습니다. '우리 아이가 오늘 학교에서 뭘 먹었다고 했지? 그거 괜찮은 건가?'라는 생각이 들고 궁금하다면, 그 생각 때문에 불안하다면, 그것에 대해 질문하고 관련 대책을 물어보는 겁니다.

동네 시의원이나 시청, 시의회, 교육청에 전화를 걸어 "○○초등학교 급식에 방사능이 없나요? 어떻게 알 수 있나요? 왜 검사를 하지 않나요? 앞으로 어떻게 할 건가요? 확인해서 알려주세요"라고 이야기하는 일이 방사능으로부터 안전한 급식을 만드는 시작입니다. 시민들의 관심이 모이고 지속되면 변화를 이끌어낼 수 있습니다. 개선하고 대책을 마련하고 답을 줄 때까지 계속 물어보고 알아보면서 관심의 끈을 놓지 말아야 합니다.

이희정 후쿠시마 사고 후 회사를 그만두고 녹색당 창당 준비를 시작하며 직업 활동가가 되었다. 현재 녹색당 경기도당(경기녹색당) 사무처장이며 13세, 9세 아들 둘을 키우고 있다. 두 아이를 키우는 엄마로서 '나와 윗세대가 우리 아이들이 살아갈 지구를 무참히 사용했다'는 사실을 깨달았다. 경기도교육청 조례 개정안과 경기도 조례안의 초안을 만들고 개정 및 제정 촉구 활동을 해왔다. 방사능안전급식경기네트워크 실행위원으로 활동 중이며 저서로 《녹색당선언》(공저)이 있다.

방사능 안전 급식 조례가
시급한 이유

2013년 10월 서울시교육청은 '방사능 등 유해물질로부터 안전한 식재료 공급에 관한 조례'를 공표했습니다. 학교급식에 공급되는 식재료의 방사능 안전 규제를 담은 조례로서는 경기도에 이어 두 번째였습니다. 그런데 이 조례는 제정 운동에 참여한 단체들이 맨 처음 제안한 내용과는 많이 달랐습니다. 그중에서도 특히 문제가 되는 사항은 두 가지입니다.

첫째, 전수조사(조사 대상이 되는 집단을 하나하나 전부 조사하는 관찰 방법)의 횟수가 줄어들었습니다. 식재료는 같은 종류라 하더라도 산지와 공급처에 따라 안전성에 차이가 있습니다. 그래서 학교급식에 쓰이는 식재료의 안전은 전수조사를 실시해 점검해야 안심할 수 있습니다. 하지만 조례를 시행하게 될 교육청은 검사 장비의 비용을 이유로 전수조사에 부정적이었습니다. 결국 조례 초안에서 1년에 두 번 이상 시행하기로 한 전수조사는 검사 장비를 마련하는 데 드는 비용 문제로 연 1회 이상으로 축소됐습니다.

둘째, 조례의 규정 범위가 '방사능'에서 '방사능 등 유해물질'로 넓어졌습니다. 이는 서울 지역의 많은 단체가 방사능 안전 급식 조례를 요구한 취지와 어긋나는 방향입니다. 조례를 요구한 이유는 무엇보다 방사능이 건강에 미치는 영향의 인과관계가 아직 과학적으로 과소평가되고 있고, 그런 이유로 규제도 제대로 갖춰져 있지 않기 때문입니다. 이 상황에서 특히 상대적으로 안전이 취약한 단체급식은 사실상 의무적으로 실시되고 있으므로 방사능 안전 급식 조례야말로 반드시 필요한 사전적인 조치라고 판단한 것입니다. 그런데 시의회의 심의 과정에서 '방사능만 문제인가' 라는 질문이 쏟아졌고 결국 '방사능 등 유해물질'로 범위가 넓어졌습니다.

서울시교육청의 조례는 왜 원안대로 통과하지 못하고 이렇게 달라졌을까요? 교육 당국조차 안전 급식에 대한 인식을 제대로 정립하지 못했기 때문입니다. 전수조사가 필요하다고 주장한 사람들은 결코 그것이 '쉽다'고 전제하지 않았습니다. 당연히 검사 장비의 문제, 조사 인력의 문제, 그리고 기존의 급식 식재료 납품 과정에 새로운 절차를 추가하는 어려움 등을 잘 알고 있었습니다. 그럼에도 전수조사를 통해 최대한 안전한 식재료를 공급해야 한다는 마음과 철학이 최우선으로 고려되기를 기대했습니다. 그러나 교육행정 당국은 행정의 편의성과 비용 문제를 우선시함으로써 제대로 된 조례를 기대한 사람들에게 실망감을 안겨주었습니다. 전수조사를 명시하고 그 수준과 범위를 달성할 수 있게 연차별 계획을 수립한다면 불가능한 일이 아님에도 '비용이 크기 때문에 할 수 없다'고 전제했으니 말입니다.

방사능을 다양한 유해물질 중 하나로 인식한 점도 역시 실망스럽습니다. 기타 유해물질, 잔류 농약 등은 이미 조사 방법이나 절차가 상당 수준 갖춰져 있습니다. 반면 방사능은 국가 기준치에 모호한 부분이 있고 급식 식재료에 대한 검사 역시 미비한 수준이기 때문에 '방사능'을 특정하여 조례 제정을 요구한 것입니다. 하지만 이 요구는 받아들여지지 않았습니다. 복잡한 문제를 회피하고 싶은 마음, 즉 '방사능의 쟁점화'를 원치 않는 당국의 의도가 담겼다고 비판한다면 너무 성급한 판단일까요?

서울시교육청의 조례는 방사능 안전을 현실적으로 보장하기에는 부족한 반쪽짜리 법이 됐고, 이에 실망한 이들은 다양한 시민단체를 중심으로 모여 '방사능안전급식 실현을 위한 서울연대회의'를 만들었습니다. 그러는 사이 서울시교육청은 기존에 서울친환경유통센터(서울시 산하기관인 농수산물공사가 운영하는 친환경 식재료 유통 기관)를 통해 제공하던 학교급식 식재료를 각

학교에서 자율적으로 구매하게 했습니다. 그 결과 서울친환경유통센터에서 공급하는 학교급식 식재료의 비율은 90퍼센트 이상에서 10퍼센트 이하로 떨어졌습니다. 그리고 얼마 지나지 않은 2014년 3월, 영등포구의 한 학교에서 집단 식중독 사건이 발생했습니다. 시민단체들이 학교급식의 안전을 위해 바삐 움직이는 사이, 교육행정의 급식 관리는 과거로 퇴보하는 안타까운 일이 벌어졌습니다.

서울연대는 교육행정 중심으로 급식 안전을 보장하는 데는 한계가 있다고 봤습니다. 교육행정은 교육 자치의 이념에 따라 일반 행정과 분리되어 있지만 그만큼 일반 행정에 비해 칸막이가 높습니다. 학교 담장 안에서 벌어지는 일을 학교 밖의 지역사회가 제대로 살펴보기에는 한계가 있는 것입니다. 게다가 교육기관 외에 단체급식이 시행되는 곳은 사각지대로 방치되고 있습니다. 대표적인 경우가 어린이집입니다. 유치원과 초·중·고등학교는 학교로 분류되지만 어린이집은 보육행정으로 분류됩니다. 그래서 방사능에 가장 취약한 유아가 단체급식을 받고 있음에도 어린이집의 급식은 교육청이 아닌 구청이 관리·감독합니다. 또한 복지 기관의 단체급식이나 종교단체 등에서 제공하는 노숙인 등 취약계층에 대한 단체급식도 마찬가지로 관리 사각지대에 놓여 있습니다. 따라서 학교급식을 포함한 단체급식의 방사능 안전을 위한 활동은 교육행정의 차원이 아니라 광역 및 기초 지방자치단체로 이어지는 일반 행정을 통해 이루어져야 합니다.

서울 지역에서는 이미 구로구와 양천구에서 주민발의로 조례 제정 청구가 성공했으며, 2014년 6월 26일 구로구의회에서는 조례가 통과됐습니다. 동작구에서도 주민발의 운동이 진행 중입니다. 서대문구의 경우는 구의회에서 제한적인 형태나마 조례가 제정된 상태입니다. 전국으로 확대해보면, 울산시는 별도의 조례를 통해 새로운 전수조사 방식을 구축하고 있고, 군포시는 주민들이 발의한 조례가 전국 최초로 통과됐습니다. 이처럼 방사능에 대한 관심은 이미 전국적으로 구체적인 먹거리 안전, 급식 안전을 위한 주민 활동으로 이어지고 있습니다. 서울연대 차원에서도 별도의 '서울특별시 영유아시설 및 학교급식의 방사능 안전 식재료 사용의 지원에 관한 조례안'을 만들어 제안했습니다.

서울연대 조례안의 핵심은 서울시 지정 조사 기관을 통해 전수조사가 완료된 식재료를 공급받는 단체급식 기관의 경우 식재료 구매의 예산 초과액을 서울시가 지원하는 것입니다. 현재 서울 지역의 학교들은 비용 때문에 친환경 식재료를 사용하지 않는다고 이야기합니다. 좋은 식재료를 쓰고 싶지만 서울친환경유통센터는 가격이 비싸서 일반 민간 업체와 거래한다는 것입니다. 서울연대의 조례안은 이처럼 비용이 문제라면 서울시가 비용을 지원해서 안전한 급식 재료를 공급하자는 취지를 담고 있습니다.

조례안은 2014년 4월 서울연대 발족식을 통해 공개됐고, 5월 28일 서울시의회 김형태 당시 교육의원에 의해 발의됐습니다. 그리고 6월 25일 소관 상임위원회인 보건복지위원회에서 일부 수정되어 통과됐고, 다음 날인 26일 본회의를 통과해 제정됐습니다.

그런데 처음의 조례안은 서울시의 검토 의견이 반영되어 수정됐습니다. 서울시는 김형태 교육의원의 의뢰로 조례안에 대한 '검토 의견'(2014년 5월)을 보내왔는데, 그 내용은 다음과 같습니다. 학교급식을 교육감의 사무로 분리하고, 스트론튬과 플루토늄을 방사성 물질 범위에서 삭제하고, 지원위원회나 지원센터의 설치를 재고하고, 전수조사 항목은 예산 문제로 전체 삭제하는 것이 좋겠다는 의견이었습니다. 이는 1년 전 교육청 조례 제정 당시 교육청이 내놓은 입장을 되풀이하는 내용입니다. 그리고 이런 내용들이 고스란히 반영되어 애초 '영유아시설 및 학교급식의 방사능 안전 식재료 사용의 지원에 관한 조례'에서 학교급식이 빠진 '영유아시설 급식의 방사능 안전 식재료 사용의 지원에 관한 조례'가 탄생했습니다.

조례가 통과된 것은 기쁜 일이지만 조례의 범위에서 '학교'를 제외한 점, 방사능 전문가가 한 명도 없는 기존의 식품안전대책위원회가 방사능안전급식관리위원회를 대체하게 한 점 등은 조례의 실효성을 떨어뜨릴 수 있다는 우려를 낳습니다. 물론 조례 하나로 하루아침에 안전한 급식이 보장되지는 않습니다. 따라서 서울연대는 조례의 제정에서 멈추지 않고 조례가 어떻게 시행되는지, 추가로 개정할 부분은 없는지 지켜보고 또 바꾸는 활동을 이어갈 계획입니다.

무엇보다 방사능 안전 급식은 급식을 실시하는 기관들의 안전 공감대가 커지고 학부모를 비롯한 시민들의 관심이 높아질 때만 실현될 수 있습니다. 그렇기 때문에 조례 운동은 최종 목표가 아니라 출발점에 가깝습니다. 우선 행정의 얼개를 바꿔 급식 안전에 대한 민감도를 높여야 합니다. 또 급식을 이용하는 시민들의 방사능에 대한 이해도 높여야 합니다. 이를 위해 서울연대는 시민들을 직접 만나 공감대를 높이는 교육·홍보 사업, 행정의 편의성 때문에 마구잡이로 도입되는 부정확한 휴대용 검사 장비의 실태 조사를 포함한 실천·참여 프로그램, 기존 조례를 검토함으로써 부족한 점을 개선해나가는 정책 개입 활동 등 크게 세 가지로 이후의 활동을 모색하고 있습니다.

방사능 위험 없는 안전한 급식은 단순히 먹는 일에 관한 문제가 아닙니다. 우리가 어떤 사회에서 살 것인지를 함께 고민하고 좋은 방향으로 실천해가는 과정입니다. 변화는 누군가가 가져다 주는 것이 아니라 우리가 만들어가는 것입니다. 변화의 실천에 함께하는 학부모와 시민이 더 늘어나기를 고대합니다.

김상철   방사능안전급식 실현을 위한 서울연대회의 사무처장. 대학원에서 정치이론으로 석사 학위를 받았으며, 현재 노동당 서울시당 사무처장을 맡고 있는 10년 차 진보정당 활동가. 정치가 비가역적인 변화를 이끌어내는 과정이라고 생각하며, 특히 도시의 변화를 꿈꾸는 도시정치에 관심이 많다. 이런 관심의 연장으로 최근 《무상교통》, 《모두를 위한 마을은 없다》(공저)라는 책을 펴냈다.

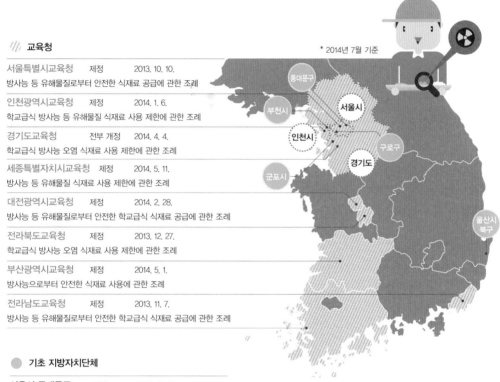

교육청

*2014년 7월 기준

서울특별시교육청   제정   2013. 10. 10.
방사능 등 유해물질로부터 안전한 식재료 공급에 관한 조례

인천광역시교육청   제정   2014. 1. 6.
학교급식 방사능 등 유해물질 식재료 사용 제한에 관한 조례

경기도교육청   전부 개정   2014. 4. 4.
학교급식 방사능 오염 식재료 사용 제한에 관한 조례

세종특별자치시교육청   제정   2014. 5. 11.
방사능 등 유해물질 식재료 사용 제한에 관한 조례

대전광역시교육청   제정   2014. 2. 28.
방사능 등 유해물질로부터 안전한 학교급식 식재료 공급에 관한 조례

전라북도교육청   제정   2013. 12. 27.
학교급식 방사능 오염 식재료 사용 제한에 관한 조례

부산광역시교육청   제정   2014. 5. 1.
방사능으로부터 안전한 식재료 사용에 관한 조례

전라남도교육청   제정   2013. 11. 7.
방사능 등 유해물질로부터 안전한 학교급식 식재료 공급에 관한 조례

기초 지방자치단체

서울시 동대문구   제정   2013. 12. 12.
영·유아 보육시설 방사능 등 유해물질로부터 안전한 식재료 공급에 관한 조례

서울시 구로구   제정   2014. 7. 17.
방사능으로부터 안전한 식재료 공급 지원 조례

부천시   제정   2014. 5. 16.
방사성 물질로부터 안전한 공공급식 관련 우수급식 산업 진흥 조례

군포시   제정   2014. 5. 20.
방사능으로부터 안전한 식재료 공급 지원 조례

울산시 북구   제정   2013. 12. 23.
영·유아 및 친환경 무상급식 방사능 안전 식재료 사용에 관한 조례

광역 지방자치단체

서울특별시   제정   2014. 7. 17.
영·유아 시설 급식의 방사능 안전 식재료 사용 지원에 관한 조례

인천광역시   제정   2014. 5. 26.
안전한 공공급식을 위한 방사성물질 검사 지원에 관한 조례

경기도   제정   2014. 7. 11.
급식시설 방사성물질 차단에 관한 조례

infographic: HOWSconsulting

어린이·청소년의
안전 급식을 위한 Q&A

Q. 왜 방사능에 오염된 음식을 아이들에게 먹이면 안 되나요?

방사성 물질은 유전자를 손상시키고 각종 질병을 일으킵니다. 방사능에 의해 발생하는 질병으로는 갑상선암, 유방암, 백혈병 등 각종 암, 선천성 기형, 사산, 유산, 지능 저하, 불임 등 유전성 질환, 심근경색 등의 심혈관 질환이 있습니다. 그 외에 신장염, 폐렴, 중추신경계 질환, 백내장 등도 유발될 수 있습니다.

어린이는 특히 방사능에 민감합니다. 성장기에는 세포분열이 활발하기 때문에 유전자가 방사능에 의해 더 쉽게 손상될 수 있습니다. 우리에게 역사적 교훈으로 남은 1986년의 체르노빌 핵발전소 사고로 가장 많은 피해를 입은 대상도 어린아이였습니다. 방사능 오염 정도가 아무리 미량이라고 해도 아이들의 안전을 보장할 수는 없습니다.

Q. 일본산 수산물은 어느 정도로 방사능에 오염됐나요?

후쿠시마 사고 이후 3년이 넘는 시간이 흘렀습니다. 그러나 지금도 후쿠시마 핵발전소에서는 방사능에 오염된 오염수를 매일 약 300톤씩 태평양으로 흘려보내고 있습니다. 그런데 도쿄전력과 일본 정부는 방사능 오염수의 누출 사실을 2년 가까이 숨겨왔습니다. 그러는 동안 일본의 토양과 태평양은 심각하게 오염됐습니다.

2013년 10월 이바라키현 모리야시(市)에 있는 조소생활협동조합이 이바라키현과 지바현 등 일본 간토 지방에 속한 15개 기초 지방자치단체의 어린이·청소년의 오줌을 채취해 검사한 결과, 후쿠시마 인근 지역 어린이 70퍼센트의 오줌에서 세슘이 검출됐습니다. 또 2013년 6월 일본 해양연구개발기구의 발표에 따르면 후쿠시마 사고로 누출된 방사성 세슘이 사고 발생 한 달 뒤 일본에서 약 2000킬로미터 떨어진 북태평양의 수심 약 4800미터까지 도달했다고 합니다. 세슘에 오염된 태평양에서 건져 올린 수산물에서도 방사능이 검출되고 있습니다. 바닷물은 계속해서 순환하고 있고 수산물의 방사능 오염은 확산되고 있습니다.

Q. 한국 정부가 일본산 수산물에 대한 대비책을 마련하지 않았을까요?

2014년 현재, 정부는 방사능에 대한 이해가 부족하며 경각심이 낮은 상태입니다. 정부는 2013년 9월 6일 후쿠시마 인근 8개 현에 대한 수산물 수입 금지 조치와 함께 세슘 기준치를 킬로그램당 100베크렐로 강화했습니다. 수산물에서 세슘이 기준치 이상으로 나올 경우 수입 중단 조치를 취한다는 것인데 이 기준치는 안전의 기준이 아닙니다. 행정적 관리 기준일 뿐입니다. 또한 모든 제품에 방사능 검사를 실시하는 것도 아니기 때문에 안심하고 일본산 수산물을 먹을 수 없습니다. 그리고 후쿠시마 사고 후 오염수 누출에 대한 의심이 계속되고 일본산 수산물의 방사능 오염에 대한 경고가 있었음에도 정부는 2년이 넘도록 일본산 수산물을 그대로 수입했습니다.

정부는 뒤늦게 후쿠시마 인근 8개 현에 대한 수산물 수입을 금지했지만, 나머지 현에서 수입하는 수산물에서도 방사능이 검출되고 있습니다. 게다가 수산물을 제외한 각종 가공식품 등에 대해서는 수입 제한 조치가 전혀 이루어지지 않고 있습니다. 정부의 일본산 수산물에 대한 대비책은 미흡하기만 합니다.

Q. 방사성 물질이 정부의 기준치 이하로 나오면 안심하고 먹을 수 있나요?

방사능 피폭량과 암 발생 확률은 비례합니다. 방사능에 안전한 기준치란 없으며, 적은 양이라도 피폭되면 신체에 나쁜 영향을 미칩니다. 따라서 방사능 피폭량은 가능한 모든 방법을 동원해 줄여야 합니다. 정부의 기준치는 '안전 기준치'가 아닙니다.

Q. 원산지를 잘 확인하면 안전하게 먹을 수 있지 않을까요?

현재 원산지 표시 제도는 운영상의 결함과 제도적 허점으로 인해 여러 가지 문제를 낳고 있습니다. 특히 일본산 수산물이 국산으로 둔갑하는 사례도 많습니다. 명태의 경우 조업 어선의 국적에 따라 원산지가 결정되기 때문에 일본 인근에서 잡힌 수산물이 러시아산, 노르웨이산 등으로 표시되는 상황입니다.

원산지 표시 적용 기준도 미흡합니다. 2013년 6월 원산지 표시 품목이 확대됐음에도 학교급식에서 많이 사용되는 북어, 황태 같은 명태 건제품, 방사성 물질이 많이 검출되는 대구 등은 여전히 원산지 표시 대상 품목에서 빠져 있습니다. 또한 어묵은 잡어를 섞어 만들기 때문에 원산지 표시가 무의미합니다. 따라서 일본산 수산물이 아니라고 해도 안심할 수 없습니다. 그리고 표고버섯의 경우는 국내산에서도 방사성 물질이 나오고 있으므로 이 또한 주의해서 먹어야 합니다.

Q. 우리 아이들의 급식을 안전하게 지킬 대책이 없는 건가요?

다행히도 강원도교육청, 경기도교육청에서는 방사성 물질이 미량이라도 검출되면 급식 식단에서 제외하는 방안을 논의 중입니다. 서울시교육청도 2013년에 학교급식 식재료에 대한 방사능 검사를 규정한 조례를 제정했습니다. 하지만 조례의 실효성이 떨어진다는 점이 문제입니다.

학교별로 연 1회 이상 전수조사를 실시할 수 있게 노력해야 한다는 조항으로는 안전을 보장할 수 없습니다. 실제로 2014년 서울시교육청이 배당받은 방사능 정밀검사 건수는 서울시 2200여 개의 유치원 및 초·중등학교를 통틀어 30건에 불과합니다. 그마저도 제대로 검사할 수 있을지 의심스럽습니다. 서울시교육청이 방사능 검사기가 너무 비싸다는 이유를 들어 실효성이 떨어지는 저가의 방사능 측정기를 도입하기로 했기 때문입니다.

기준치에 대한 조항 역시 아쉬운 부분입니다. 방사능 등 유해물질이 발견되면 해당 식재료 사용을 금지한다고 규정했지만 실제로는 킬로그램당 100베크렐인 국가 기준치를 그대로 적용했기 때문입니다. 즉 100베크렐 이하의 방사능이 검출된 식재료는 아무런 조치도 취하지 않는다는 뜻입니다.

정부의 미흡한 대책에 시민단체와 지역 주민 들이 직접 나서기 시작했습니다. 주민들이 구 단위로 방사능 안전 급식 조례를 발의하는 활동을 하고 있고, '방사능안전급식 실현을 위한 서울연대회의' 등 각종 단체에서도 서울시 조례 제·개정을 위해 노력 중입니다.

Q. 방사능에서 안전한 급식을 위해 우리가 할 수 있는 일이 무엇일까요?

방사능 오염 식재료에 대한 법적 규제가 약한 만큼 시민들의 감시와 참여가 중요합니다. 학교와 어린이집 현장에서 학부모들이 학교급식 소위원회, 학교운영위원회 등에 참여해 아이들의 급식에서 방사능 위험 식품군이 제외될 수 있게 노력해야 합니다.

　자신의 사는 지역에서 주민발의 형태로 조례를 제정할 때 뜻을 모아야 합니다. 아울러 정부 및 지방자치단체가 방사능 안전 급식을 위한 법적 규제를 마련할 수 있게 관심을 갖고 참여해야 합니다.

* 2014년 4월 16일 서울연대 토론회 자료집에서 발췌 · 재정리

방사능안전급식 실현을 위한 서울연대회의　방사능 안전의 사각지대에 방치되어 있는 단체급식의 문제를 제도 개선, 시민 캠페인 등의 방법으로 풀어보고자 출범했다. 2014년 6월 '서울특별시 영유아시설 및 학교급식의 방사능 안전 식재료 사용의 지원에 관한 조례'가 불완전한 형태로나마 서울시의회에서 제정될 수 있게 추진했고, 2014년 9월 미량 방사능 문제의 공론화를 위해 워크숍을 개최하는 등 지속적으로 활동 중이다.

5장 방사능은 우리 몸에 얼마나 위험할까?

얼마 전 방사능이 걱정된다며 도시락을 싸 온 혜림이가 생각났다.

방사능이 그렇게 위험한 걸까?

우리 몸에 방사능이 들어오면 어떻게 될까? 인터넷으로 검색해봤다.

| 방사능이 인체에 미치는 영향 ▼ |

| 후쿠시마, 체르노빌 방사능 피해 ▼ |

검색 결과를 둘러보는데 끔찍한 사진들이 떴다.

기형아, 대형 지렁이와 물고기, 이상하게 생긴 식물들……

이게 모두 방사능 때문이라고?

끔찍해서 더 보기 힘들었다. '후쿠시마 아이들 피폭 심각',

'후쿠시마 인근 어린이 10명 중 7명꼴 소변에서 세슘 검출' 같은 기사도 읽었다.

방사능에 노출되면 각종 질병, 특히 암이 생길 수 있다고 한다.

급식에도 방사능이 있으면 어쩌지? 엄마가 해준 생선구이는 괜찮았을까?

아빠가 일본 출장 다녀오며 사다 주신 과자도 실컷 먹었는데……

괜찮은 걸까? 이미 내 몸에 방사능이 들어온 건 아닐까?

기준치 이하도 암을
발생시킨다

2011년 일본 후쿠시마 핵발전소 사고 이후 방사선[통상적으로 방사선(radiation)이라고 하면 가시광선 등의 비전리방사선과 엑스레이 촬영에 쓰이는 전리방사선을 모두 포함하지만 이 글에서는 전리방사선을 편의상 '방사선'이라고 지칭함]이 건강에 미치는 영향을 걱정하는 사람들이 많아졌습니다. 그렇지만 아직까지도 방사선의 위험에 대해 잘못 알려진 상식들이 적지 않습니다.

우선 흔히 사용되는 방사선의 단위인 시버트(Sv)를 살펴보겠습니다. 시버트는 방사선의 종류와 상관없이 해당 방사선으로 인한 생물학적 효과를 나타내는 단위로서, 인체에 피해를 주는 방사선량을 이야기할 때 흔히 사용하는 단위입니다. 통상적으로는 시버트의 1000분의 1에 해당하는 밀리시버트(mSv)를 더 많이 씁니다. 참고로 세계보건기구(WHO)가 일반인들에게 권고하는 1인당 연간 방사선 노출 허용 기준이 1밀리시버트입니다. 핵발전 전문가나 정부 기관 등은 방사선 노출 사고가 벌어질 때마다 이를 근거로 "허용 기준이 1밀리시버트인데 검출된 양이 그보다 적으므로 아무 문제가 없습니다"와 같이 이야기합니다.

그러나 허용 기준 1밀리시버트라는 수치는 '그 선을 넘으면 건강에 이상이 생기고 그 선 아래이면 괜찮다'는 기준이 아닙니다. '피할 수 없는 방사선(자연방사선과 불가피한 의학적 방사선 등)을 제외하고, 일상에서 노출될 수 있는 인위적인 방사선의 양을 우리가 어느 정도로까지 낮게 관리할 수 있는가'라는 고민에서 나온 일종의 '관리 기준값'입니다. 다시 말해서 이는 위해성 여부가 아니라 통제 가능성 여부를 기준으로 정한 값입니다. 1밀리시버트 이상의 인위적인 방사선량은 기술적으로 통제할 수 있지만, 그보다 낮은 수준의 노출은 기술적으로 통제하기가 어려우니 불가피하게 감수하자는 일종의 '일반인 노출 상한선'인 것입니다.

우리나라 사람들이 일상생활에서 불가피하게 노출되는 방사선량은 연평균 3.7밀리시버트라고 알려져 있습니다. 그중 3.0밀리시버트는 배경(자연)방사선량인데, 이는 자연에서 나오는 그야말로 '피할 수 없는' 방사선입니다. 대략 72퍼센트가 토양에 있는 라돈 등 지구 내 방사성 물질로부터, 16퍼센트는 우주에서 들어오는 방사선으로부터, 나머지 12퍼센트는 일상적인 음식물로부터 불가피하게 노출됩니다. 그리고 나머지 0.7밀리시버트가 인공 방사선량입니다. 예를 들어 병원 같은 곳에서 엑스레이 촬영 등을 할 때 노출되는 인위적인 방사선이 여기에 속합니다. 우리가 건강 검진 등을 위해 병원에서 가슴 엑스레이를 정면, 측면 등 다각도로 한 번 찍으면, 기계의 특성에 따라 다소 다를 수 있겠지만 통상적으로 0.1밀리시버트의 방사선에 노출됩니다. 만약 의학적으로 꼭 필요하지 않은데도 가슴 엑스레이를 10번 정도 찍는다면 불필요한 방사선 노출로 1년치 허용 기준을 채우게 됩니다. 그러니까 허용 기준이란 불가피하게 노출되는 평균적인 방사선량(한국인의 경우 3.0밀리시버트)은 제외한 상황에서, 추가적으로 불필요한 1밀리시버트 이상은 노출되지 말자고 제안한 것이라고 보면 됩니다.

세계보건기구의 자료에 따르면 전 세계인의 연평균 방사선 노출량은 2.4밀리시버트입니다. 이미 우리나라 국민의 노출 수준은 세계인의 평균보다 훨씬 높은 셈입니다. 만약 여기에 예기치 않은 상황, 예를 들어 수입된 방사능 오염 농수산물을 먹는 등의 일이 생겨 1밀리시버트 정도의 노출을 더 허용하게 된다면, 아무리 노출량을 '허용 기준인 1밀리시버트를 넘지 않게 관리'한다고 하더라도 우리 국민들은 연평균 4.7밀리시버트(=3.7밀리시버트+1밀리시버트)까지 방사선에 노출될 수 있는 셈입니다.

후쿠시마 사고 이전에 일본인들의 연평균 방사선량은 1.5밀리시버트로 세계인의 평균보다도 상당히 낮은 수치였습니다. 하지만 후쿠시마 사고 이후 일본 열도의 중부 지역은 상당히 오염된 지역으로 분류되고 있고, 방사성 물질이 포함된 냉각수가 지속적으로 토양과 해양을 오염시키고 있습니다. 일본 정부의 공식 자료가 나오지 않고 있어 정확한 피폭 수준은 알 수 없지만, 증가된 공간 방사선량, 오염된 물과 음식 등을 통한 내부피폭량을 고려한다면 일본인들이 통상적으로 노출되는 방사선량 수준은 그보다 상당히 높아졌을 것입니다.

방사선에 노출되면 우리 몸에는 어떤 변화가 생길까요? 방사선이 사람 몸을 관통하면 세포 내의 디엔에이(DNA) 염기서열이 끊어지거나 훼손되면서 변화가 시작됩니다. 본래의 염기서열이 끊어지거나 훼손되면 우리 몸은 이를 바로잡기 위해 수리 작업을 하는데, 이때 일부 작업이 잘못되면서 비정상적인 세포, 즉 암세포가 발생합니다. 잘못된 DNA 생성에서 암 발생까지 걸리는 기간은 백혈병 같은 혈액암의 경우는 2년, 위암, 간암, 폐암 같은 고형 암(딱딱한 덩어리 암)의 경우는 20~30년 정도입니다. 그리고 암 발생 초기에 적절하게 지료하지 않으면 해당 암세포들이 혈액이나 체액을 통해 다른 장기로 퍼지면서 전이가 일어납니다.

방사선의 영향을 받아 잘 발생하는 암으로는 위암, 간암, 폐암, 대장암, 유방암, 갑상선암, 뼈암, 다발성 골수종, 백혈병 등이 있습니다. 그중 갑상선암은 여성에게 더 잘 생기고 백혈병은 다른 암들에 비해 피폭 후 훨씬 빠른 시기에 발현됩니다. 또한 방사선은 세포분열이 활발한 조직에 훨씬 큰 피해를 입히는데, 그 때문에 같은 방사선량이라도 어른보다 성장기 어린이들의 암 발생 확률이 더 높습니다.

최근에는 방사능 오염 식품을 섭취해 생기는 내부피폭의 위험성 때문에 사람들이 불안해하고 있습니다. 내부피폭은 실제로 얼마만큼 지속적으로 체내에 영향을 주는지 측정하기가 어렵습니다. 스트론튬-90 같은 방사성 동위원소는 섭취 후 칼슘과 유사한 성질로 받아들여져 뼈에 축적되고, 거의 몸 밖으로 나가지 않으면서 지속적으로 방사선을 방출하게 됩니다.

방사선에 많이 노출되면 그만큼 암 발생 확률이 높아집니다. 이에 대해서는 충분히 신뢰할 만한 연구 결과가 있습니다. 2006년 미국국립과학아카데미는 〈BEIR VII〉[저선량 방사선의 생물학적 영향(Biological Effects of Ionizing Radiation)에 대한 일곱 번째 보고서]을 발표했습니다. 이 보고서에서는 방사선이 인간의 건강에 미치는 영향을 '선형 무역치(linear no-threshold, LNT) 모델'이 가장 잘 설명한다고 이야기합니다. 풀어서 말하면 '문턱값(효과가 나타나기 시작하는 경계가 되는 값)이 없는 직선 그래프'라 할 수 있는데, 그림 5-1과 함께 좀 더 자세히 설명해보겠습니다.

보통 방사선 1밀리시버트에 노출되면 일정한 잠복기를 거쳐서 노출 인구 1만 명당 대략 한 명 꼴로 암이 발생할 수 있습니다. 100밀리시버트일 경우에는 노출 인구의 대략 1퍼센트가 암에 걸릴 수 있는 것입니다. 여기서 설명의 편의를 위해 잠복기를 잠시 무시하고 방사선에 노출된 후 곧바로 암이 발생한다고 단순화해보겠습니다. 그에 따라 방사선과 암 발생의 상관관계를 나타내면 그림 5-1의 그래프가 됩니다. 그래프에서 X축은 방사선 노출량, Y축은 암 발생 확률입니다. 가운데의 실선(고선량 선형 무역치 모델)이 보여주는 것처럼 이 둘은 정확히 비례합니다. 다만 어떤 종류의 방사선이냐에 따라 직선의 기울기는 다를 수 있습니다(저선량 선형 무역치 모델 참조).

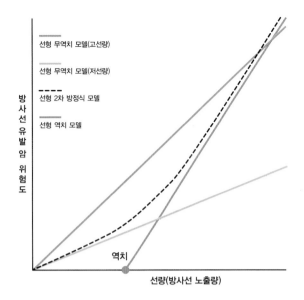

그림 5-1

선형 무역치 모델

출처: 미국국립과학아카데미, 〈BEIR VII〉, 2006.

선형 무역치 모델(고선량)

선형 무역치 모델(저선량)

선형 2차 방정식 모델

선형 역치 모델

방사선 유발 암 위험도

역치

선량(방사선 노출량)

〈BEIR VII〉은 방사선의 건강 효과와 관련된 최신의 종합 보고서입니다. 이 분야의 대표적 전문가들이 오랜 논의를 통해 도출한 결론으로, 현재는 이를 반박하거나 뒤집을 만한 연구 결과가 나와 있지 않습니다. 요약하자면, 방사선량이 어느 수준까지 누적된 후에야 암이 발생하는 것이 아니라 방사선에 노출되면 아무리 적은 선량이더라도 그 수준에 비례하는 확률로 암이 발생할 수 있다는 것입니다. 노출되는 방사선량이 0일 때만 암 발생 확률도 0이라는 결론입니다. 따라서 소량의 방사선이라도 불필요한 경우라면 최대한 노출되지 않게 노력하는 일이 중요합니다.

주영수 한림대학교 의과대학 교수. 인도주의실천 의사협의회와 노동건강연대의 공동대표를 역임했다. 2003년 우리나라 원폭 피해자 2세의 건강문제에 대한 연구를 시작으로 방사선에 의한 건강문제에 관심을 갖기 시작했고, 지금은 '핵 없는 세상을 위한 의사회' 운영위원으로 활동하고 있다. 그 외에도 빈곤이나 노동보건 등 건강의 사회적 결정 요인들에 관심을 갖고 활발한 연구와 사회적 참여를 하고 있다.

infographic: HOWSconsulting

알파선 · 베타선		감마선 · 엑스선
입자		파장
투과성 약함 체외에서는 피해 약함	특징	투과성을 이용한 각종 방사선 진단 장비나 방사선 치료기에 활용

종이 　　알루미늄판　　 납 또는 철판　　 콘크리트 또는 물

알파선 • • • • • •
베타선 • • • • • • • • • • • •
감마선 / 엑스선 〜〜〜 〜〜〜〜〜 〜〜〜〜
중성자선 •

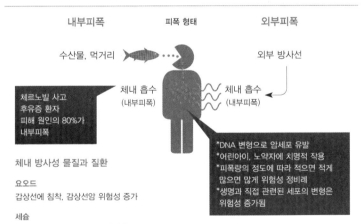

내부피폭	피폭 형태	외부피폭

수산물, 먹거리 🐟 ● ● ● 　　　　　　 외부 방사선

체내 흡수
(내부피폭)　　　　　　체내 흡수
　　　　　　　　　　　(내부피폭)

체르노빌 사고
후유증 환자
피해 원인의 80%가
내부피폭

*DNA 변형으로 암세포 유발
*어린아이, 노약자에 치명적 작용
*피폭량의 정도에 따라 적으면 적게
　많으면 많게 위험성 정비례
*생명과 직접 관련된 세포의 변형은
　위험성 증가됨

체내 방사성 물질과 질환

요오드
갑상선에 침착, 갑상선암 위험성 증가

세슘
칼륨과 같은 성질이라 칼륨이 많은 곳.
칼륨이 중요한 작용을 활발하게 하는 곳에 문제 발생
심장, 신장, 간 등에 위험성 증가

스트론튬
칼슘과 같은 성질이라 뼈 속에서 생성되는 골수에 작용
빈혈과 백혈병, 뼈암 등의 위험성 증가

방사선 노출에 따른 **신체 증상**

7일 이후 사망률 100%	10000 **피부** 궤양 ❽
	9000 8500 **피부** 물집 ❼
14일 이후 사망률 100%	8000
	7000 **전신** 골수 파괴, 내장 조직 피해 ❻
	6000
30일 이후 사망률 60%	5000 5000 **피부** 붉어짐 ❺
30일 이후 사망률 50%	4000 **생식기** 영구 불임 ❹
30일 이후 사망률 35%	3000 **모발** 탈모 ❸
	2000
	1000 **전신** 구토, 권태감, 피로 ❷
	500 **전신** 백혈구의 일시적 감소 ➊
	250 이하 세포 변형에 영향
	1 일반인의 연간 허용 선량

(단위: mSv)   밀리시버트(mSv): 방사선이 인체에 미치는 영향을 나타낼 때 쓰는 단위

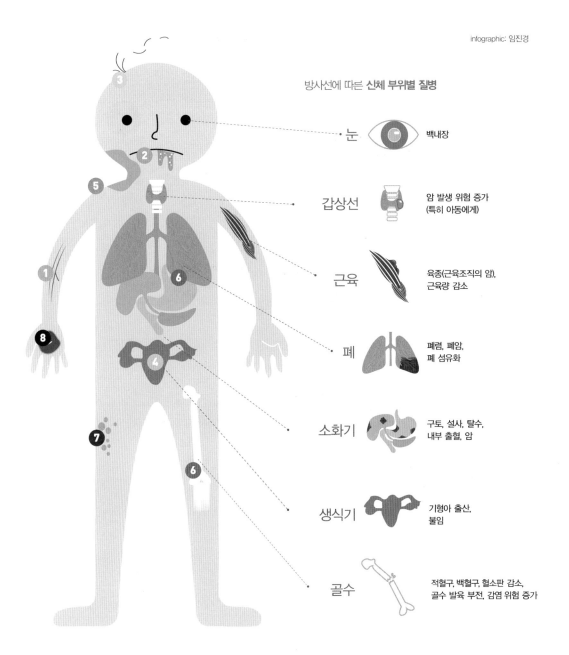

infographic: 임진경

방사선에 따른 **신체 부위별 질병**

눈 　白내장

갑상선 　암 발생 위험 증가
（특히 아동에게）

근육 　육종（근육조직의 암），
근육량 감소

폐 　폐렴，폐암，
폐 섬유화

소화기 　구토，설사，탈수，
내부 출혈，암

생식기 　기형아 출산，
불임

골수 　적혈구，백혈구，혈소판 감소，
골수 발육 부전，감염 위험 증가

❶ 정상적인 백혈구 그리고 혈소판

백혈구는 인체 내에 침입한 세균을 없애주고
혈소판은 상처를 치유하는 역할을 하여,
인체가 감염되지 않고 건강한 상태를 유지하도록 도와준다.

**❷ 세슘의 유입 및
백혈구, 혈소판의 파괴**

세슘은 인체 내 세포들 중에서도
활발한 움직임을 보이는 세포에 가장 손상을 많이 입힌다.
따라서 체내에서 가장 활동량이 많은 백혈구와 혈소판이
공격 대상이 되어 보통 일주일 이내에 급속히 파괴된다.

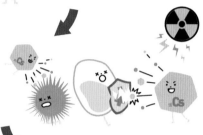

❸ 면역 기능 상실로 인한 감염

백혈구의 파괴로 제 기능을 상실한 면역 기관 때문에
일반 세포들이나 신체 장기들이 감염되어
여러 가지 질병을 일으킨다.

❹ 혈소판 감소로 인한 출혈

몸 안에서 지혈 작용을 하는 혈소판 또한
급속히 감소하여 신체 내 출혈이 생길 가능성이 높아지며,
출혈 시 지혈 또한 어려워진다.

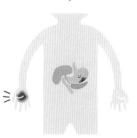

❺ 궤양 및 장기 내부 출혈

결과적으로 면역 기능과 상처 치유 능력이 저하된 신체 곳곳에서는 염증이나 출혈이 잦아지며,
궤양 혹은 소화기관 내부 출혈 등이 일어나게 된다.

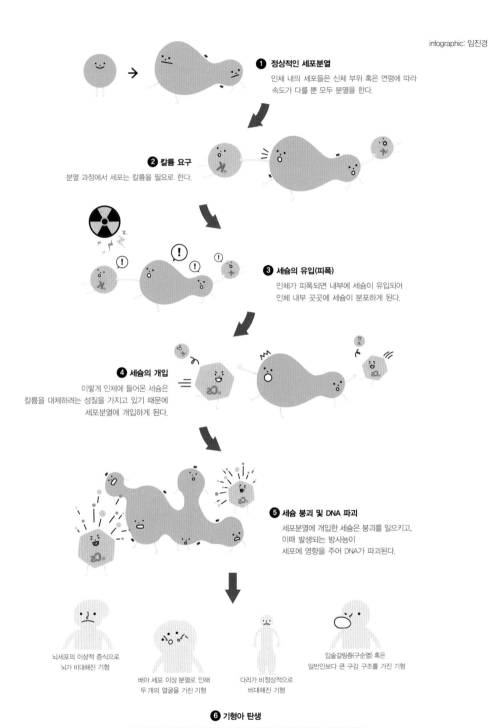

infographic: 임진경

❶ 정상적인 세포분열
인체 내의 세포들은 신체 부위 혹은 연령에 따라
속도가 다를 뿐 모두 분열을 한다.

❷ 칼륨 요구
분열 과정에서 세포는 칼륨을 필요로 한다.

❸ 세슘의 유입(피폭)
인체가 피폭되면 내부에 세슘이 유입되어
인체 내부 곳곳에 세슘이 분포하게 된다.

❹ 세슘의 개입
이렇게 인체에 들어온 세슘은
칼륨을 대체하려는 성질을 가지고 있기 때문에
세포분열에 개입하게 된다.

❺ 세슘 붕괴 및 DNA 파괴
세포분열에 개입한 세슘은 붕괴를 일으키고,
이때 발생되는 방사능이
세포에 영향을 주어 DNA가 파괴된다.

뇌세포의 이상적 증식으로
뇌가 비대해진 기형

배아 세포 이상 분열로 인해
두 개의 얼굴을 가진 기형

다리가 비정상적으로
비대해진 기형

입술갈림증(구순열) 혹은
일반인보다 큰 구강 구조를 가진 기형

❻ 기형아 탄생
배아 세포가 분열할 때 세슘이 개입하면 개입한 부분에 해당되는 신체 부위가
DNA 파괴로 인해 비정상적으로 증식되거나 손실이 일어나 결과적으로 기형아가 된다.

관리 사각지대에 놓인
의료방사선

의료방사선이란 질병의 진단 혹은 치료를 위한 검사 과정에서 노출되는 방사선을 말합니다. 병원에 가면 누구나 한 번쯤 받게 되는 엑스레이 촬영, 그리고 이제는 보편적인 검사가 되어버린 컴퓨터 단층 촬영(CT 촬영)이 가장 대표적인 검사입니다. 검사 1회당 가슴 엑스레이(정면 1회)는 0.02밀리시버트, 암 정밀검진 시 보편적으로 검사하는 복부/골반 CT 촬영은 10밀리시버트의 높은 방사선에 노출됩니다. 복부/골반 CT 촬영의 경우 1회 검사로 일반인의 연간 선량한도인 1밀리시버트의 10배나 되는 높은 수준의 방사선에 노출되는 셈입니다. 관상동맥 CT 조영술을 받으면 무려 16밀리시버트의 방사선을 쪼이게 됩니다. 반면 초음파 검사나 자기공명영상(MRI) 검사는 초음파 혹은 자기장을 이용하기 때문에 방사선에 노출될 일이 없습니다.

지금까지 우리 사회는 의료 행위를 위한 방사선 이용을 별다른 비판 없이 수용해왔습니다. 피폭에 대한 염려보다 검사 혹은 치료를 통해 얻어지는 이익이 더 크다는 판단 때문입니다. 그러나 질병을 진단하는 과정에서 불필요하게 중복 촬영하거나 매년 반복되는 종합검진을 통해 무분별하게 방사선에 노출되는 상황의 문제가 점점 지적되고 있습니다. 고가의 검사가 남용되면서 불필요한 피폭이 가중되는 상황에 이르렀습니다.

보건복지부 자료(2013)에 의하면 우리나라의 CT 촬영기 보급률(2011년 기준)은 인구 100만 명당 35.9대로 경제협력개발기구(OECD) 국가 중 일본, 오스트레일리아, 미국, 아이슬란드에 이어 다섯 번째로 높은 순위를 자랑합니다. 그만큼 CT 촬영에 따르는 피폭 가능성이 많은 환경입니다. 더 심각한 점은 CT 촬영을 짧은 기간 안에 다시 하는 경우가 많다는 사실입니다. 건강보험심사평가원의 2013년 국정감사 자료에 따르면 병원을 옮기면서 재진료를 할 때 30일 이내에 CT

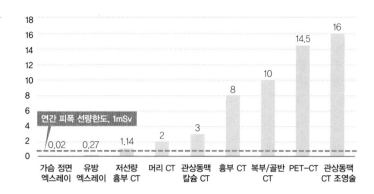

그림 5-2

의료방사선 검사 행위별 방사선 유효선량

(한국원자력안전기술원에서 2005년 발표한 '국내 방사선 기기의 행위별 유효선량'을 적용. 기타 저선량 흉부 CT, 관상동맥 칼슘 CT, PET-CT 등은 외국에서 연구된 유효선량을 기준으로 함)

촬영을 다시 하는 비율이 19.5퍼센트(2011년 기준)입니다. 물론 해상도 등의 문제로 재촬영하는 경우도 있지만 병원 수익을 위해 남용되는 측면이 있기 때문에 제도적인 관리가 필요합니다.

우리는 살아가면서 누구나 일정량의 방사선에 노출됩니다. 그런 방사선을 자연방사선이라고 하는데, 이는 지구의 지각과 우주에서 나오기 때문에 인위적으로 막을 수 없습니다. 그러나 의료방사선은 제도적 관리를 통해 피폭량을 얼마든지 줄여나갈 수 있습니다.

영국은 1992년부터 의료방사선 검사 시 환자에게 피폭되는 방사선량을 계산해서 차트에 의무적으로 기록하는 제도인 '국가 환자 방사선량 데이터베이스(NPDD)'를 시행하고 있습니다. 반면 미국은 일부 주를 제외하고는 이러한 관리 기준이 없습니다. 이와 같은 정책적 차이로 인해 미국은 연간 의료방사선 피폭량이 1980년대 1인당 0.53밀리시버트에서 2006년 3밀리시버트로 대폭 증가했습니다.[*] 영국은 미국보다 훨씬 적은 0.4밀리시버트를 유지하고 있다고 합니다. 즉 의료방사선은 국가의 관리 정책에 따라 얼마든지 피폭량을 줄일 수 있는 대표적인 방사선입니다.

2014년 4월, 시민방사능감시센터는 서울시에 있는 10개 대학병원 종합검진의 피폭 현황을 조사해 발표했습니다.[**] 이 조사에서는 가장 보편적인 기본검진을 포함해서 특정질환 검진, 암 정밀검진, 프리미엄 검진, 숙박검진 등 총 190개 검진 프로그램을 대상으로 방사선 피폭량을 계산했습니다(표 5-1).

검진 프로그램별 계산 결과, 주로 가슴 엑스레이와 유방 엑스레이(여성)를 촬영하는 기본검

[*] United Nations, *United Nations Scientific Committee on the Effects of Atomic Radiation, Volume I: Report to the General Assembly, Scientific Annexes A and B(UNSCEAR 2008 Report)*, 2008.

[**] 이윤근, 〈일부 대학병원 종합검진의 방사선 피폭량 분석 결과〉, 2014.

표 5-1

서울 소재 대학병원의 종합검진 종류별 평균 방사선 유효선량 평가 결과

출처: 이윤근, 2014.

검진 구분	종합검진 프로그램 수	방사선 유효선량 (mSv)		
		평균	최소	최대
기본검진	35	0.33	0.02	1.71
특정질환 검진(암 제외)	70	3.62	0.02	13.3
암 정밀검진	35	11.12	1.44	16.19
프리미엄 검진	26	14.45	4.43	26.19
숙박검진	24	24.08	14.45	30.97

진은 평균 0.33밀리시버트로 가장 낮은 유효선량을 보였습니다. 심혈관 질환이나 내분비계 질환 등 특정질환 검진은 평균 3.62밀리시버트였지만 경우에 따라 13.3밀리시버트까지 노출되기도 했습니다. 이처럼 유효선량에 차이가 많은 이유는 질환 종류에 따라 검사 항목이 선택적으로 구성되기 때문입니다.

암 정밀검진은 주로 복부/골반 CT 촬영, 저선량 흉부 CT 촬영, 관상동맥 칼슘 CT 촬영으로 검사 항목이 구성되며, 병원에 따라 양전자 컴퓨터 단층 촬영(PET-CT)이 추가됩니다. 평균 유효선량은 11.12밀리시버트로 높은 편이었습니다. 특히 숙박검진은 호텔이나 대형 병원에서 1박 2일 이상의 일정으로 진행되는 고비용 종합검진으로 알려져 있으나 평균 유효선량이 24.08밀리시버트로 가장 높았습니다. ○○병원의 숙박검진은 30.97밀리시버트까지 피폭되는 경우가 있었는데 이는 일반인의 선량한도(1밀리시버트) 30년치에 달하는 위험한 수준입니다.

국내의 또 다른 연구 결과[*]를 참고하면, 복부의 역동적 CT(보통 간의 종양을 검사할 때 조영제를 주입한 후 좀 더 정밀하게 검사하는 방법)는 1회 검사에 24.52밀리시버트의 방사선에 피폭되는데 이는 20세 이상 성인 10만 명 기준으로 남성은 220.8명, 여성은 335.6명의 암 환자가 발생할 수 있는 위험이라고 합니다. 여성이 방사선 노출에 더 취약하기 때문에 수치에 차이가 큽니다. 24.52밀리시버트는 대학병원 숙박검진의 평균 유효선량과 거의 동일한 수준입니다.

방사선 피폭에 의한 암 발생은 연령이 적을수록 더 위험합니다. 한 연구[**]에 따르면 PET-CT 촬영을 한 번 하면 검사 조건에 따라 20대 여성은 10만 명당 231명에서 최고 514명의 암 환자가 발생하고, 남성은 163명에서 최고 323명의 암 환자가 발생한다고 합니다. 연령별로 비교해보면

---

[*] 강영한·박종삼, 〈64-절편 다행검출 CT 검사에서의 환자선량과 암 발생의 Lifetime Attributable Risk(LAR) 평가〉, 2011.

[**] Bingsheng Huang·Martin Wai-Ming Law·Pek-Lan Khong, *Whole-Body PET/CT Scanning: Estimation of Radiation Dose and Cancer Risk*, Radiology, 2009.

20대의 암 발생률은 40대에 비해 약 1.5배, 60대에 비해 약 1.7배, 80대에 비해서는 약 3.5배 정도 높습니다.

의료방사선은 영국의 사례처럼 국가 정책을 통해 얼마든지 피폭량을 줄여나갈 수 있습니다. 진료기록부에 방사선 노출량 기록을 의무화하는 영국의 '국가 환자 방사선량 데이터베이스'와 같은 제도를 하루빨리 도입해야 합니다. 나아가 병원에서 검진 환자에게 방사선 피폭량을 반드시 알리고, 진료 병원을 바꾸더라도 불필요한 방사선 기기 재촬영을 하지 않도록 가이드라인을 마련해야 합니다.

종합검진 등 질병 진단을 위한 가이드라인도 필요합니다. 예를 들어 복부 질환의 경우 초음파 검사를 먼저 실시한 후 질병이 의심될 때 CT 촬영을 추가하도록 권해야 합니다. 또 방사선 기기의 방사선량을 최소화하기 위한 주기적인 평가와 유지·관리 기준을 마련해야 합니다.

이 밖에 우리 개개인이 실천할 수 있는 일도 있습니다. 다음은 의료방사선 피폭을 최소화하기 위한 행동 지침입니다.

첫째, 꼭 필요한 검사인지 담당 의사에게 확인하세요. 둘째, 방사선 검사가 아닌 다른 검사(초음파나 MRI 촬영 등)로 대체할 수 있는지 물어보세요. 셋째, 병원을 방문할 때 최근에 동일한 부위에 같은 검사를 한 적이 있으면 그 결과(엑스레이 필름 등)를 가져가세요. 넷째, 임산부, 어린아이, 청소년은 가급적 검사를 피해야 하며 부득이하게 검사를 할 경우에는 검사 부위 외의 신체 부위에 철저한 방호 조치를 해달라고 의료진에게 요청하세요. 다섯째, 검사할 때 보호자로 동행한 사람은 납으로 된 앞치마 등 보호 장구 착용을 요청해야 합니다.

그리고 마지막으로, 꼭 해야 하는 검사라면 방사선 노출량이 어느 정도인지 확인하고 최대한의 방호 조치를 요청하세요. 다시 한 번 강조하지만, 이유가 타당하고 좋은 효과를 거둘 수 있는 경우라 할지라도 방사능은 최대한 피하는 것이 좋습니다.

이윤근 일하는 사람들의 건강과 환경을 연구하는 보건학 박사. 노동환경건강연구소 부소장과 시민방사능감시센터 소장을 맡고 있다. 직업병의 원인이 되는 환경을 평가하고 그 대안을 찾는 연구들을 해왔으며, 최근에는 먹거리의 방사능 문제와 일반 시민들의 생활 방사능 문제, 농작업 환경의 유해 요인 평가 등에 많은 관심을 갖고 있다.

방사능 괴담의
거짓과 진실

후쿠시마 사고 이후 방사능에 대한 시민들의 관심이 많아졌습니다. 최첨단 과학기술인 핵발전이 재앙의 원인으로 변해버렸다는 사실을 사람들이 선뜻 받아들이기 힘들었습니다. 인터넷과 휴대전화 문자, 소셜네트워크서비스(SNS) 등을 통해 검증되지 않은 정보와 의혹이 확산되기 시작했고, 사람들은 막연한 불안감에 떨어야 했습니다. 단순히 '괴담'으로 넘겨버리기에는 왠지 찜찜한 이야기들, 특히 피폭으로 인한 건강 이상이나 방사능 먹거리와 관련된 정보들을 챙겨 보는 사람들이 점차 늘어났습니다. 이 정보들 중 과연 어디까지가 거짓이고 어디까지가 진실일까요? 괴담이 퍼지는 이유는 믿을 만한 정보가 없어서이고, 올바른 정보를 제공해야 할 사람들이 제대로 정보를 제공하지 않아서입니다. 이 글에서는 '방사능 괴담'의 진실과 거짓을 하나하나 살펴보려고 합니다.

첫째, 일본 핵발전소 사고로 인한 방사능 누출량이 체르노빌 사고 때의 11배 이상이라는 주장이 있습니다.

후쿠시마 사고는 체르노빌 사고와 같은 7등급 사고로 기록됐습니다. 폭발 당시 누출된 방사성 물질의 양만 단순 비교를 하자면 체르노빌 사고 당시의 누출량이 후쿠시마 사고 때보다 많습니다. 체르노빌 핵발전소는 핵연료가 담긴 원자로(격납용기) 자체가 폭발했고 후쿠시마 핵발전소는 원자로가 아닌 격납 건물이 폭발했기 때문입니다. 하지만 후쿠시마 핵발전소는 1~3호기 총 3기의 격납 건물이 폭발했으며 모두 노심이 녹아내리는 멜트다운이 일어나고 있습니다. 사고가 발생한 4기의 총 사용후핵연료(폐연료봉 4604다발)만 해도 체르노빌 핵발전소 사용후핵연료(699다발)의 약 7배에 이릅니다. 체르노빌 사고와 후쿠시마 사고 중 어느 쪽이 더 큰 사고인지 판단하기란 쉽지 않지만, 후쿠시마 사고는 아직도 진행 중이고 방사능 오염수의 바다 누출이 계속되고 있다는 점은 분명합니다. 후쿠시마의 경우가 장기적으로는 더 큰 사고로 발전할 가능성이 높다고 할 수 있습니다.

둘째, 일본 영토의 70퍼센트 이상이 세슘에 오염됐고 열도 절반이 이미 고농도 방사능으로 오염됐으니 일본 여행은 절대 가지 말아야 한다는 말도 있습니다.

신뢰할 만한 과학 잡지인 〈미국국립과학아카데미 회보(*Proceedings of the National Academy of Sciences of the United States of America, PNAS*)〉는 2011년 12월 후쿠시마 사고로 인한 일본의 세슘-137 토양 오염 정도를 나타낸 지도를 통해 일본 국토 대부분이 세슘-137 오염 영향권에 있다고 발표했습니다. 그림 5-3을 보면 일본 대부분 지역의 토양에서 세슘-137이 검출되고 있음을 확인할 수 있습니다. 후쿠시마 사고 지역의 검출량은 토양 1킬로그램당 1000베크렐 이상이었고 후쿠시마 인근에서는 100~1000베크렐, 도쿄에서는 25~100베크렐로 나타났습니다.

유명한 과학 잡지 〈네이처(*Nature*)〉 또한 2013년 4월 29일 발표한 후쿠시마와 동일본 지역 민물고기의 세슘 오염지도에서 후쿠시마를 시작으로 도쿄까지 일본 본토 중심부가 세슘에 오염됐다고 보고했습니다. 해당 지역의 민물고기를 직접 조사한 결과를 반영한 이 오염지도(그림 5-4)에 나타나듯 동일본 지역의 민물고기들에서는 킬로그램당 100~200베크렐의 세슘이 검출됐습니다.

하지만 이는 세슘 하나만 따져봤을 때의 이야기입니다. 동국대 의대 김익중 교수에 따르면, 세

그림 5-3

일본 세슘 오염지도

출처: 〈미국국립과학아카데미 회보〉, 2011.

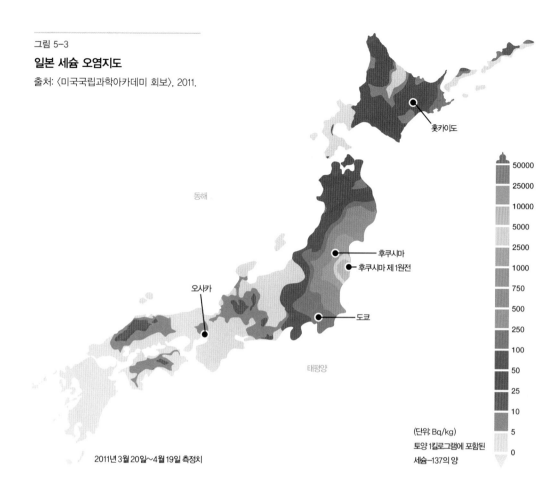

숨 외에 요오드, 스트론튬, 플루토늄 등 핵반응을 일으키는 200여 가지 물질의 오염 정도를 포함하면 일본 전체 토양 및 담수의 오염 상태가 더욱 심각하다고 합니다. 게다가 바람과 지하수에 의한 피폭은 막을 방법이 없습니다. 피폭은 우리 몸에 반드시 위험한 영향을 끼칩니다. 따라서 공기와 물, 먹거리가 모두 위험한 상황인 만큼 일본 여행은 자제하는 편이 좋겠습니다. 꼭 가고자 한다면, 오사카를 포함한 관서 지역과 홋카이도 일부, 규슈 섬과 시코쿠 섬은 비교적 안전하

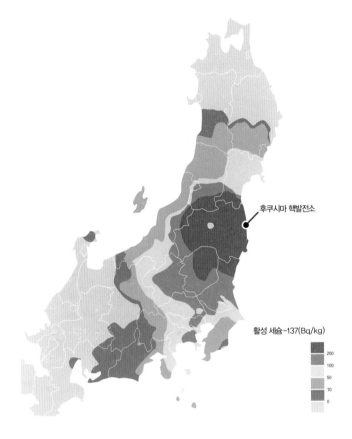

그림 5-4

민물고기 오염을 통해서 본 세슘 오염지도

출처: 〈네이처〉, 2013.

후쿠시마 핵발전소

활성 세슘-137(Bq/kg)

200
100
50
10
0

다고 반핵운동가 고이데 히로아키(小出裕章)가 2014년 말한 바는 있습니다.

　셋째, 후쿠시마 사고로 누출된 방사능 오염수 때문에 전 세계 바다가 오염될 것이라는 말이 있습니다. 유럽 혹은 미 대륙 인근에서 잡힌 참치에서 방사성 물질이 검출됐다는 소식이 한때 화제에 오르기도 했습니다.

　후쿠시마 앞바다는 북상하는 쿠로시오 난류와 남하하는 오야시오 한류가 만나는 곳입니다. 태평양으로 향한 쿠로시오 해류는 북태평양 해류로 바뀌어 시계방향으로 돕니다. 북미 대륙 서해안을 따라 흐르다가 북적도 해류와 합쳐져서 다시 일본 쪽으로 오게 됩니다. 해양학자들에 따르면 얕은 바다는 7~8년 정도에 걸쳐 한 바퀴 돌고, 깊은 바다는 1000년을 걸려 한 바퀴 돈다고 합니다. 방사능 오염수가 섞인 일본의 바닷물은 쿠로시오 해류를 따라 이같이 순환하며 이동해 태평양 전체로 퍼지게 됩니다.

2013년 일본 정부의 원자력재해대책본부는 매일 추정치 300톤의 지하수가 방사성 물질에 오염돼 바다로 누출되고 있을 가능성이 있다고 밝혔습니다. 자원에너지청에서 계산한 바에 따르면, 후쿠시마 제1원전 지역은 산이 있는 쪽에서 바다 쪽으로 하루에 약 1000톤의 지하수가 흘러나갑니다. 그중 약 400톤이 원자로 건물 등으로 흘러들어 오염되고 있으며, 나머지 600톤의 지하수 중 300톤이 핵발전소 건물 주변의 토양을 거치면서 오염되어 바다로 흘러들어 가고 있습니다. 이 외에도 녹아내린 연료봉 노심을 식히기 위해 매일 주입하는 냉각수에서 발생하는 방사능 오염수가 하루에 400~500톤입니다. 도쿄전력은 이 오염수의 방사능 성분과 염분을 처리해 다시 원자로 냉각에 사용하고 있지만 계속해서 발생하는 방사능 오염수는 지금까지 34만 톤에 달합니다. 그중 상당량은 태평양으로 흘러들어 갔을 가능성이 큽니다. 참고로 누출된 방사성 물질 중 대표적인 세슘-137의 경우 반감기가 30년입니다. 즉 30년이 지나도 겨우 절반으로 줄어들 뿐 순환은 계속된다는 뜻입니다. 더 큰 문제는 세슘 등 방사성 물질의 누출이 지금도 계속되고 있다는 점입니다.

넷째, 피폭된 사람 곁에 있으면 방사능이 옮을 수도 있느냐는 의문도 많습니다. 지금 한 포털 사이트에 '방사능 옮나요'라고 치면 검색어가 자동 완성될 정도입니다.

피폭은 공기나 물, 식품 섭취로 인해 일어나는 일이지 피폭된 사람을 통해 전염되는 것이 아닙니다. 고농도 방사선에 노출되거나 방사능 오염 물질을 섭취하면 우리 몸의 조직이나 뼈, 유전자에 변형이 일어나 다양한 건강상의 문제가 발생합니다. 피폭으로 인한 병 자체에도 전염성은 없습니다. 일본 여행을 다녀온 가족이나 친구를 피해 다닐 이유는 전혀 없습니다.

다섯째, 그렇다면 피폭 후 몸속 방사능은 시간이 지날수록 사라지는지, 소변을 통해 방사성 물질이 배출되기도 하는지에 대한 의문이 있습니다. 실제로 후쿠시마 인근 지역에 거주하는 여성의 모유와 어린이의 소변에서 세슘이 검출됐다는 뉴스가 전해지기도 했습니다.

이와 관련해서는 먼저 반감기에 대해 알아야 합니다. 반감기에는 물리적 반감기, 생물학적 반감기, 유효 반감기가 있습니다(표 5-2). 생물학적 반감기는 방사성 물질이 우리 몸속에 들어온 후 흡수, 대사, 배설 과정 등을 통해 양이 절반으로 줄어드는 데 소요되는 시간을 일컫습니다. 예를 들어 세슘-134와 세슘-137은 우리 몸에 들어온 후 70일이 지나면 절반으로 감소되고, 요오드-131은 138일이면 절반이 됩니다. 스트론튬-90의 생물학적 반감기는 50년, 플루토늄-239는 200년 이상입니다. 방사능 핵종 자체의 방사선 방출량이 절반으로 줄어드는 기간을 말하는 물리적 반감기와 다르게 작용하는 것입니다.

인체가 피폭되는 경로는 외부피폭과 내부피폭으로 나뉩니다. 방사선을 직접 쐬는 외부피폭은 노출 시간 동안만 피폭되므로 피폭량이 많더라도 우리 몸에 끼치는 위험 정도라 할 수 있는 유효선량은 적을 수 있습니다. 반면 호흡이나 음식을 통해서 내부피폭이 된 경우에는 방사성 물질이 몸속에 머무르면서 유효 반감기가 지나는 동안 지속적으로 세포들을 공격하기 때문에 체내 조직이 받는 충격이 상당히 커집니다. 유효 반감기란 우리 몸에 들어온 방사성 물질이 실제로 방

방사성 물질	주요 분포 장기	물리적 반감기	생물학적 반감기	유효 반감기
삼중 수소	온몸	12.3년	12일	12일
요오드-131	갑상선	8일	138일	7.6일
스트론튬-90	뼈	28년	50년	18년
플루토늄-239	뼈	2만 4400년	200년	198년
	폐	2만 4400년	500년	500년
코발트-60	온몸	5.3년	9.5일	9.5일
철-55	비장	2.7년	600일	388일
철-59	비장	45.1일	600일	41.9일
망간-54	간	303일	25일	23일
세슘-137	온몸	30년	70일	70일

표 5-2

체내 방사성 물질의 반감기

출처: 김익중, 《한국탈핵》(2013) 재인용.

사능을 내보내는 기간을 뜻합니다. 즉 물리적 반감기와 생물학적 반감기를 모두 고려한 실제적 반감기라 할 수 있습니다. 요오드-131은 유효 반감기가 7.6일, 세슘-137은 70일, 스트론튬-90은 18년, 플루토늄-239는 198년 이상입니다. 반감기를 누적 적용해서 계산해보면 요오드의 경우는 우리 몸에 들어온 후 두 달 반 정도 시간이 지나면 모두 사라지며, 세슘-137은 모두 감소되는 데 2년 정도 걸린다고 보면 됩니다. 그러나 스트론튬과 플루토늄의 경우는 실제로 몸에서 완전히 사라지지 않는다고 이해하면 될 것입니다.

박설희　강원녹색당(준) 운영위원장을 지냈으며, 녹색당과의 인연으로 탈핵과 에너지 전환 문제에 관심을 갖게 되었다. 방사능으로부터 안전한 학교급식 강원대책위원을 맡아 강원도 교육청 '안전한 학교급식 식재료 확보 TF팀'에서 조례 제정과 검사 체제 마련을 위해 활동했다. 2014년 6·4 지방선거 시의원 후보로 출마한 바 있으며 현재는 강원도 원주 서곡생태마을에서 지내며 숨 고르기를 하고 있다.

6장 어떻게 먹어야 안심할 수 있을까?

가족들과 노량진수산시장으로 외식을 하러 갔다.

그런데 항상 사람들로 가득하던 곳이 오늘은 조용했다.

몇몇 가게에는 '일본산 수산물을 취급하지 않습니다'라는

팻말이 붙어 있었다.

평소와 다른 모습이 이상하다고 생각하며 단골 횟집으로 갔다.

"아저씨, 안녕하세요? 오늘은 왜 이렇게 손님이 없어요?"

"일본에서 방사능 오염수를 바다에 버렸다고 하는데,

불안해서 그런지 손님들 발길이 뚝 끊겼네……."

"그럼 일본산 생선은 안 팔면 되잖아요. 우리나라 생선만 먹으면

되는 거 아녜요?"

"일본산 생선을 국산이라고 바꿔서 파는 못된 사람도 있다는구나.

사람들이 불안해하는 마음도 이해하지만……

장사가 안돼서 영 속상하네."

오랜만에 맛있는 회를 먹어 기분이 좋았지만

장사 걱정하시는 아저씨 생각에 마음이 편치 않았다.

앞으로 일본산 생선은 먹으면 안 되는 걸까?

혹시 생선을 영영 못 먹는 건 아니겠지!

우리 집 식탁을
안전하게 지키려면

방사능은 이미 우리 식탁에 올라오고 있습니다. 후쿠시마 근해의 회유성 물고기(해류, 수온 등을 이유로 서식지를 옮겨 다니는 어종), 원산지 둔갑, 수입 제한 지역은 아니지만 방사능 오염 가능성이 있는 바다에서 잡힌 수산물 등 많은 문제가 존재합니다. 그러나 우리는 '정말 안전할까'라는 의문을 품으면서도 어느 순간 아무렇지 않게 미심쩍은 음식들을 먹고 있습니다. 30여 년 전의 체르노빌 핵발전소 참사라는 중요한 역사적 교훈을 벌써 잊었는지 우리 인류는 내부피폭 현실에 오히려 둔감해지고 있습니다. 방사능으로 많은 피해를 입은 우크라이나에서는 피폭의 80~95퍼센트가 음식으로 인한 내부피폭이었고 먹이사슬에 의한 방사능 농축이 심각해지고 있습니다. 최상위 포식자인 사람에게 돌아올 피해는 감히 상상할 수 없을 정도입니다.

그렇다면 우리 아이들에게 무엇을 먹여야 안전할까요? 우리는 어떻게 하면 방사능에 오염된 식품을 피할 수 있을까요? 누구보다 먹거리에 민감할 수밖에 없는 주부들은 장을 볼 때마다 곤혹스럽습니다. 일본산 첨가물이 얼마나 들어 있는지 꼼꼼하게 따져보기도 하고, 국산이라 해도 원산지가 둔갑되지 않았을까 하는 불안감에 집었던 식품을 슬며시 내려놓기도 합니다.

식품 방사능 기준치가 있지만 얼마나 믿을 수 있을까요? 관리 편의에 의해 고무줄같이 늘였다 줄였다 할 수 있는 기준치에 우리 안전을 맡겨도 될까요? 우리나라의 식품 방사능 기준치는 원래 킬로그램당 세슘 370베크렐(Bq/kg), 요오드 300베크렐이었습니다. 그러다 후쿠시마 사고 이후 2012년 4월에 일본이 기준치를 강화하자 우리나라 역시 세슘 기준치를 킬로그램당 100베크렐로 임시 조정했습니다. 기존의 세슘 허용 기준인 킬로그램당 370베크렐은 1993년 이전의 피폭 한도인 연간 5밀리시버트(mSv)를 기준으로 정한 것입니다. 현재의 피폭 한도는 1밀리시버트입니다. 그렇기 때문에 식품 안전 기준치는 세슘뿐만 아니라 모두 이에 맞게 강화해야 합니다. 또한 1밀리시버트는 성인에 맞춘 기준이기 때문에 방사능에 민감한 영·유아의 경우 세슘 기준치를 더 낮게 정해야 한다는 의견에도 귀를 기울여야 합니다.

저선량 피폭에 대해서도 사회적 공론화가 필요한 시점입니다. 많이 알려져 있지는 않지만 우리가 주목해야 할 이야기가 두 가지 있습니다. 첫째, 과거 일본 히로시마와 나가사키 지역에 핵폭탄이 떨어졌을 때 피폭당한 피해자의 후손에게도 방사능 영향이 이어지고 있습니다. 또한 피해자들의 데이터를 분석한 결과, 저선량의 방사능일수록 단위 선량당 피폭 위험도가 높아진다고 밝혀졌습니다[고이데 히로아키(小出裕章),《후쿠시마 사고 Q&A》참고].

둘째, 1997년 결성된 유럽방사선리스크위원회(ECRR)의 초대 의장을 지낸 고(故) 앨리스 스튜어트(Alice Stewart)는 1956년에 이미 저선량 피폭에 대해 과학적 근거를 내놓았습니다. 당시 영국 어린이의 백혈병 발병률이 50퍼센트나 증가했는데, 그 원인이 임신 중인 여성을 대상으로 한 엑스레이 검사라는 사실을 밝혀낸 것입니다. 스튜어트는 그 후 미량의 방사능이어도 암 발생률이 증가하므로 연간 선량한도 기준치를 1밀리시버트 이하로 강화해야 한다는 주장을 펼쳤습니다. 체르노빌 핵발전소 사고가 일어난 다음 해에는 연간 0.2밀리시버트로 기준치를 바꾸기 위해 세계 과학자 1000명의 서명을 받아 국제방사선방호위원회(ICRP)에 제출하기도 했습니다.

식품의약품안전처(식약처)에서 식품의 방사능을 검사할 때 2013년 상반기까지 스트론튬과 플루토늄을 검사 대상에서 제외한 사실도 역시 큰 문제입니다. 세슘이 있다면 다른 방사성 물질, 특히 스트론튬이 함께 있을 수 있는데 이 스트론튬을 검사하지 않은 것입니다. 표 6-1을 보면

표 6-1

**주요 식품 속
세슘-137과 스트론튬-90**

(단위: Bq/kg)

출처: 일본분석센터, 1997.

식품명	세슘-137	스트론튬-90
정백미	0.03	0.01
고구마	0.05	0.05
시금치	0.018	0.041
무	0.04	0.073
양배추	0.035	0.11
배추	0.03	0.15
생표고버섯	4.4	0.041
나도팽나무버섯	0.4	0.011
사과	0.012	0.012
다시마	0.53	0.012
사케	0.16	0.0008
꽁치	0.067	0.0017
오징어(생)	0.084	0.0031
쇠고기(넓적다리)	0.078	0.0019
돼지고기(넓적다리)	0.17	0.0019
달걀	0.01	0.0077
우유	0.082	0.049

일본산 식품의 세슘과 스트론튬의 동시 오염 관련성을 확인할 수 있습니다. 세슘보다 스트론튬의 검출량이 많은 경우도 있습니다.

시금치의 경우 세슘은 킬로그램당 0.018베크렐, 스트론튬은 0.041베크렐, 배추는 세슘이 0.03베크렐, 스트론튬이 0.15베크렐입니다. 마찬가지로 다른 식품들에서도 스트론튬이 검출되고 있습니다. 뼈에 축적되어 골수암 및 백혈병을 일으키는 스트론튬의 위험성을 생각하면 반드시 스트론튬 동반 검사를 의무화해야 합니다. 물론 일본산 식품만 문제가 되는 것은 아닙니다. 건강식품으로 인기 많은 표고버섯과 국내산 녹차의 세슘 오염은 충격적입니다. 1986년에 일어난 체르노빌 사고의 경우 버섯의 방사능 오염이 심각했습니다. 버섯은 칼슘을 많이 흡수하는데, 비슷한 성분인 세슘을 칼슘으로 오인하면서 방사능이 쉽게 흡착된 것입니다. 러시아산 차가버섯, 프랑스산 버섯 등에서도 높은 수치의 세슘이 검출된 사례가 많습니다. 한국원자력연구소 자료(표 6-2)에 따르면 2003년에는 러시아산 차가버섯에서 세슘이 최고 1050베크렐이 검출되어 반송됐

	연도	세슘	검사 후
표 6-2 **러시아산 차가버섯의 방사능 검출** (허용 기준: 370Bq/kg) 출처: 한국원자력연구소, 2006.	2003	최고 1050 검출	반송
	2004	최고 800 검출	시중 유통
	2005	최고 171 검출	시중 유통

고, 2004년에는 최고 800베크렐이 검출됐지만 시중에 유통됐습니다. 당시 허용 기준이 킬로그램당 370베크렐인데 그대로 유통됐다는 점은 이해하기 힘듭니다. 2005년에는 허용 기준치보다 낮긴 하지만 최고 171베크렐이 검출됐고, 그대로 유통됐습니다.

2013~2014년에는 국내산 녹차에서도 세슘이 킬로그램당 7베크렐, 3베크렐, 2베크렐 등 세 건이나 검출됐습니다. 그러나 식약처는 해당 녹차의 원산지를 공개하라는 요구를 받아들이지 않았습니다. 원산지와 업체에 돌이킬 수 없는 피해가 생기고 산업 위축 등 사회적 문제를 야기할 수 있다는 이유로 정보를 공개하지 않은 것입니다. 녹차의 세슘 검출량이 식품 방사능 기준치 이하이므로 유통·섭취에 적합하고 문제없다는 논리인데, 소비자의 알 권리를 무시했다는 비판을 피할 수 없습니다.

과거부터 방사능 오염도가 높은 식품인 블루베리 등의 베리류는 최근에도 잼이나 식품첨가물에서 높은 수치의 세슘이 검출되고 있습니다. 2013년 국정감사 때 김성주 의원실이 공개한 자료에 의하면 2011~2013년 사이에 일본 수입 가공식품인 빌베리엑기스 분말에서 세슘이 킬로그램당 81베크렐이나 검출됐고, 수입업자가 자진 반송한 일도 있었습니다. 또한 어묵, 맛살, 소시지(명태 연육), 가다랑어포(일본 후쿠시마 연안 어획) 등 가공식품으로 재생산되는 경우도 위험성을 지니고 있습니다. 어묵은 생선을 갈아 만들기 때문에 더욱더 주의를 요하는 식품 중 하나입니다. 다수의 언론 보도에 따르면 일본 근해에서 잡히는 방사능 오염 생선들이 일본 내 판매가 어려워지자 동남아 등지로 팔려 갔다가 다시 가공되어 헐값에 중국과 우리나라로 들어오기도 한다고 합니다.

한국은 생선 소비량이 높은 나라에 속하고 국물 요리를 즐기며 내장까지 먹는 식습관이 있기 때문에 피폭 가능성 역시 높습니다. 검사가 허술한 일본 종자 수입, 생선을 갈아 만드는 사료와 비료, 일본에서 폐기물로 분류된 가리비 껍데기를 들여와 양식한 굴, 제3국을 통해 원산지 세탁으로 들어올 가능성이 있는 식품, 블랜딩(오염도를 낮추기 위해 오염되지 않은 식품과 섞는 일)과 빈번한 국산 둔갑까지 어느 하나 마음 편하게 식탁에 올릴 수 없는 형편입니다.

　일부 사람들은 수산물을 무작정 끊어버리는 극단적 선택을 하기도 합니다. 하지만 현실적으로 실천하기 어려운 방법입니다. 그렇다면 우리 가족이 먹을 식품을 방사능 오염에서 안전하게 지키기 위해 무엇을 할 수 있을까요? 우선 기준을 올바르게 세우고 작은 것부터 하나씩 실천하는 일이 중요합니다. 그 첫걸음을 돕는 몇 가지 방법을 알려드리겠습니다.

　첫째, 방사능 정밀검사를 실시하는 생활협동조합(생협)의 식품을 이용하거나 자주 가는 마트에 방사능 검사 체계를 마련하도록 요청합니다. 방사능 정밀검사로 많은 데이터를 축적해 안전성이 확보된 먹거리를 찾아나서야 합니다. 다행히 생협 중에는 독자적인 기준치(한살림의 경우 세슘 기준치를 성인은 킬로그램당 8베크렐, 영·유아 4베크렐로 정했고 여성민우회의 경우 성인 7.4베크렐, 영·유아 3.7베크렐로 정함)를 발 빠르게 마련해 정밀검사 결과를 투명하게 공개하거나 독자적 검사 시설을 마련하는 등의 노력을 하는 곳이 있습니다. 식약처에서도 수입 식품에 대한 방사능 검사를 실시하지만 "미량 검출은 위험하지 않다, 원산지는 공개할 수 없다"라는 식의 무책임한 태도를 취하고 있습니다. 이런 현실에서 생협 식품의 소비는 조금이라도 불안을 덜 수 있는 대안입니다. 나아가 생협 이외의 식품 유통업체에도 방사능 안전 검사 체계를 갖추도록 요청할 필요가 있습니다.

둘째, 방사능이나 핵발전 관련 토론회 및 강연회에 참석해 방사능, 핵발전소, 대체에너지를 공부합니다. 홍수처럼 쏟아지는 정보에 휘둘리지 않고 나름의 기준을 잡아나가기 위해서 방사능에 대해 그리고 방사능 공포를 낳는 근본 원인인 핵발전 정책에 대해 제대로 공부하고 알아야 합니다. 그래야 흘러들어 오는 정보들이 올바른 내용인지 아닌지 판단할 수 있습니다. 잘 이해하는 것이야말로 불안을 없애는 가장 좋은 방법입니다.

셋째, 시민단체들이 제공하는 정보와 소셜네트워크서비스(SNS) 등 온라인 커뮤니티에서 접할 수 있는 뉴스를 주변 사람들과 공유합니다. 당장 방사능 식품을 피하는 일만이 최선은 아닙니다. 적극적으로 안전을 지키려면 꾸준한 모니터링과 정보 공유가 중요합니다.

방사능과 핵발전에 대해 지속적으로 문제 제기를 해온 시민단체들에서 펴낸 자료집이나 온라인 정보들이 많습니다. 혼자만 알면 세상은 바뀌지 않습니다. 이웃과 나누고 함께 공부하면 큰 힘이 됩니다.

- **방사능 시대 우리가 그린 내일** cafe.daum.net/green-tomorrow 식품 모니터링 실시, 방사능 관련 카툰이나 유인물 등 제작 배포, 방사능 안전 급식 활동, 핵발전소 및 에너지에 대한 정보 제공.
- **태양의 학교** cafe.daum.net/nonuke-edunet 초·중·고등학교 학생들의 탈핵 교육, 탈핵 관련 도서 추천, 월간 강의 진행, 에너지·핵발전소·탈핵 회보 발행.
- **탈핵학교** cafe.daum.net/NoNukesSchool 핵발전소 및 에너지 분야의 전문가들로 구성된 수업 진행.

- **방사능와치** nukeknock.net 핵발전소와 방사능에 대한 전문가들의 정보 제공, 최근 이슈와 관련된 행사 알림과 진행, 해외 이슈와 정보 번역 제공, 인포그래픽 작업, 정보공개 청구와 공개 진행.
- **핵 없는 세상(알트루사)** cafe.daum.net/altrusa 핵 없는 세상을 위해 꾸준히 강의와 행사에 참여하는 여성단체.
- **핵 없는 사회를 위한 공동행동** cafe.daum.net/nukefree 핵발전소를 반대하는 81개 단체가 모여 핵산업계에 대한 반대 공동 행동을 펼치고 있음.
- **녹색당 탈핵특별위원회** cafe.daum.net/nomore-nuclear 한국 탈핵을 위한 녹색당의 전략을 실현하기 위해 집중적인 활동을 기획·실천하는 특별기구.
- **녹색당 방사능식품의제모임** 02-392-0307(서울녹색당사무처) 방사능 식품 연구, 강의, 미량 방사능 대책 마련 캠페인 활동.

트위터, 페이스북 같은 SNS에도 의미 있는 정보들이 많습니다. 뉴스 보도나 공공의 정보뿐 아니라 시민 개개인이 공유하는 정보도 유의미합니다. 트위터에서 전문가들을 팔로하고 페북 친구도 맺으세요. 그리고 서로의 정보를 공유하세요.

- **트위터** 방사능 시대 우리가 그린 내일(@Radiation_Ages) / 내가 사는 세상(핵 없는 세상)(@TOP8949)
- **페이스북** 동국대 의대 교수 김익중(nonukekimikjung) / 에너지 정책 전문 이유진(nonukesyj) / 에너지 뉴스 공유 강혜정(haejung.kang.37) / 방사능 시대 우리가 그린 내일(groups/590988940965434)

/ 탈핵학교(groups/NoNukesSchoo)

넷째, 적극적으로 민원을 제기하고 그 내용을 공유합니다. 교육부, 교육청, 원자력안전기술원, 원자력안전위원회, 서울시 보건환경연구원, 보건복지부, 일본 식자재를 쓰고 있는 기업, 국회의원, 시·구의원에게 정책 요구를 할 수 있습니다. 내가 살고 있는 지역에서 식품 방사능 검사를 할 수 있게 요청할 수도 있습니다. 우리 각자에게는 한 통의 전화, 한 번의 민원이지만 많은 사람이 함께한다면 방사능 안전 식품을 만드는 장치들이 많이 생길 수 있습니다.

- **교육부** www.moe.go.kr 02-6222-6060
- **서울시교육청** 02-399-9587
- **서울시 식품안전과** 02-2133-4711
- **서울시 보건환경연구원** health.seoul.go.kr/nuclear 02-570-3247
- **식품의약품안전처** 수입식품정책과 043-719-2166, 검사실시과 043-719-2234, 유통 농축수산물 방사능 검사 www.mfds.go.kr/index.do?mid=1077
- **보건복지부 급식시설 담당** 02-2023-8957
- **원자력안전위원회** www.nssc.go.kr 02-397-7300, 국민신문고 www.nssc.go.kr/nssc/civil/application.jsp
- **한국원자력안전기술원** www.kins.re.kr 042-868-0000

다섯째, 식품 방사능 검사를 의뢰합니다. 2013년 3월 민간 방사능 검사 기관으로는 처음으로 시민방사능감시센터가 생겼습니다. 정부의 식품 방사능 검사에 대한 불신과 검사 체계의 한계를 고민하면서 그 대안으로 출발한 단체입니다. 이런 민간 영역 방사능 검사 기관이 활성화되고 시민들의 관심이 높아지면 공공 영역의 변화와 개선을 촉구하는 데도 도움이 되므로 시민방사능감시센터의 방사능 검사 결과에 많은 관심을 가져야 합니다.

참고로 서울시 보건환경연구원에서는 무료로 방사능 검사를 해줍니다. 서울 시민의 이용이 많지 않다는데, 무료로 검사할 수 있는 좋은 기회이니 적극적으로 활용하면 어떨까요? 우리 스스로 방사능의 위험에서 안전한 식탁, 건강한 삶을 지키기 위해 실천해야 할 때입니다.

- **시민방사능감시센터** www.korearadiationwatch.org 02-739-0311 (방사능 검사 비용 10만 원)
- **서울시 보건환경연구원** health.seoul.go.kr/nuclear 02-570-3247
- **서울시 식품안전과** 02-2133-4711
- **서울시 식품안전정보** fsi.seoul.go.kr
    - 신청 자격: 식품 방사능 검사를 원하는 서울 시민, 서울 소재 시민단체
    - 대상 식품(검체 시료 1킬로그램 이상 준비)
        : 일상에서 방사능 오염이 우려되어 검사를 희망하는 식품(수입산, 국내산)
        : 불안 해소 차원에서 방사능 검사가 필요한 식품(수입산, 국내산)
    - 검사 제외 식품

: 부패·변질, 이물 혼입, 원산지 확인이 불가능한 검체, 검체를 수거할 수 없는 식품

: 포장이 개봉된 가공식품, 조리가 된 상태의 식품

: 건강기능식품(인삼·홍삼 제품 포함), 식품첨가물, 주류, 먹는샘물, 상수도(수돗물), 지하수

: 기타 신청서 검토 결과 검사 타당성이 없는 경우

– 검사 신청서를 빈칸 없이 작성한 후 팩스, 우편 또는 직접 방문 접수

: 서울시 식품안전정보 홈페이지(fsi.seoul.go.kr) 새소식에 양식 공개

: 신청인이 신청한 대상 식품(검체)은 서울시에서 해당 검체를 수거하여 검사 의뢰

– 검사 수수료: 없음(무료)

– 접수처

: 서울특별시 복지건강실 식품안전과

서울시 중구 세종대로 110(태평로1가 31) 서울특별시청 5층 팩스 02-6361-3864

여섯째, 방사능 식품 안전 모임을 만듭니다. 지역에서 소모임을 만들어 방사능 식품에 대해 공부하거나 식품 안전 관련 책을 읽고 토론해보면 어떨까요? 우리가 사는 지역에서 방사능 위험 물질을 팔지 않게 감시하고 다양한 방법으로 모니터링을 해서 정보를 나눌 수도 있습니다.

부담 없이 할 수 있는 작은 일부터 찾아본다면 어렵지 않게 실천할 수 있습니다. 우리의 안전을 스스로 지켜나가려는 작은 노력이 필요한 때입니다.

전선경　방사능안전급식실현을 위한 서울연대회의 대표. 두 딸을 키우며 살다가 후쿠시마 사고 이후 방사능에서 아이들을 보호하기 위해 2011년 7월 차일드세이브를 설립했고 현재 방사능시대 우리가 그린 내일 운영위원, 태양의 학교 운영위원, 녹색당 탈핵특별위원회 위원, 녹색당 농업·먹거리위원으로 활동하고 있다. 서울 광역친환경급식통합지원센터 위원으로도 활동했다.

반복적 내부피폭이
더 위험하다

2013년 9월 6일 우리나라는 '일본산 수산물 특별 대책'을 마련하고 후쿠시마 인근 8개 현의 수산물 수입을 중단했습니다. 정부는 일본 식품에서 미량이라도 방사성 물질이 검출되면 수입하지 않겠다고 발표했습니다.

그 결과 2013년 9월 이후 우리나라에는 사료를 제외한 일본산 식품에서 방사능이 검출되면 시중에 유통되지 않습니다. 하지만 정부는 킬로그램당 1베크렐 이하의 방사능은 '불검출'로 처리하고 있습니다. 일본 수입 식품에 방사성 물질이 포함되어 있더라도 1베크렐 미만이면 없는 것으로 처리된다는 뜻입니다.

식약처의 이러한 검사 방법 때문에 일본산 식품 방사능 검사 결과는 시민단체인 시민방사능감시센터의 결과와 많은 차이가 있습니다. 시민방사능감시센터가 2013년 6월 1일부터 2014년 3월 31일까지 총 545건의 일본산 식품 및 공산품에 대해 방사능 검사를 실시한 결과에 따르면, 방사성 물질 검출률은 6.6퍼센트로 나타났습니다. 하지만 식약처가 2011년 3월 14일부터 2014년 4월 3일까지 실시한 일본산 식품 방사능 검출률은 0.4퍼센트에 불과했습니다.

식약처는 방사능 검사법도 제대로 지키지 않고 있습니다. 방사능 검사법에 규정된 식품의 방사능 측정 시간은 1만 초(2시간 46분 40초)입니다. 그런데 후쿠시마 사고 직후부터 식약처는 자체적으로 방사능 '신속검사법'을 도입해 1800초(30분) 동안만 검사를 합니다. 이렇게 1800초 동안 검사를 하면 1베크렐 미만의 방사성 물질은 잘 검출되지 않습니다. 식약처의 일본산 식품 방사능 검사 결과가 국내산은 물론 공산품까지 검사한 시민방사능감시센터의 결과보다 검출률이 턱없이 낮게 나오는 이유는 이 때문입니다.

게다가 일본산에 대한 정부의 제재 조치는 러시아산이나 대만산, 중국산 등의 수입 수산물과 국내산에는 적용되지 않습니다. 킬로그램당 1베크렐 이상의 방사성 물질이 검출되더라도 기준치인 100베크렐 이하라면 그대로 시중에 유통시키는 겁니다. 2013년 수입 수산물 비중을 살펴보면 일본산 2.3퍼센트, 러시아산 28퍼센트, 중국산 32퍼센트, 대만산이 6퍼센트를 차지하고 있습니다.

그런데 수산물은 배의 국적에 따라 원산지가 표기되기 때문에 국적은 아무런 의미가 없습니다. 가령 홋카이도 인근 명태 어장에서 러시아 배가 명태를 잡으면 러시아산, 중국 배가 잡으면 중국산, 대만 배가 잡으면 대만산으로 표기됩니다. 따라서 수산물은 국적이 아니라 어획한 해역이 중요합니다. 그나마 일본산 식품은 품목마다 방사능 검사를 하지만 다른 나라의 수입 식품은 수산물, 그것도 태평양산과 원양산 6개 어종(명태, 꽁치, 가자미, 다랑어, 상어, 고등어)에 대해서만 주 2회 검사를 하고 있습니다.

정부는 기준치 이하의 방사성 물질은 안전하다며 방사능 오염에 대한 시민 불안을 '괴담'으로 일축합니다. 식약처와 해양수산부 등 식품 안전을 책임지는 정부 부처는 국가 기준치인 킬로그램당 100베크렐의 방사능에 오염된 식품을 평생 먹어도 건강에 아무런 피해가 없다고 이야기합니다. 그러나 정부가 말하는 국가 기준치도 2013년 9월 6일 이전까지는 370베크렐이었습니다. 후쿠시마 방사능 오염수 사태 이후 일본 식품에 대한 불안감이 커지자 일본 8개 현의 수산물 수입 제한 조치를 취하면서 방사능 기준치도 100베크렐로 강화한 것입니다.

다시 말해 정부 기준치는 안전한 기준이 아니라 상황에 따라 바뀌는 관리 기준치입니다. 일본의 경우에도 후쿠시마 사고 이후 방사능 오염 지역이 확산되자 1인당 연간 피폭 허용치를 1밀리시버트에서 20밀리시버트로 올렸습니다. 기준치를 올리지 않으면 대부분의 후쿠시마현 주민들이 이주해야 하기 때문에 피폭 허용치를 높인 것입니다.

그런데 연간 피폭 허용치 1밀리시버트도 안전한 기준은 아닙니다. 아이와 어른, 남녀의 차이를 고려하지 않고 몸무게 70킬로그램의 성인 백인 남성을 기준으로 정한 연간 1밀리시버트는 국제방사선방호위원회가 권고하는 기준입니다. 이 기관은 권고치의 위험도에 대해, 연간 1밀리시버트에 피폭되면 1만 명당 한 명이 암에 걸리고 연간 10밀리시버트에 피폭되면 1000명 중 한 명이 암에 걸릴 확률이라고 설명합니다.

기준치 이하의 방사성 물질이라 하더라도 일단 몸속에 들어오면 악영향을 미칩니다. 국제핵전쟁방지의사회(IPPNW, 핵전쟁 방지와 핵무기 감축을 목적으로 하는 의학 전문가들의 국제단체)의 소아과 의사 빈프리트 아이젠베르크(Winfrid Eisenberg)는 "방사능은 살아 있는 세포에 영향을 주기 때문에 극미량의 방사선량이라도 유전자 정보를 변형시킬 수 있고 면역 체계를 손상시켜서 암의 원인이 된다"라고 지적했습니다. 우리 몸에 손상을 주지 않는 피폭은 없기 때문에 방사선량에 대한 안전 기준치란 없습니다. 적은 양의 방사능에 피폭되면 낮은 확률로, 많은 양에 피폭되면 높은 확률로 암이 발생하게 됩니다.

방사성 물질은 어떠한 화학적 처리를 통해서도 없앨 수 없으며 시간이 지나 스스로 방사선을 내뿜는 에너지가 사라질 때까지 기다리는 수밖에 없습니다. 따라서 호흡이나 음식을 통해 몸속에 들어와 생체 조직을 파괴하는 내부피폭은 외부피폭에 비해 적게는 10배, 많게는 100배나 위험합니다. 특히 태아는 성인에 비해 1000배, 아이는 어른에 비해 20배나 방사능에 더 취약합니다. 세포분열이 활발한 성장기 아이들은 세슘-137, 요오드-131, 스트론튬-90 같은 방사성 물질을 스펀지처럼 흡수합니다. 사람의 몸은 요오드-131이 몸속에 들어오면 이것을 유사 요오드로 인식해 주로 갑상선에 축적합니다. 세슘-137은 유사 칼륨으로 받아들여 칼륨을 필요로 하는 모든 장기에 축적합니다. 스트론튬-90은 유사 칼슘으로 인식되어 뼈에 축적되고 골수암의 원인이 됩니다.

식약처는 만약 세슘이 몸속에 흡수되더라도 110일 정도 지나면 절반이 몸 밖으로 배출되고 1년이면 거의 모두 배출되며, 요오드는 8일이면 절반으로 줄어들어 더 빨리 감소한다고 말합니다. 그러나 식약처의 주장은 방사성 물질을 단 한 번 섭취했을 경우에 해당하는 말입니다. 후쿠시마 사고로 지금도 바다와 대기 중으로 방사성 물질이 뿜어져 나오는 상황에서, 인근 국가인 우리나라로서는 미량의 방사능에 오염된 식품이 식탁에 올라오는 일을 피할 수 없습니다.

국제방사선방호위원회는 한 번에 많은 양의 방사성 물질을 섭취하는 것보다 미량을 장기적으로 섭취하는 것이 더 위험하다는 연구 결과를 내놓았습니다. 세슘을 단 한 번 1000베크렐 섭취하면 110일 정도 지나 반으로 줄어들었다가 800일 후면 몸속에서 사라집니다. 하지만 매일 10베크렐씩 섭취하면 800일 후 몸속에 1500베크렐이 남고, 매일 1베크렐씩 섭취하면 800일 후 180베크렐이 축적됩니다.

벨라루스 고멜 의과대학의 총장이었던 유리 반다제프스키(Yury Bandazhevsky) 박사는 체르노빌 사고 이후 세슘이 인체에 미치는 영향을 집중적으로 연구했습니다. 병리해부학자인 그는 오랜 추적 연구를 통해, 어린이의 몸에 킬로그램당 10베크렐의 세슘만 축적되어도 심전도의 정상인 비율이 절반으로 줄어들고 100베크렐이 축적되면 정상인 어린이가 한 명도 없다는 사실을 확인했습니다. 또한 그는 체르노빌 핵발전소에서 145킬로미터 떨어진 벨라루스 고멜 지역에서 피폭으로 사망한 어린이 8명과 성인 8명의 시체를 해부해 방사능 축적량을 비교한 결과, 모든 어린이의 장기에 어른보다 두세 배 높은 세슘이 축적된 사실을 밝혀냈습니다.

후쿠시마현에서는 어린이 갑상선암 환자가 계속 늘어나고 있습니다. 피폭에 따른 면역체계의 약화로 아이들의 건강이 하루가 다르게 나빠지고 있습니다. 이미 우리는 체르노빌 사고 이후 미량의 방사능에 오염된 지역에서도 암이나 기형을 비롯해 희귀 질병이 발생하는 현상을 목격하고 있습니다. 기준치 이하의 방사성 물질이 안전하다는 증거는 어디에도 없습니다. 방사능은 미량이라도 만성적으로 피폭되면 위험합니다. 굳이 안전 기준치를 마련한다면, 그것은 제로(0)여야 합니다.

김혜정 시민방사능감시센터 운영위원장, 환경운동연합 에너지기후위원장, 원자력안전위원회 비상임위원으로 활동하고 있다. 1988년 고향인 경북 울진에서 탈핵운동을 시작해 이듬해부터 공해추방운동연합(환경운동연합의 전신)의 활동가로 일하면서 동해안 지역과 안면도, 굴업도 등 탈핵운동 현장과 동강살리기 운동, 가야산 해인골프장 반대, 북한산 관통터널 저지 활동 등 크고 작은 환경운동의 일선에서 활동해왔다. 환경운동연합 사무총장, 여성환경연대 공동대표, 대통령 자문 지속가능발전위원회 전문위원 등을 역임했다.

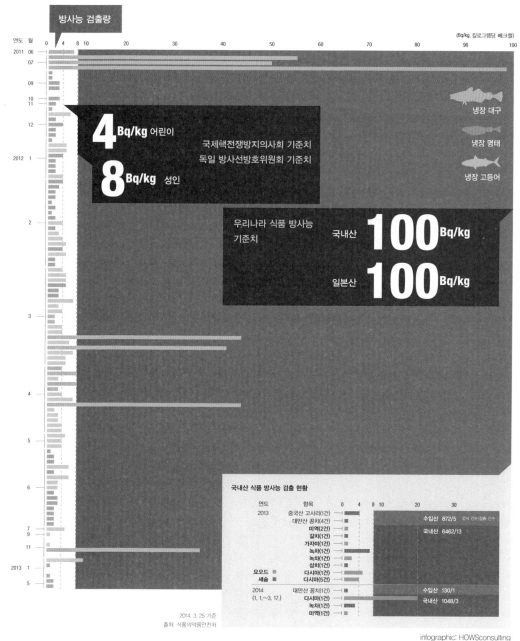

방사능 검출량

(Bq/kg, 킬로그램당 베크렐)

4 Bq/kg 어린이

국제핵전쟁방지의사회 기준치
독일 방사선방호위원회 기준치

8 Bq/kg 성인

우리나라 식품 방사능 기준치

국내산 **100** Bq/kg

일본산 **100** Bq/kg

냉장 대구
냉장 명태
냉장 고등어

국내산 식품 방사능 검출 현황

2014. 3. 25 기준
출처: 식품의약품안전처

infographic: HOWSconsulting

방사능에 오염된 식품을
먹지 않을 권리

2013년 7월 25일에는 후쿠시마 핵발전소 3호기에서 시간당 2170밀리시버트의 방사능 수증기가 검출됐다는 소식이 전해졌습니다. 이는 사고 발생 두 달 후인 2011년 5월에 1호기의 노심이 녹아내린 뒤 측정된 2000밀리시버트보다도 높은 수치입니다. 3호기에서 방사능 수증기가 최초로 확인된 것은 2013년 7월 18일이었지만 당시 도쿄전력은 수증기에서 검출된 방사능 수치가 사고 전과 다르지 않다고 했습니다. 초고농도의 방사능 수증기 발생 이전에도 방사능 오염수가 매일 300톤가량 바다로 누출됐지만 일본 정부와 도쿄전력은 이 사실을 은폐해왔습니다.

성인 한 명에게 1년 동안 허용된 피폭 기준치는 1밀리시버트입니다. 시간당 2170밀리시버트는 방호복을 갖춘 노동자들이 8분 이상 일하기 어려운 양이라고 합니다. 게다가 핵연료로 쓰이는 물질로 우라늄과 플루토늄이 있는데, 3호기에는 핵연료 우라늄-235와 그보다 20만 배 이상 독성이 강한 플루토늄도 같이 들어가 있어 다른 핵발전소보다 훨씬 위험하다고 합니다. 플루토늄의 물리적 반감기는 무려 2만 4000년 이상입니다. 이 방사성 물질이 수증기와 오염수로 누출된다면 그 위험은 상상할 수도 없습니다. 공기가, 바람이, 물이 멈춰 있을 수 있나요? 후쿠시마에서 검출된 초고농도의 수증기를 잡아둘 수 없고 오염수가 흘러든 바닷물을 가둬둘 수도 없기 때문에 이 상상할 수 없는 위험이 우리나라에도 고스란히 전해질 수밖에 없습니다.

후쿠시마에서 방사능 오염수가 누출된 이후로 수산물을 포함한 일본산 식품의 방사능 오염에 대한 우려는 계속 확산됐습니다. 식약처에서는 일본산 수산물의 방사능 검사를 진행해왔지만 그 결과를 공개하지는 않았습니다. 이를 바로잡기 위해 정보공개센터와 몇몇 환경단체들이 방사능 검사 결과에 대한 정보공개 청구를 꾸준히 진행한 결과, 지금은 홈페이지(www.mfds.

표 6-3

일본산 수산물 방사능 검사 미량 검출 현황

방사능 기준치:

세슘(세슘-134 + 세슘-137)

100Bq/kg 이하,

요오드-131 300Bq/kg 이하

출처: 식품의약품안전처, 2014.

구분	검사 일자	품명	중량(kg)	검출치(Bq/kg)		지역
				요오드-131	세슘-134+세슘-137	
1	2011년 4월 21일	활백합	3800	14	6	시마네현
2	6월 30일	냉장 대구	3470	불검출	7	홋카이도
3	7월 6일	냉장 대구	3000	불검출	40	홋카이도
4	7월 8일	냉장 대구	2060	불검출	33	홋카이도
5	7월 13일	냉장 대구	570	불검출	98	홋카이도
6	8월 31일	냉동 방어(횟감)	4532	불검출	3	구마모토현
7	9월 15일	냉장 명태	2600	불검출	1	홋카이도
8	9월 21일	냉장 명태	1만 1700	불검출	1	홋카이도
9	9월 21일	냉장 명태	3601	불검출	3	홋카이도
10	9월 21일	냉장 명태	2600	불검출	3	홋카이도
(후략)						

go.kr → 일본원전식의약정보)에 모든 검사 결과를 공개하고 있습니다.

식약처에서 2014년 6월 20일 공개한 '일본산 수산물 방사능 검사 미량 검출 현황'은 표 6-3과 같습니다. 식품 방사능 검사 결과에 대해 식약처에서는 총 136건의 요오드 및 세슘 검출이 있었지만 미량이기 때문에 유통에 부적합하지는 않다는 입장을 밝혔습니다. 하지만 이 책에서 여러 번 강조하듯이, 기준치 이하라도 방사능이 검출된 식품은 결코 안전하다고 볼 수 없습니다. 우리나라의 식품 방사능 기준치(표 6-4)는 1989년 방사성 세슘에 대한 기준을 모든 식품에 킬로그램당 370베크렐로 설정한 이후 24년 만인 2013년에야 처음으로 재설정됐습니다. 현재의 기준치는 세슘이 킬로그램당 370베크렐(2013년 임시 특별조치로 100베크렐 기준으로 검사하고 있음), 요오드는 영아용 조제식, 성장기용 조제식, 영·유아용 곡류 조제식, 기타 영·유아식, 영·유아용 특수 조제 식품, 우유 및 유가공품의 경우 100베크렐이고 그 외에는 300베크렐입니다.

그런데 국내산 식품에서도 방사능이 검출된 사실이 있습니다. 2013~2014년 식약처에서 국내산 녹차를 대상으로 검사한 결과 세 건에서 세슘이 검출됐습니다. 식약처는 기준치 이하이기 때문에 안전하다고 하지만 수입 식품도 아닌 국내산 식품에서 방사능이 검출된 사례를 과연 안전하다고 할 수 있을까요?

표 6-4

우리나라 식품 방사능 기준치

출처: 식품의약품안전처.

방사성 물질	대상 식품	기준(Bq/kg, L)
요오드-131	영아용 조제식, 성장기용 조제식, 영·유아용 곡류 조제식, 기타 영·유아식, 영·유아용 특수 조제 식품	100
	우유 및 유가공품	100
	기타 식품	300
세슘-134 + 세슘-137	모든 식품	370

정보공개센터는 국내 유통 식품의 방사능 검사 결과에 대해 2014년 3월 17일 식약처에 정보공개를 청구한 적이 있습니다. 방사성 물질이 검출된 식품의 구체적 정보를 요청했지만 식약처는 방사능 허용 기준을 초과하는 부적합 건이 없었기 때문에 공개할 의무가 없다고 답했습니다. 미량 검출된 식품의 경우는 안전성에 대한 불필요한 불안이 조장되고 해당 지역이나 업체에 피해를 끼칠 수 있으며 관련 산업이 위축되는 문제를 야기할 수 있기 때문에 정보를 공개할 수 없다는 입장입니다.

식약처는 시민들의 식품 방사능 오염에 대한 우려의 목소리가 큼에도 한결같이 기준치 이하의 식품은 안전하다고만 합니다. 하지만 안전하지 않다는 의학적 연구 결과들이 속속 나오고 있는 상황입니다. 식용으로 문제가 없으며 법적으로도 아무런 제한 없이 유통과 판매가 가능하다는 정부의 말은 믿기 어렵습니다. '안전한 식의약, 건강한 국민, 행복한 사회'라는 식약처의 비전이 무책임하게 들리기도 합니다.

우리는 매일 다양한 식재료로 만들어진 음식을 먹습니다. 따라서 방사능으로부터 안전한 먹거리를 위해서는 다양한 식품군에 대한 방사성 물질 검출량을 알 수 있어야 합니다. 미량이어도 방사능이 검출된 식품은 제조업체와 원산지를 반드시 공개하고 유통, 판매에 제한을 두어야 합니다. 업체의 이익보다 중요한 것은 국민의 안전과 건강할 권리입니다.

강언주 투명사회를 위한 정보공개센터 활동가. 2009년부터 시민의 알 권리와 사회의 투명성을 위해 정보공개 운동을 해왔다. 후쿠시마 사고 발생 이후 핵발전과 방사능에 관련한 정보의 아카이빙과 공유를 위한 활동을 하고 있다. 온라인 아카이빙 공간 방사능와치(nukeknock.net)를 개설, 운영해오고 있으며 공공기관을 비롯한 찬핵 기관을 정보공개 청구로 괴롭히고 있다. 핵 없는 세상을 위해 기본적으로 정보가 투명하게 공개되어야 하고 더 많은 시민이 이해하기 쉽게 공유해야 한다고 생각한다. 녹색당 탈핵특별위원회 위원으로도 활동 중이다.

각국 식품 방사능 안전 기준   (단위: Bq/kg)

	방사성 요오드				방사성 세슘				
	음료수	우유, 유제품	채소류 (뿌리채소 제외)	기타	음료수	우유, 유제품	채소류	곡류	육류, 난류, 어류,기타
대한민국	300	100	300	300	370	370	370	370	370
codex	100	100	100	100	1000	1000	1000	1000	1000
일본	–	–	–	–	10	50	100	100	100
미국	170	170	170	170	1200	1200	1200	1200	1200
EU	300	300	2000	2000	200	200	500	500	500
	영·유아용 식품 100								

후쿠시마 포함 8개 현 모든 수산물 수입 금지

아오모리

이와테

미야기

후쿠시마

도치기

군마

이바라기

지바

일본산 수산물 수입 금지 현황(2013년 11월 기준)

지역	기존 금지 어종	현재 금지 어종
후쿠시마현	까나리, 대구, 산천어 등 49종	모든 수산물
이바라기현	민어, 대구, 뱀장어 등 10종	
군마현	산천어 등 2종	
미야기현	농어, 대구 등 9종	
이와테현	농어, 대구 등 9종	
도치기현	황어 등 3종	
지바현	붕어, 잉어 2종	
아오모리현	대구 1종	

infographic: HOWSconsulting

161

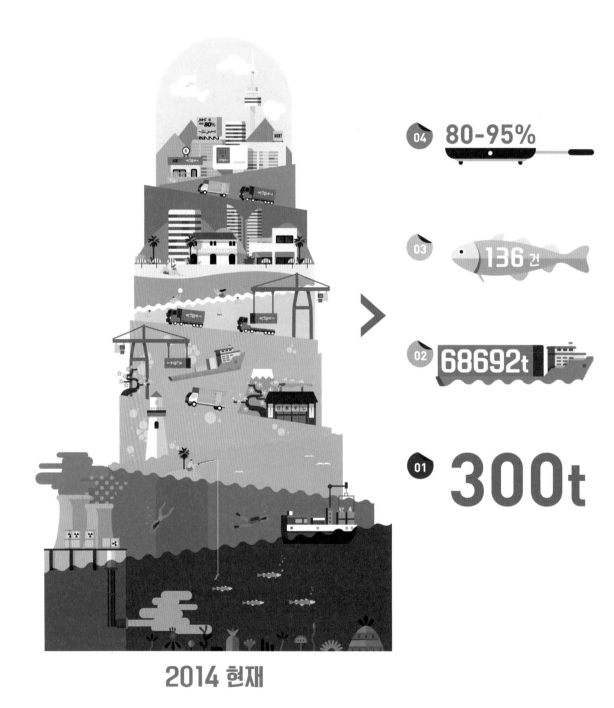

2014 현재

체르노빌 핵발전소 사고로 인한 피폭 중
음식을 통한 피폭이 80-95%

2011년부터 2014년 3월까지
수입 수산물 중 방사능 미량 검출 136건

2011년 3월 11일 이후 2014년 3월까지
수입된 일본산 수산물 6만 8692톤

 **x40대**

300t=소방차 40대
(매일 300톤의 방사능 오염수 바다 누출)

infographic: 정혜민

FUTURE

동영상

방사능 안전 급식, 어떻게 해결할 것인가?

"미래 세대인 아이들의 먹거리 문제이고
안전의 문제인 만큼 방사능 안전 급식 조례는 중복
규제가 아니라 이중의 안전장치입니다."

omn.kr/a9ra
마로니에방송 | 2시간 39분 | 2014

방사능 안전 급식 조례의 필요성과 진행 과정, 법과 제도의 과제 등에 대한 발제와 토론이 담긴 영상. 김익중(동국대 의대), 최봉석(동국대 법대) 교수가 발제를 하고 이경배(인천학교급식시민모임 공동집행위원장), 김혜정(시민방사능감시센터 운영위원장), 최경숙(차일드세이브 대표), 박진욱(교육부 학생건강안전과 서기관) 등이 토론에 참여했다.

죽음의 습격자, 후쿠시마발 방사능 공포

"피폭의 위험성은 저선량에 이르기까지 비례하여 존재하며 역치(안전 기준치)는 없다."

omn.kr/a9vz
SBS | 51분 | 2013

후쿠시마 사고 2년 6개월 후에 제작된 〈SBS 스페셜: 죽음의 습격자, 후쿠시마발 방사능 공포〉. 일본 현지 취재를 통해 후쿠시마 사고 이후 지역 주민들의 삶과 방사능 공포, 오염된 진실에 대해 밝힌다. 유튜브에 공유된 편집 영상 중 #1(1) #1(4), #1(5), #1(6), #1(7)만 봐도 방사능이 인체에 미치는 영향을 이해하는 데 도움이 된다. 방송의 전체 내용은 SBS 홈페이지에서 볼 수 있다.

방사능, 보이지 않는 공포

"안전하지 않지만 미량이라 안전하다는 것은 모순이죠.
아무리 조금 들어 있다고 해도 독인 걸 알면서 그걸 자식에게 주고 싶은 부모는 없어요."

omn.kr/a9w4
EBS | 41분 | 2012

일본산 수입 식품은 어떻게 유통될까? 방사능 검사는 어떻게 이루어지고 있을까? 정부와 일부 전문가들은 기준치 이하 방사능 검출은 건강과 무관하다고 하고, 또 다른 전문가들과 시민단체들은 방사능 미량 검출도 몸에 해롭다고 말하는데…… 어느 쪽 주장이 맞을까? 이 영상은 보이지 않는 방사능 식품의 공포를 엄마의 입장에서 차근차근 파헤친다.

책

한국탈핵: 대한민국 모든 시민들을 위한 탈핵 교과서
김익중 | 한티재 | 2013
동국대 의대 김익중 교수의 탈핵 강연들을 모아 낸 책. 탈핵을 주제로 수차례 강연을 한 저자답게 전문적인 내용도 이해하기 쉽게 쓰여 있다. 이 책의 5장 '방사능과 건강', 6장 '기준치가 무엇인가?', 7장 '한국인의 피폭 경로'를 읽어보면 방사능과 먹거리, 건강의 관계를 좀 더 깊이 있게 알 수 있다.

뉴턴 하이라이트 원자력 발전과 방사능: 과학적 원리와 위험성, 미래의 대책
뉴턴코리아 편집부 엮음 | 뉴턴코리아 | 2012
핵발전의 원리와 피폭 관련 용어 등을 그래픽으로 쉽게 설명해주는 책. 특히 Part 2 '방사능의 실체와 위험성', Part 3 '원자력 발전 사고와 방사능 오염'을 읽어보면 방사성 물질이 무엇인지, 방사능이 인체에 어떤 영향을 미치는지에 대해서 더 자세하게 알 수 있다.

원자력은 아니다 | 헬렌 칼디코트 지음, 이영수 옮김 | 양문 | 2007
탈핵 학교 | 김익중 외 | 반비 | 2014
한 권으로 꿰뚫는 탈핵 | 천주교창조보전연대 외 | 무명인 | 2014
후쿠시마 사고 Q&A | 고이데 히로아키 지음, 고노 다이스케 옮김 | 무명인 | 2013
방사능 괴담 일본산 고등어 정말 먹어도 되나요?(e-book) | 김혜정 | 내일의책 | 2013
방사능 상식사전 | 하미나 외 | 21세기북스 | 2011
초등생을 위한 환경특강 | 윤해윤 | 나무처럼 | 2013

 기사

"후쿠시마, 방사능이 어린이들을 가두고 있어" | 미디어충청 | 2013. 11. 5. | omn.kr/a9u2
우리 아기 분유에 방사성물질이 들었다니 | 오마이뉴스 | 2012. 8. 4. | omn.kr/a9v3
후쿠시마 공포 3년… 아이들 급식도 믿지 마라 | 오마이뉴스 | 2014. 3. 5. | omn.kr/a9v6
일본 원전 괴담의 실체, 놀라지 마세요 | 오마이뉴스 | 2013. 8. 7. | omn.kr/a9v7
우리 아이들이 방사능에 노출돼 있다 | 시사저널 | 2013. 10. 31. | omn.kr/actj

3부

7장 핵에너지가 친환경 미래의 최선일까?

학교 교실 문에 공모전 안내 포스터가 붙어 있었다.

제22회 원자력 공모전

주제: 생명을 구하는 원자력의 매력

원자력과 관련된 글짓기와 그림 그리기? 생명을 구하는 원자력?
일본에서 핵발전소 사고가 났고 방사능 피해가 크다는데
어떻게 생명을 구한다는 걸까?
그동안 원자력 공모전에 출품된 작품들을 찾아보니
'깨끗한 자원, 원자력', '원자력은 지구의 영웅' 등등의 문구와 함께
알록달록한 그림들이 많았다.
텔레비전이나 신문 광고에서도 '원자력은 행복 에너지,
미래 에너지, 깨끗한 에너지'라고 홍보하는 문구를 많이 봤다.
그런데 우리나라의 핵발전소에서 사고와 고장이 잦았고
이상한 부품을 쓰는 비리도 저질렀다는데…….
깨끗한 에너지는 바람이나 태양열로 만드는 에너지 아닐까?
나만 핵발전이 위험하다고 걱정하는 걸까?

핵발전은 정말
경제적인가

우리나라 정부와 핵발전 찬성론자들이 그래도 핵발전을 할 수밖에 없다며 드는 이유는 '경제성'입니다. 다른 에너지원에 비해 핵발전의 에너지 생산 비용이 싸다는 뜻입니다. 과연 맞는 말일까요? 국내외 상당수 에너지 정책 전문가들은 이런 논리에 고개를 갸우뚱합니다. 특히 뒤늦게 핵발전소를 짓기 시작한 아시아를 벗어나면 핵발전은 오히려 비싼 에너지로 평가받습니다.

그림 7-1은 전 세계에서 가동 중인 핵발전소와 건설 중인 핵발전소의 개수를 연도별로 보여줍니다. 1986년 체르노빌 사고 이후 가동 핵발전소의 수는 거의 멈춰 있고, 핵발전소 신규 건설은 그보다 앞서 스리마일 섬 사고를 정점으로 현저히 줄어들고 있습니다.

그런데 스리마일 섬 사고 전에도 미국에서는 50여 개의 핵발전소 건설 계획이 취소됐습니다. 다시 말해 이미 경제적 어려움에 처한 핵발전 산업이 스리마일 섬 사고로 더 빠르게 사양길로 접어든 것입니다. 이명박 정부가 내세웠던 '원전 르네상스'는 터무니없는 거짓말이었던 셈입니다.

또한 신용평가 금융기업인 스탠더드 앤드 푸어스(Standard & Poor's)의 발표에 따르면 2007년부터 2011년까지 세계 11대 핵산업 관련 기업 중 7개사의 신용등급이 강등됐다고 합니다. 핵발전의 '숨겨진 비용'들이 하나둘 모습을 드러냈기 때문입니다.

핵발전 비용은 사업자가 부담하는 건설비, 연료비, 운전유지비 등 '직접비용'과 정부와 현세대, 미래 세대가 부담하는 사고 위험 비용, 안전 규제 비용, 정책 비용, 입지 갈등 비용, 미래 세대 비용 등 '외부비용'으로 나눌 수 있습니다. 국제에너지기구의 2010년 자료에 따르면 우리나라 핵발전의 직접비용은 경제협력개발기구(OECD) 국가 중에서도 제일 낮은 수준입니다. 이보다 최근에 추정한 핵발전의 1킬로와트시(kWh)당 직접비용을 보자면, 제2차 에너지기본계획 워킹그룹

그림 7-1

전 세계 가동 및 건설 중인 핵발
전소 개수와 중대 사고

출처: 피터 브래드퍼드, 〈네이처〉,

2012.

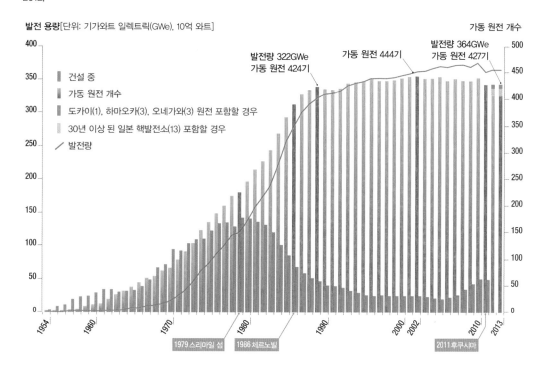

발전 용량[단위: 기가와트 일렉트릭(GWe), 10억 와트]

은 43.02~47.93원(2013년 11월), 한국환경정책평가연구원은 48.8원(2013년 12월)으로 추정하고 있습니다. 그런데 잘 살펴보면 싼 데는 그럴 만한 이유, 그것도 나쁜 이유가 있습니다.

먼저 핵발전 직접비용의 절반 이상은 건설비가 차지하는데 우리나라는 특히 건설비가 적게 듭니다. 프랑스가 우리의 2.3배, 일본과 미국은 각각 1.8배와 2배입니다. 정부는 핵발전소 건설비가 낮은 이유를 반복 건설 경험, 시공 능력, 연관 사업의 발달 때문이라고 설명합니다. 그러나 정부가 제시하는 이유에는 중요한 부분이 숨겨져 있습니다. 바로 안전과 민주주의를 돈과 맞바꿨다는 점입니다.

　우리나라는 여러 핵발전소가 한 부지에 몰려 있습니다(부지 네 곳에 23기). 이렇게 되면 발전소 사고와 블랙아웃(대정전)의 위험이 높아집니다. 한 발전소에서 사고가 날 경우 다른 발전소로 그 영향이 미치기 쉽고, 이에 따라 다수의 발전소가 정지해 대규모 정전으로 이어질 수 있습니다. 그런데 정부와 핵발전 사업자는 이마저도 비용의 절감으로 생각합니다. 새로운 장소를 구할 필요가 없고, 이미 다져놓은 땅이기 때문에 부지 공사 비용도 절감된다는 것입니다. 민주적 절차 또한 무시됩니다. 핵발전소 부지 선정이나 신규 건설에는 으레 심각한 사회적 갈등과 지역 주민들의 반발이 뒤따릅니다. 그래서 이를 민주적으로 차근차근 해결하기 위해서는 시간과 비용이 많이 듭니다. 하지만 우리나라에서 핵발전소가 들어서 있는 지역 네 곳은 모두 군사독재 시절에 일방적으로 공사가 결정되었을 뿐만 아니라, 주민 동의 없이 발전소 입지를 결정할 수 있도록 만든 전원개발촉진법이 아직까지도 건재합니다.

　우리나라의 핵발전소 건설비가 낮은 것은 결코 장점이 아닙니다. 스리마일 섬과 체르노빌 사고 후에 전 세계적으로 핵발전소의 안전 규제는 지속적으로 강화됐고, 이 때문에 건설비도 증가했습니다. 후쿠시마 사고로 이런 경향은 더 강화되고 있습니다. 그리고 이제 우리나라에서도 이런 흐름이 나타나기 시작했습니다. 2013년에 적발된 원전 비리 사건은 전 국민을 분노하게 했습니다. 안전이 가장 중요한 핵발전소에 중고 부품, 불량 부품이 쓰였을 뿐 아니라 부품을 관리하고 승인해야 할 기관들이 오히려 조직적으로 그 일에 가담했다는 사실이 밝혀졌기 때문입니다. 후쿠시마 사고를 겪기 전이었다면 아마 이 사건은 사람들에게 제대로 알려지지 않거나 알려지더라도 관심을 끌지 못했을 겁니다. 원전 비리로 납품된 그 많은 부품을 교체하자면 돈도 시간도 더 들어갈 수밖에 없습니다. 신고리 3·4호기의 경우 원전 비리로 상업운전이 50개월 이상 지연되고 있습니다. 이 때문에 사업비도 13퍼센트 증가했다고 합니다. 게다가 잘못된 부품이 계속해서 발견된다고 하니 사업비가 더 늘어날지도 모를 일입니다.

다음으로 운전유지비를 살펴보겠습니다. 운전유지비에는 인건비, 수선유지비, 경비, 일반 관리비와 함께 방사성 폐기물 관리 비용이 포함됩니다. 여기서 중요한 것은 중·저준위 핵폐기물 처분비와 사용후핵연료 처분비, 핵발전소의 폐로(폐쇄와 해체) 비용을 포함한 방사성 폐기물 관리 비용입니다.

우리나라의 중·저준위 핵폐기물 처분 단가는 세계적으로도 높은 수준입니다. 핵폐기물을 처분하는 데 많은 비용을 들인다니 다행이라고 생각할 수 있겠지만 실상은 그 반대입니다. 우리나라의 중·저준위 핵폐기물 처분장은 경주에 최초로 지어지고 있는데 그 과정은 결코 순탄치 않았습니다. 지역 주민들에게 제대로 알리지도 않고 밀어붙이다가 엄청난 저항에 부딪히며 부지 선정에만 20여 년이 걸렸습니다. 여기서 발생한 비용이 현재까지 9394억 원입니다. 게다가 그 후로도 부지의 안전성 논란 등으로 공사 완료 시기가 세 차례나 미뤄지면서 비용은 계속 추가됐습니다. 요컨대 우리나라의 핵폐기물 처분 단가가 높은 것은 설득과 합의에 드는 초기 비용을 아끼려다가 자초한 결과입니다.

위험한 방사능 덩어리, 사용후핵연료는 매우 높은 방사능을 내뿜기 때문에 완전히 격리해 수만 년 이상 안전하게 보관해야 합니다. 우리나라도 2016~2024년 사이에 임시 저장 시설이 포화

상태가 되기 때문에 대책이 필요하지만, 아직 사회적 합의를 끌어내지 못하고 있습니다. 2012년 일본 원자력위원회는 사용후핵연료를 지하에 영구 격리 처분하는 비용을 최소 185조 원(핵발전소 1기당 평균 3조 1400억 원)으로 계산했습니다. 이를 우리나라에 적용하면 현재 가동 중인 23기를 기준으로 약 72조 원이 필요합니다. 그런데 정부는 이런 상황에서도 핵발전소를 더 짓는다고 합니다. 그렇게 된다면 핵연료 처분 비용은 훨씬 증가할 것입니다.

폐로 비용에도 문제가 있습니다. 우리나라는 핵발전소를 폐쇄하고 해체해본 경험이 없습니다. 기술과 비용 또한 마련돼 있지 않습니다. 그럼에도 정부는 계획조차 세우지 못한 폐로 비용을 세계 평균보다 낮게 책정해놓았습니다. 2012년 기준으로 폐로 비용은 세계 평균 6545억 원, 국제에너지기구 9861억 원, 유럽감사원 1조 212억 원입니다. 그러나 우리나라는 6033억 원으로 책정했습니다. 실제로 폐로 작업을 진행하게 되면 비용이 급격하게 늘어날 것입니다.

지금까지 살펴본 직접비용만큼이나 외부비용의 문제도 중요합니다. 특히 중대 사고가 발생할 때 우리 사회가 치러야 할 대가, 즉 사고 위험 비용은 금액으로 간단히 환산할 수 없는 항목입니다. 핵 사고는 우리의 생명과 자연환경에 치명적이고 광범위한 피해를 입히기 때문입니다.

지금까지 세계적으로 핵산업계에서 통용되는 핵발전 중대 사고 확률은 1로년(爐年, 원자로 1기가 1년 동안 가동하는 기간을 의미함. 예를 들어 10만 로년은 1기가 10만 년 가동하거나 10만 개의 원자로가 1년간 가동하는 것과 같음. 즉 로년=원자로 개수×가동 햇수)당 약 100만분의 1입니다. 사실상 발생하지 않는 것으로 상정해온 것입니다. 그러나 실제로는 지난 40여 년 동안 스리마일 섬, 체르노빌, 후쿠시마 등 대형 핵발전소 사고만 세 차례 발생했습니다. 대형 사고가 발생하지 않는 값싼 에너지원이라 가정하고 핵발전을 추진한 일본은 결국 후쿠시마 사고의 막대한 피해 비용 대부분을 국민이 부담해야 하는 상황에 처했습니다. 후쿠시마 사고 이후 2013년까지 집계된 복구 및 배상 비용은 약 121조 원입니다. 이는 대부분 세금 인상(2015년까지 단계적으로 소비세 100퍼센트 인상)과 전기요금 인상을 통해 마련됩니다. 더욱이 아직까지 집계되지 않은 핵연료 파편 회수 비용, 방사능 오염 제거 비용, 지방자치단체의 행정 비용 등을 더하면 부담해야 할 전체 비용은 약 280조 원까지 불어날 전망입니다.

우리나라는 핵발전 사고의 위험 비용이 이보다 더 클 수밖에 없습니다. 예를 들어 우리나라에서 가장 오래된 핵발전소(고리 1호기)가 있는 고리원전 단지에서 후쿠시마 규모의 사고가 발생한다면, 반경 30킬로미터 이내에 사는 320만 명이 직접 피해를 입게 되고 전 국토의 11.6퍼센트가 오염될 것입니다. 아직도 수습이 불투명한 후쿠시마 사고의 처리 비용은 이미 100조 원을 넘어섰습니다. 그런데 우리나라 핵발전 사업자의 배상조치액은 5000억 원으로 제한돼 있습니다. 지나치게 비현실적인 금액 아닌가요?

이런 숨은 비용들을 반영하지 않고, 그리고 비용을 반영했더라도 현실적이지 않게 책정된 상황에서 '핵발전은 싸다'고 말하는 것은 국민을 속이는 일 아닐까요? 핵발전은 결코 싼 에너지가 아니며, 앞으로 더 비싼 에너지가 될 겁니다. 한국 사회가 핵발전을 고집하는 것은 경제성을 고려한 측면에서도 결코 현명한 선택이 아닙니다.

이보아　녹색당 탈핵특별위원장, 밀양희망버스 대변인, 에너지기후정책연구소 상임연구원. 토지와 도시 정책을 전공했다. 기후변화, 구제역 사태 등을 보며 사회·기술 시스템에 관심을 기울이던 중 후쿠시마 사고가 터졌다. 충격적 사건을 목격하면서 녹색정치의 필요성을 절감했고 이를 계기로 녹색당 창당에 뛰어들었다. 2013년 8월부터 녹색당 탈핵특별위원장을 맡고 있다.

국민의 생명권보다 중요한 영업비밀?

핵에너지(원자력)가 경제적 에너지원인지를 알아보려면 정부가 공개하는 발전단가를 상세히 분석해볼 필요가 있습니다. 각 연료원별 발전단가는 현재 전력통계정보시스템(epsis.kpx.or.kr)에서 확인할 수 있습니다. 표 7-1에 정리해놓았듯 2014년 9월까지의 발전단가 자료를 보면 유연탄, 무연탄, 유류, LNG와 비교했을 때 핵에너지의 발전단가가 가장 저렴한 것으로 나타납니다. 그런데 이는 홈페이지에도 설명되어 있듯이 연료비만 반영하여 계산한 단가입니다. 발전소 투자비, 운영 및 유지 보수비, 연료비 등을 함께 계산한 발전단가는 국제에너지기구의 정보를 살펴보라고 안내되어 있기도 합니다. 물론 친절하게 밝혀주고 있습니다만, 핵에너지에 대해 잘 알지 못하는 일반 시민이 전력통계정보시스템에서 정리한 단가표만 본다면 당연히 핵에너지가 가장 저렴한 에너지원이라고 생각할 가능성이 큽니다.

2004년부터 2014년까지 발전단가의 증가율도 핵에너지가 가장 적은 편으로 나옵니다(그림 7-2). 핵에너지보다 그래프 곡선이 완만한 무연탄은 발전단가가 증가한 것이 아니라 더 낮아진 경우입니다.

그러나 전력통계정보시스템에서 밝히는 발전단가만으로 핵에너지를 경제적 에너지라고 판단하기에는 미심쩍은 부분들이 있습니다. 이 미심쩍은 부분들을 명확히 하기 위해 핵발전 사업자인 한국수력원자력(한수원)에 더 명확한 발전단가와 산출 근거에 대한 정보공개를 청구했습니다. 다른 에너지원과의 비교를 위해서 수력, 양수력의 발전단가에 대한 정보도 함께 청구했습니다. 그런데 한수원에서는 "영업상 비밀"을 이유로 정보공개 청구에 답할 수 없다고 밝혔습니다. 수력, 양수력의 경우도 같은 이유로 비공개 자료라고 답변했습니다. 이윤을 추구하는 사기업이 아닌 공

표 7-1

연료원별 발전단가
(연료비만 반영, 단위: 원/kWh)
출처: 전력통계정보시스템 홈페이지(epsis.kpx.or.kr 메인→연료비용→연료원별 발전단가).

기간	원자력	유연탄	무연탄	유류	LNG
2014년 9월	4.94	40.38	56.53	216.44	140.50
2014년 8월	4.88	33.46	50.13	177.9	142.87
2014년 7월	4.85	33.96	52.82	199.05	145.29
2014년 6월	4.79	34.83	54.96	215.77	144.18
2014년 5월	4.77	35.49	52.16	218.11	148.28
2014년 4월	4.75	36.01	55.7	220.05	150.24
2014년 3월	4.74	36.68	58.67	219.37	160.65
2014년 2월	4.71	36.81	61.55	217.83	150.74
2014년 1월	4.69	36.61	58.98	217.75	141.59
2013년 12월	4.67	36.44	62.62	219.95	143.04
2013년 11월	4.65	37.37	63.27	223.47	134.69
2013년 10월	4.62	39.21	59.86	225.07	140.14
2013년 9월	4.59	40.54	59.49	226.03	143

그림 7-2

연료원별 발전단가 증가율

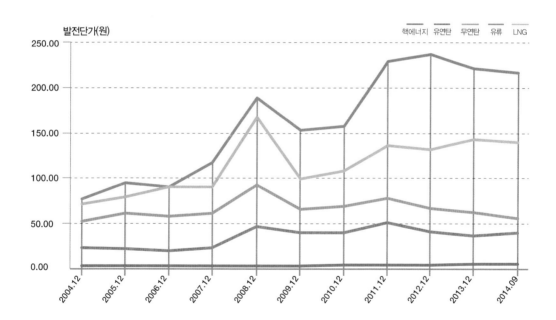

- **청구 기관**: 한국수력원자력

- **청구 일자**: 2013년 1월 14일

- **청구 내용**

원자력 발전단가 산출 근거 현황(2003년부터 2013년 현재까지)

– 자본비, 운전유지비, 연료비, 사고 대책 비용, 핵발전소 입지 교부금, 연구개발비, 그 외 사회적 비용 등 항목별로 구분하여 공개 바랍니다.

ex) 정산단가 = 운전유지비 + 연료비 + 사고 대책 비용 + 핵발전소 입지 교부금 + 연구개발비 + 그 외 사회적 비용 등

- **답변 내용 중 일부**

발전소의 운영 비용에 관한 정보는 한수원의 영업상 비밀에 관한 사항으로서 비공개 대상임을 알려드립니다.

*밑줄은 필자 강조

기업에서 국민을 대상으로 '영업상 비밀'이 중요하다는 입장을 밝히니 난감한 기분마저 듭니다.

후쿠시마 사고를 겪고 뒷수습을 하는 데 수백조 원을 들이고 있는 일본의 경우, 사고 후 발전단가 검증위원회를 만들었습니다. 이 위원회는 핵에너지 발전단가가 화석연료의 93퍼센트까지 상승한 것으로 추정하고 있습니다. 그리고 우리나라의 현대경제연구원은 〈원전의 드러나지 않는 비용〉이라는 연구 보고서를 2012년에 발표했습니다. 보고서에 따르면, 핵에너지가 경제적이라고 하지만 그것은 발전단가를 책정하는 데 배제된 비용이 있기 때문이라고 합니다. 2014년 2월 국회예산정책처에서도 〈원자력 발전비용의 쟁점과 과제〉라는 보고서를 발표했습니다. 이 보고서는 현재 핵발전 비용에 사회적 비용에 대한 고려가 미흡하므로 사회적 비용이라고 할 수 있는 외부 비용에 대한 검토가 필요하다고 주장하고 있습니다.

핵에너지가 다른 연료원들보다 경제적이지 않다는 연구들이 국내외에서 활발히 이뤄지고 있습니다. 또한 체르노빌, 후쿠시마와 같은 대형 핵 사고는 핵발전이 결코 영원히 안전할 수 없음을 증명하고 보여줍니다. 그 사고들이 인류는 물론 환경에도 치명적인 악영향을 끼쳤다는 데 이

의를 제기할 사람이 몇이나 될까요? 그럼에도 정부는 '원자력'의 경제성, 안전성, 친환경성을 거듭 주장하며 핵발전 정책을 고수하고 있습니다. 수명이 다한 발전소를 계속 가동하고 신규 핵발전소를 더 짓겠다고 합니다. 핵에너지의 경제성과 안전성에 대한 의심과 불안을 떨쳐버리지 못하는 국민을 설득하려면 정부는 더 확실한 근거들을 제시해야 합니다. 한수원의 영업비밀을 위해 국민의 생명권과 알 권리가 무시당하는 지금 상황이 안타깝기만 합니다.

강언주　투명사회를 위한 정보공개센터 활동가. 2009년부터 시민의 알 권리와 사회의 투명성을 위해 정보공개 운동을 해왔다. 후쿠시마 사고 발생 이후 핵발전과 방사능에 관련한 정보의 아카이빙과 공유를 위한 활동을 하고 있다. 온라인 아카이빙 공간 방사능와치(nukeknock.net)를 개설, 운영해오고 있으며 공공기관을 비롯한 찬핵 기관을 정보공개 청구로 괴롭히고 있다. 핵 없는 세상을 위해 기본적으로 정보가 투명하게 공개되어야 하고 더 많은 시민이 이해하기 쉽게 공유해야 한다고 생각한다. 녹색당 탈핵특별위원회 위원으로 활동 중이다.

재생 가능 청정에너지는
따로 있다

'온실가스를 배출하지 않으면서도 에너지를 필요한 만큼 공급할 수 있는 에너지원은 원자력(핵에너지)뿐'이라고 말하는 사람들이 있습니다. 심지어 핵에너지가 '대기오염을 줄이고 기후변화 협약에 대비할 수 있는 청정에너지'라고 주장하기도 합니다. 그래서 '환경을 지키는 에너지 원자력'이라는 문구를 넣은 공익광고가 텔레비전 전파를 탄 적도 있습니다. 물론 후쿠시마 사고 이후에 슬며시 사라지기는 했습니다.

기후변화 협약이란 1992년 지구온난화 방지를 위해 세계 192개국이 맺은 국제 협약입니다. 정식 명칭은 '기후변화에 관한 유엔 기본 협약(United Nations Framework Convention on Climate Change)'입니다. 산업화가 진행되면서 인류는 석유, 석탄, 천연가스 등 화석연료를 태워 온실가스를 과다 배출했고 그 결과 지구온난화가 진행되고 있습니다. 지난 150년간 지구의 평균온도는 0.74도 상승했습니다. 이로 인해 극지방의 빙하가 녹고 해수면이 상승해 섬나라들은 점점 바다에 잠기고 있습니다. 또한 빙하가 녹으면서 대기, 해류의 흐름이 변해 세계 곳곳에서 다양한 이상기후 현상이 일어나고 있습니다. 국제사회는 이런 기후 문제에 경각심을 갖기 시작했고, 이산화탄소를 비롯한 온실가스 배출을 줄이고 규제하기 위해 협약을 맺은 것입니다. 협약 가입국에는 산업화 정도에 따른 역사적 책임을 고려해 온실가스 감축 목표와 방법이 정해졌습니다. 우리나라도 가입국 중 하나인데, 우리 정부와 핵발전 산업계는 이 기후변화 협약에 대비하기 위해 온실가스를 많이 배출하는 화력발전 대신 핵발전을 확대해야 한다고 주장합니다.

그러나 핵발전도 온실가스를 배출할 수밖에 없습니다. 핵발전의 연료인 천연우라늄을 채굴하고 운송하는 과정, 핵발전에 적합한 연료로 만들기 위해 천연우라늄을 정제하고 농축하는 모든 과정 등에서 기존의 화석연료를 이용한 기반시설에 의존해야 하기 때문입니다. 또한 핵발전소의 건설과 폐쇄, 그리고 핵폐기물을 격리하고 영구 저장하기 위한 과정도 마찬가지입니다. 즉 우라늄이 핵분열 반응을 일으키는 과정만 빼고 모든 단계에서 온실가스가 배출되는 것입니다. 기존의 석탄과 석유를 이용한 화력발전에 비해 온실가스를 조금 적게 배출할 뿐, '핵발전이 이산화탄소를 배출하지 않는다'는 주장은 거짓입니다.

그렇다면 이산화탄소를 적게 배출하면 '청정에너지'라고 할 수 있을까요? 사전적으로 청정에너지란 '환경을 오염시키지 않는 에너지'를 일컫는 말입니다. 그런데 핵발전은 이산화탄소를 적게 배출하는 대신 우라늄의 채굴부터 영구 폐쇄와 핵폐기물 처분까지 전 과정에서 방사능을 내뿜습니다. 대표적으로 미국 뉴멕시코 주의 나바호, 포르투갈, 니제르 등의 우라늄 광산 지역은 암 발병률이 매우 높습니다. 우라늄 채굴 과정에서 땅과 물이 방사능과 독성 물질로 오염됐기 때문입니다. 더욱이 우라늄은 정제와 농축을 거쳐 핵발전소에서 연료로 사용된 후 폐기물이 되면 방사능 위험이 한층 커집니다. 무색무취일 뿐 방사능은 온실가스보다 더 직접적으로 인간을 비롯한 생명체를 파괴합니다. 핵에너지는 결코 환경을 지키는 청정에너지가 아닙니다.

핵발전은 정의롭지 못한 에너지이기도 합니다. 에너지를 가장 적게 쓰는 지역과 사람들이 오히려 가장 큰 희생을 당하고 있기 때문입니다. 우라늄 채굴 지역에서는 대대손손 그 땅에서 살아온 주민들이 강제로 쫓겨나고 암으로 고통받고 있습니다. 핵발전소가 지어지는 바닷가 인근 주민들도 경작지와 어장을 잃고 방사능 오염에 위협당하고 있습니다. 또 희생 속에 만들어진 전기는 대형 초고압 송전탑을 통해 에너지 소비가 많은 대도시와 대공장으로 보내집니다. 그 과정에서 산림을 비롯한 논밭이 훼손되고, 그곳에 사는 주민들은 전자파의 위협에 노출됩니다. 그러나 에너지를 많이 사용하는 대도시 사람들은 해당 지역에서 벌어지는 갈등과 환경 파괴, 주민들의 희생을 잘 알지 못합니다. 그저 핵에너지가 편리하고 효율적인 에너지라고 여기게 될 뿐입니다.

그렇다면 화석연료 고갈, 지구온난화, 안전성, 지속 가능성을 고려할 때 인류의 미래 에너지는 무엇이 되어야 할까요? 바람, 태양열, 태양광, 지열, 바이오가스 등의 재생에너지입니다. 한국 태양광산업협회의 자료에 따르면 시간당 지구 표면에 도달하는 태양에너지의 양은 인류가 1년간 사용하는 에너지의 양과 맞먹는다고 합니다. 특정 장소에만 매장된 화석연료와 달리 태양과 바람은 지구의 모든 곳에 항상 존재합니다. 따라서 채굴을 위해 땅과 물을 오염시키지 않아도 되고 삶터에서 쫓겨나는 사람이 생기지도 않습니다. 대기를 오염시키지도 않고 방사능을 내뿜지도 않습니다. 바닷가에 대규모 발전소를 지어 초고압 송전탑을 거쳐 사용해야 하는 핵에너지처럼 누군가의 희생을 필요로 하지도 않습니다. 또한 기술이 복잡하지 않아 누구나 에너지 생산에 참여할 수 있습니다. 에너지가 필요한 사람(지역)이 그 지역에 태양광발전기, 풍력발전기, 태양열온수기를 설치하면 됩니다. 풍력발전기의 소음이나 가축의 분뇨를 활용한 바이오가스 플랜트(생산시설)의 냄새와 같은 재생에너지 생산에 따른 불편함이 있다면 사용하는 사람들이 함께 책임지면 되고, 또 충분히 책임질 수 있는 수준입니다.

결론적으로 우리의 미래는 현재의 대형 화력발전, 핵발전 중심의 에너지 시스템을 지역 분산형 재생에너지 시스템으로 바꾸는 방향으로 나아가야 합니다. 그러기 위해서는 에너지를 효율적으로 사용하고 에너지 소비를 줄이는 과정이 병행되어야 합니다. 현재와 같은 에너지 소비 형태를 유지하면서 지구온난화를 막을 수 있는, 지속 가능하고 안전한 꿈의 에너지는 없습니다. 기존에 사용하는 에너지가 100만큼이라면 60으로 줄이고 그 60을 핵이나 화석연료로 만든 에너지가 아닌 재생에너지로 채우는 것, 이를 '에너지 전환'이라고 부릅니다.

여기서 짚고 넘어가야 할 점은 에너지 효율 개선과 절약의 핵심 주체는 개인과 개별 가정이 아니라 정부와 기업이 되어야 한다는 것입니다. 일반 가정에서 사용하는 에너지의 양은 소소한 수준이며 개인은 갖춰진 에너지 시스템에서 크게 벗어날 수 없습니다. 우리나라 전력 소비의 절반가량은 제조업이 차지하고 있습니다. 주택용은 20퍼센트 이하에 불과합니다. 더욱이 한국의 1인당 주택용 전력 소비량은 OECD 평균의 절반 수준입니다. 하지만 나라 전체로 보면 이야기가 달라집니다. 우리나라의 1인당 국가별 전력 소비량은 세계 8위로 영국, 프랑스, 이탈리아 등 한국보다 경제 규모가 큰 나라보다도 전기를 훨씬 많이 사용하고 있습니다. 이는 한국의 산업용 전력 소비량이 OECD 국가 중 GDP 대비 세계 4위이기 때문입니다. 석유화학, 철강 등 에너지 다소비 산업이 많기도 하지만 수출 경쟁력을 위해 산업용 전기를 원가보다 저렴하게 공급하고 있어 과잉 소비를 부추기고 있습니다. 또한 누진제를 적용하는 주택용과 달리 산업용 전기는 많이 사용할수록 요금이 내려가게 설계되어 있습니다.

따라서 에너지 절약을 위해서는 원가를 반영해 산업용 전기요금을 올리고, 산업계에서는 에너지 절약과 효율화를 위해 노력하고 기술을 투자해야 합니다. 또한 에너지를 많이 쓰는 산업의 비중을 줄여야 합니다. 현재 핵발전에 투입되는 재정, 행정, 기술 지원을 에너지 효율화와 절약, 재생에너지 기술 향상에 쓴다면 에너지 전환은 충분히 가능합니다.

독일은 1986년 체르노빌 사고 이후 재생가능에너지법 제정을 통해 재생에너지 생산을 확대해왔습니다. 또한 전기요금을 인상하고 낡은 건물의 단열공사에 보조금을 지급하는 등 전력 소비를 줄이는 데도 노력을 기울였습니다. 그리고 2011년 후쿠시마 사고 직후에는 2022년까지 독일 내 핵발전소 총 17기를 전부 폐쇄하기로 하고 탈핵을 선언했습니다. 당시 한국의 핵발전 찬성론자들은 독일의 탈핵 선언이 실패할 것이라는 비관적 전망을 퍼뜨렸습니다. 그러나 가동 중이던 8기의 핵발전이 멈춘 현재의 독일에 전력난은 없습니다. 독일에너지결산협회의 발표에 따르면 오히려 전력 수입량보다 전력 수출량이 많아 전력 흑자를 기록했다고 합니다. 체르노빌과 후쿠시마 사고를 통해 독일은 재생에너지 생산 기술과 에너지 효율 향상 기술에서 그 어느 나라보다 앞선 나라가 됐습니다. 독일뿐만 아니라 스위스, 덴마크, 핀란드 등의 나라에서도 위험한 핵에너지에서 벗어나 탈핵 에너지로 전환하는 방향으로 나아가고 있습니다.

우리나라도 얼마든지 탈핵을 선언하고 핵발전소 사고와 방사능 위험에서 안전해질 수 있습니다. 안전하고 정의로운 재생에너지 확대를 통해 아름다운 한반도를, 지구를 지켜나가야 할 때입니다.

손은숙　에너지기후정책연구소 연구원이자 서울 은평구를 기반으로 하는 태양과바람에너지 협동조합의 기획팀장이다. 민주노동당, 진보신당, 에너지정치센터를 거쳐 진보신당 조승수 국회의원실에서 일하며 에너지 문제에 관심을 갖게 됐다. 연구에만 매진하는 사람이라기보다는 탈핵, 에너지 전환을 은평구에서부터 만들어가고자 하는 활동가이자 정치인이다.

석탄
991g/kWh

석유
782g/kWh

천연가스
549g/kWh

원자력
10g/kWh

4인 1가구가
한 달 동안 배출하는
평균 온실가스 양
14만 9291g

진짜일까?
각 에너지 자원별
이산화탄소 배출 계수
자료: 국제원자력기구(IAEA) 2006.

원전 1기 건설 시
배출되는 온실가스 양
=
6500만 가구가
배출하는 온실가스 양
(4인 1가구 기준)

= 984만 4444.444346 ton

원전 1기가 하루에
내보내는 온배수의 양
260,000,000 ton

NaClO

핵발전소 1기가 1년 동안
필요로 하는 우라늄의 양
162 ton

핵발전소 1기가 1년 동안 필요로 하는
우라늄을 얻기 위해 채굴되는
화강암의 양
(추출 용이율 최대 50%로 가정)
129억 6000만 ton

우라늄을 정제하기 위해
배출하는 온실가스의 양
(우라늄 농도가 낮을수록 온실가스의 양이 많아짐)

286.621 kg

676.461 kg

우라늄 농도
0.01~10%인
원석

우라늄 농도
0.001~0.1%인
원석

우라늄을 농축하는 데
배출되는 온실가스의 양
68.295538 ton

Co2 CFCs CFCs Co2 Co2 CFCs

* 6불화우라늄: 우라늄(U)에 불소(F) 원자
6개가 붙은 화합물

핵연료 공급 물질
6불화우라늄으로 전환하기
위해 배출되는 온실가스 양
(kg당)
181.630 kg

UO2

우라늄을 가공할 때
나오는 온실가스의 양
=
3000가구가 한 달 동안
배출하는 온실가스의 양
= 4만 6638.0211 ton

infographic: 김은미

185

8장 독일의 탈핵은 어떻게 가능했을까?

8월 22일은 에너지의 날이다.

친구들과 서울시청 앞 광장에 가보니 여러 가지 행사가 진행되고 있었다.

여기저기 구경하면서 돌아다니는데 전기를 만드는 자전거가 보였다.

재밌어 보이길래 나도 자전거에 올라 열심히 페달을 밟았다.

페달을 밟으니 기계가 작동하면서 달콤한 솜사탕이 만들어졌다.

자전거 옆에는 커다란 태양광 패널이 있고

패널에서 나오는 열로 음식을 만들고 있었다.

"와, 신기하다! 태양으로 전기를 만들 수 있구나.

우리 집도 태양광 패널 설치하면 좋겠다. 여름에 너무 더워서

에어컨을 많이 틀었더니 전기료가 엄청 나왔어."

"맞아. 엄마가 전기료 때문에 에어컨을 잘 안 틀어줘서

얼마나 더웠는지 몰라!"

행사를 구경하고 집에 돌아와 생각해봤다.

태양이나 바람으로 에너지를 만들면 핵발전소는 없어도 되지 않을까?

독일은 앞으로 핵발전소를 짓지 않고 태양과 바람으로

에너지를 만들 거라고 하던데,

우리나라도 독일처럼 탈핵할 수는 없을까?

핵발전소 제로를
선언한 독일

일본 후쿠시마 핵발전소에서 재앙이 발생한 다음 날인 2011년 3월 12일, 독일 남부 슈투트가르트 인근에 있는 네카어베스트하임 핵발전소를 전국에서 모인 6만여 명의 시민들이 인간띠를 이어 포위했습니다. 36년째 운영되는 낡은 핵발전소를 당장 폐쇄하라는 시위였습니다. 전국적인 반핵시위가 이어지자 독일 총리 앙겔라 메르켈(Angela Merkel)은 낡은 핵발전소 7기를 즉각 폐쇄함으로써 시민들의 불안을 잠재우려 했습니다. 그러나 시민들은 그것으로 만족할 수 없었습니다. 보름 후, 다시 25만 명의 시민들이 크고 작은 도시의 거리로 쏟아져 나왔습니다. 그들은 '핵발전소? 사양합니다!'라거나 '재생 가능한 미래'를 요구하는 문구가 적힌 피켓을 들고 행진하면서 위험한 핵발전소를 당장 멈추라고 소리 높여 외쳤습니다. 결국 메르켈 총리는 독일의 모든 핵발전소를 2022년까지 멈추겠다는 입장을 밝혔고, 그해 6월 독일 국회는 이를 법제화했습니다.

독일에서는 어떻게 핵발전소를 모두 없애겠다는 정책이 채택될 수 있었을까요? 사실 독일 시민들도 1960년대까지는 핵발전소의 위험에 크게 신경 쓰지 않았습니다. 2차 세계대전 이후의 눈부신 경제성장과 풍요를 즐기면서 이를 지탱하는 핵발전소의 위험에는 무심했습니다. 하지만 미국과 소련 양 진영에서 가속화되던 핵무기 경쟁의 한복판에 있던 독일 시민들은 '핵무기 반대' 운동에 뛰어들었고, 이어서 '핵발전소 반대' 운동까지 펼침으로써 반핵운동으로 영역을 확대해나갔습니다. 가장 잘 알려진 시작점이 1975년에 벌어진 빌 핵발전소 부지 점거 사건입니다. 당시 독일 남부 프랑스 국경과 인접한 빌 지역이 신규 핵발전소 건설 부지로 승인됐는데, 이에 항의하기 위해 시민들은 발전소 부지를 점거해버렸습니다. 빌 지역의 농부들과 인근의 대학생들 외에도 전국에서 시민들이 몰려들어 2만 8000여 명이 점거에 참여했습니다. 이 사건은 이후 독일 시민들의 대규모 반핵운동의 모델이 됐습니다. 이런 핵발전소 부지 점거와 이를 막으려는 독일 경찰의 물리적 충돌은 '시민전쟁'이라고까지 표현될 정도로 격렬했습니다. 반핵운동의 사회적 파장이 커짐에 따라 정치권에도 변화가 시작됐습니다. 핵산업을 키워야 한다는 입장이었던 거대 정당인 사회민주당이 자신들의 에너지 정책을 재검토하기 시작했으며, 반핵을 기치로 내건 녹색당도 1970년대에 창당되어 1983년에는 연방의회에 진출했습니다.

그렇지만 1980년대 들어서도 독일의 에너지 정책에 큰 변화는 나타나지 않았습니다. 전력회사들이 완강하게 버틴 데다가 기독민주당, 기독사회당, 자유민주당과 같은 보수정당들이 그들을 대변했기 때문입니다. 그러나 1986년 이웃 나라인 구소련의 체르노빌 핵발전소가 폭발하면서 다시 변화가 시작됐습니다. 체르노빌 핵발전소를 빠져나온 방사능 낙진이 독일 남부에 떨어져 농산물과 우유 등이 오염됐고, 독일 시민들은 핵발전소가 얼마나 위험한지를 실감했습니다. 많은 시민이 안전한 먹거리를 찾기 위해 노력하는 한편, 독일의 핵발전소도 멈추라는 시위와 함께 직접 '에너지 대안'을 찾으려는 창조적인 노력을 벌여나갔습니다.

그 대표적인 사례가 남부 슈바르츠발트에 있는 쇠나우 마을의 에너지 독립 운동이었습니다. 쇠나우 마을 사람들은 위험한 핵발전소에서 나오는 전기를 쓰지 않기 위해 '쇠나우 전력회사'를 직접 설립했습니다. 그리고 재생에너지 이용을 확대하고 아예 전력망까지 구입하더니 마침내 핵발전을 하는 대형 전력회사로부터 독립해버렸습니다. 이런 노력은 핵발전을 재생에너지 발전으로 대체할 수 있다는 사실을 보여주었을 뿐 아니라, 독일 정부가 현재의 탈핵 정책을 뒷받침할 수 있는 재생에너지 산업을 성장시키는 데 기여했습니다.

정치권에서도 반응하기 시작했습니다. 사회민주당은 이제 핵발전소 폐쇄 정책을 명확히 밝혔으며, 녹색당은 즉각적인 폐쇄 정책을 주장했습니다. 하지만 보수정당들이 집권한 정부는 이를 거절하고 '환경·자연보호 및 원자로 안전부'를 신설하는 정도로 무마하려고 했습니다. 다시 한 번 핵산업을 대변하는 보수정당에게 발목이 잡힌 겁니다. 그러나 시민들의 탈핵 요구가 점점 더 강력해지고 있었고 핵발전의 골칫거리인 방사성폐기물처분장(방폐장) 건설이라는 당면 과제도 미룰 수 없는 상황이었습니다.

결국 사회민주당과 보수정당들의 연방정부는 1990년대 들어 '에너지 대화'라는 정치적 협상을 시작했습니다. 핵발전소 폐쇄를 포함해 에너지 정책을 어떻게 변화시킬 것인지에 대해 논의하기 시작한 것입니다. 그런데 처음에 반핵단체들과 녹색당까지 폭넓게 참여하던 협상은 시간이 흐르면서 거대 정당과 연방정부 사이의 타협으로 흘러갔습니다. 사회민주당은 자신들이 대변하는 석탄산업(그리고 노동자)의 이익과 방폐장 지정이라는 지역 현안을 핵발전소 폐쇄 문제와 연계해 연방정부와 타협을 시도했습니다. 이때까지만 해도 핵발전소의 폐쇄를 요구하는 시민들의 목소리가 정치 협상에서 진지하게 고려되지 않은 것입니다.

변화를 위해서는 다시 한 번 시간이 필요했습니다. 그 기다림의 시간은 1998년 독일 연방의회 선거에서 사회민주당이 녹색당과 연합해 '적록연정'(사회민주당의 상징 색인 빨강과 녹색당의 상징 색인 초록을 합쳐 만든 말)이라는 연립정부를 구성하면서 끝났습니다. 두 당이 연립정부 합의서에서 상업적 핵발전을 중지한다고 서약한 것입니다. 이에 따라 연립정부는 4대 에너지기업과 협상하여 2000년에 소위 '핵합의'를 이끌어냈습니다. 신규 핵발전소를 더 이상 건설하지 않고,

그림 8-1

2013년 12월 1일 베를린 역 광장에서 열린 반핵시위 모습

그림 8-2

독일 브란덴부르크 주, 에너지 자립 마을 펠트하임 앞 들판의 풍력발전기

그림 8-3

2013년 베를린 노동절 축제에 참여한 반핵운동 단체의 가판대

ⓒ 한재각

기존 핵발전소에는 '정규 수명기한'을 정해 이를 넘으면 단계적으로 폐쇄한다는 내용의 합의였습니다. 당시 독일은 총 19기의 핵발전소를 가동 중인 세계 4위의 핵발전소 용량 보유 국가였습니다. 그 때문에 이 합의는 세계적으로 큰 관심을 모았습니다. 그리고 이런 합의에 따라 2003년과 2005년에 슈타데 핵발전소와 오브리히하임 핵발전소가 폐쇄됐습니다.

그러나 적록연정은 2005년 연방선거에서 붕괴되고 말았습니다. 그래도 새 연립정부는 처음에는 2000년의 핵합의를 존중했으나, 2009년 연방선거에서 기독민주당·기사회당·자유민주당 연립정부가 들어서면서 후퇴가 일어났습니다. 2010년에 핵발전소의 정규 수명기한이 최소 8년에서 최대 14년까지 확대된 것입니다. 보수정당 연립정부는 기후 보호 목표 달성, 적정 에너지 가격 유지, 높은 에너지 수입 의존도 등을 이유로 이런 결정을 내렸습니다.

2000년의 핵합의를 뒤엎고 핵발전소 수명을 연장한 보수정당 연립정부는 여러 야당과 환경단체 및 시민 들의 격렬한 항의에 직면했습니다. 그런 와중에 2011년 후쿠시마 사고가 벌어졌습니다. 이는 보수정당 연립정부의 메르켈 총리가 즉각 2022년까지 모든 핵발전소를 폐쇄하기로 결정한 데 적지 않은 영향을 미쳤습니다. 물론 이 결정에는 독일 시민들의 오랜 반핵운동, 이를 대변하는 녹색당의 성장과 사회민주당의 변화, 그리고 2000년 적록연정의 역사적 핵합의를 무시할 수 없었던 것도 중요하게 작용했습니다. 핵합의를 무시했다가는 보수정당들이 정권을 잃을 수도 있다는 위기감이 컸던 것입니다. 하지만 그 이유가 전부는 아니었습니다. 핵발전을 포기해도 될 만큼 재생에너지가 발전하고 있었다는 점도 중요합니다. 즉 '에너지 대안'이 있었던 겁니다. 후쿠시마 사고가 발생한 2011년 독일 전력 생산량 중 핵발전의 비중은 18퍼센트였는데, 그해 생산된 재생에너지 전력의 비중은 20퍼센트였습니다(독일에너지수자원협회, 2011). 이미 전력 생산량 면에서 재생에너지 발전이 핵발전을 앞서, 독일의 제2 전력원은 태양광, 풍력, 바이오가스 등 재생에너지 발전이 차지하고 있었습니다. 그뿐 아니라 재생에너지 산업은 2011년에 38만 명을 고용할 수 있는 '녹색일자리'를 만들어냈습니다(글로벌에너지협력센터, 2013). 이 때문에 독일의 많은 노동자와 노동조합은 핵발전소 폐쇄 및 재생에너지 이용 활성화를 지지하면서, 탈핵 에너지 전환을 위해 노력하는 환경단체들의 든든한 우군 역할을 하고 있습니다.

독일이 '원전 제로'를 선언하고 재생에너지 중심으로 에너지 시스템을 전환해가는 모습은 우리에게 부러움을 안겨줍니다. 좀 더 안전하고 민주적인 사회를 만들고 싶은 사람이라면, 또 미래 세대에게 방사성 폐기물이라는 엄청난 부담을 남기고 싶지 않은 사람이라면, 독일이 개척해나가는 탈핵 에너지 전환의 길이 궁금할 것입니다. 그 길 위에는 '시민전쟁'이라고 불릴 정도의 격렬한 충돌, 중앙 집중적인 거대 전력기업에서 독립하려는 시민들의 창조적 노력, 반핵을 기치로 내건 녹색당을 성장시키고 기존 진보정당을 생태적으로 바꾸는 정치적 변화, 핵발전을 대체할 수 있는 재생에너지 산업의 성장, 그리고 녹색일자리에 참여하는 노동자를 포함한 폭넓은 사회적 연대가 있었습니다. 한국의 길이 독일의 길과 똑같지는 않겠지만, 독일은 우리에게 어떻게 하면 핵발전에서 벗어날 수 있을지 많은 공부거리를 주고 있습니다.

한재각 녹색당 공동정책위원장이자 에너지기후정책연구소 부소장. 국민대 사회학과에서 '한국 에너지정책의 사회학'을 주제로 박사 학위논문을 쓰고 있다. 유네스코 한국위원회, 참여연대(시민과학센터), 민주노동당 정책위원회 등에서 일했다. 운 좋게 2013년에는 독일 베를린 자유대학 환경정책연구소의 방문연구원으로 지내면서, 밀린 공부와 맛있는 맥주를 즐기는 한량 생활에 빠져 있었다. 대안적 에너지 시나리오, 에너지 협동조합, 녹색일자리, 전문성의 정치, 개발도상국 재생에너지 협력 등의 주제에 관심이 있다.

2011년 전 세계 최종 에너지
소비 중 재생에너지 비중

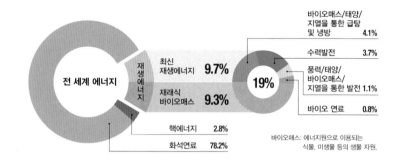

바이오매스/태양/
지열을 통한 급탕
및 냉방 **4.1%**

수력발전 **3.7%**

풍력/태양/
바이오매스/
지열을 통한 발전 **1.1%**

바이오 연료 **0.8%**

바이오매스: 에너지원으로 이용되는
식물, 미생물 등의 생물 자원.

세계 전력발전 시장 1970-2010

(단위: 메가와트/연간)
출처: 그린피스 〈Energy [R]evolution〉,
2012.
http://www.greenpeace.org/korea/
multimedia/publications/2012/2/
energy-revolution-korea/

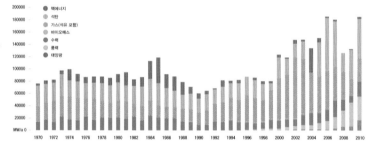

세계 재생에너지 투자 비용

(단위: 10억 달러)
출처: 그린피스 〈Energy [R]evolution〉,
2013.
http://www.greenpeace.org/korea/
Global/korea/publications/reports/
climate-energy/2013/2013_energy_
revolution_renwable_energy-kor.pdf

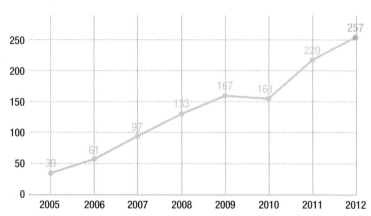

2011년 각국 재생에너지 투자 비용

(단위: 10억 달러)

출처: 그린피스 〈Energy [R]evolution〉,
2013.

http://www.greenpeace.org/korea/
Global/korea/publications/reports/
climate−energy/2013/2013_energy_
revolution_renwable_energy−kor.pdf

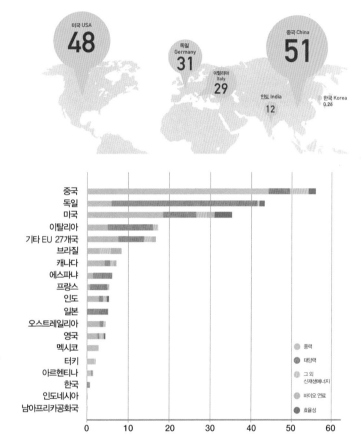

재생에너지 분야 2010년 국가별
투자 순위

(단위: 10억달러)

출처: THE PEW CHARITABLE TRUSTS,
〈WHO'S WINNING THE CLEAN ENERGY
RACE?〉, 2010.

http://www.pewenvironment.org/
uploadedFiles/PEG/Publications/Report/
G−20Report−LOWRes−FINAL.pdf

2010년 전체 에너지 소비량 중 재생에
너지가 차지하는 비율 및 2020년도 목
표 발전량 (유럽 국가들과의 비교)

출처: 그린피스 〈Energy [R]evolution〉,
2013.

http://www.greenpeace.org/korea/
Global/korea/publications/reports/
climate−energy/2013/2013_energy_
revolution_renwable_energy−kor.pdf

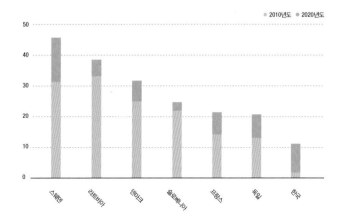

시민의 손으로
만들어가는 탈핵

 독일은 2022년까지 독일 내의 모든 핵발전소를 폐쇄하겠다고 2011년 발표했습니다. 국제에너지기구의 통계 자료에 따르면 2011년 한 해 독일은 원유, 석탄, 천연가스, 또는 수력이나 지열 등 가공하기 전 상태에서 공급되는 에너지인 1차 에너지 공급량 중 10퍼센트를 재생 가능한 에너지로 충당했습니다. 우리나라의 재생에너지 비율은 0.7퍼센트였습니다. 이 수치는 프랑스 7.2퍼센트, 미국 6.1퍼센트, 일본 4.2퍼센트와도 차이가 많이 나는 것으로 경제협력개발기구(OECD) 34개 회원국 중 최하위입니다(국회 입법조사처, 2014). 독일의 경우 2050년까지 최종 에너지 소비량에 대한 재생에너지의 비율을 60퍼센트로 높이는 것을 목표로 삼고 있습니다. 이렇게 제도적·정책적으로 탈핵을 선언하고 에너지 시스템 전환을 실천하는 데 대해 독일 국민들은 어떻게 생각할까요?

 2013년 독일소비자센터(Verbraucherzentrale)에서 실시한 '에너지 전환에 대한 소비자들의 관심' 조사에 따르면 독일 국민의 93퍼센트는 남녀노소를 막론하고 '에너지 시스템 전환'에 대해 들어본 적이 있고, 세 명 중 한 명꼴로 에너지 시스템 전환에 상당한 관심이 있으며, 적어도 80퍼센트가 '어느 정도, 또는 그 이상' 관심이 있는 것으로 나타났습니다. 또한 10명 중 8명은 에너지 시스템 전환의 목표가 옳은 방향으로 가고 있다고 생각하는 것으로 나타났습니다. 그뿐 아니라 에너지 시스템 전환이라는 주제에 포함되는 내용을 묻는 질문에는 네 명 중 세 명꼴로 재생 가능한 에너지의 확충, 에너지 사용 감소, 그리고 탈핵을 꼽았습니다(2013). 이렇듯 독일은 탈핵 및 에너지 시스템 전환이라는 목표를 명목적인 정책으로만 책정한 것이 아니라 국민들도 적극적으로 관심을 보이는 나라입니다.

그런데 에너지 시스템 전환의 정책적 목표에 대한 이러한 긍정적 인식과 달리, 구체적인 정보나 실천에 대한 질문에서는 부정적 인식이 높은 것으로 조사됐습니다. 독일 국민의 70퍼센트 정도가 탈핵을 함으로써 국민의 안전 보장이 향상되리라 생각한다고 답했지만, 에너지 시스템 전환이 개개인에게 무엇을 의미하는지에 대한 정보를 제대로 제공받았다고 느끼는 이들은 전체의 30퍼센트가 채 되지 않았습니다. 역으로 에너지 시스템 전환에 대해 정보를 제대로 제공받지 못했다고 느끼는 집단이 전체의 4분의 1 정도를 차지했습니다. 게다가 재생 가능한 에너지의 확보 속도가 '너무 느리다'고 답한 사람이 전체의 45퍼센트였고, 에너지 시스템 전환이 진행되는 방식이 옳지 않다고 생각하는 사람이 옳다고 생각하는 사람보다 8퍼센트가량 많았습니다.

정리하자면, 독일 국민의 상당수가 에너지 시스템 전환을 지지하지만 개개인은 이를 위해 무엇을 할 수 있는지, 또는 에너지 시스템 전환이라는 개념이 개개인에게 어떤 의미인지는 의외로 많이 모르고 있는 듯합니다. 에너지 시스템 전환이 진행되는 방식이나 속도에 대해서도 부정적인 시각이 더 많습니다.

그렇다면 덩치가 큰 기존의 에너지 공급업체들은 에너지 시스템 전환이라는 목표에 어떻게 반응하고 있을까요? 다른 나라들과 마찬가지로 독일의 전력 공급 시장은 핵발전소 및 화력발전소를 운영하는 몇몇 대형 전력회사가 장악하고 있습니다. 이 대기업들 입장에서 볼 때 재생에너지를 통한 탈핵은 사업상의 커다란 위협이기 때문에 에너지 시스템 전환을 최대한 늦추기 위한 로비가 끊이지 않고 있습니다. 이들이 재생에너지에 반대하면서 가장 자주 내세우는 근거는 친환경적으로 전기를 생산하면 가격이 큰 폭으로 상승할 수 있다는 우려입니다. 여기에 언론까지

가세해 생태적인 전기가 매우 비싸고 에너지 시스템 전환에 엄청난 돈이 든다는 보도를 내놓고 있습니다.

실제로 독일의 전기료는 갈수록 대폭 인상되는 추세입니다. 2014년 5월 기준으로 OECD 회원국들의 전기요금을 비교해보면 독일은 킬로와트시(kWh)당 26.36센트(약 395.4원)로 킬로와트시당 29.83센트(약 447.45원)인 덴마크 다음으로 비쌉니다. 이는 이웃 국가인 프랑스(13.63센트)에 비해 두 배, 미국(9.25센트)의 거의 세 배에 달하는 수치입니다. 2002~2012년 사이 독일의 가정용 전기요금은 83퍼센트가 증가했으며, 이는 OECD 회원국 중 최고치입니다. 독일의 전기요금이 높은 데는 재생에너지에 투자한 사람들을 위한 보조금 지원 등 다양한 이유가 있습니다. 그럼에도 핵발전소 및 화력발전소를 가동하는 에너지 대기업들은 재생에너지만이 원인인 듯 이야기합니다. 그들은 기존의 발전소에서 최대한의 이익을 창출하기 위해 생태 전기가 비싸다고 말하는 것입니다.

그러나 정부와 에너지 대기업들이 말하지 않는 사실이 있습니다. 바로 환경오염이나 독일 국민들이 내는 세금에서 충당되는 보조금을 고려하면 화석연료 및 핵에너지 발전이 훨씬 비싸다는 점입니다. 2012년 독일 국민들이 전기요금을 통해 재생에너지를 지원한 금액은 화력 및 핵 발전소에 세금을 통해 지원한 금액의 3분의 1 수준이었다고 합니다.

긍정적인 움직임도 다양하게 관찰되고 있습니다. 최근 몇 년 사이 독일 전역에는 시민들이 자발적으로 재생에너지에 투자하는 에너지 협동조합이 우후죽순처럼 생기고 있습니다. 2011년에 160여 개, 2012년에는 150여 개가 새롭게 생기는 등 2012년까지 5년 동안 560여 개의 에너지

협동조합이 탄생했습니다. 에너지 협동조합은 기존의 화석연료에서 자유로워지고 재생 가능한 에너지를 시민의 손으로 확보한다는 취지에서 긍정적입니다. 시민들이 자본을 투자해 자기 지역 근교의 재생에너지 프로젝트를 실현하고, 거기서 창출되는 이익은 나눠 갖는 방식입니다. 에너지 협동조합의 대표적인 장점은, 재생에너지 시설에 투자하기에는 자금이 부족한 일반인들도 비교적 저렴한 가입비로 조합원이 되어 에너지 시스템 전환에 참여할 수 있다는 것입니다. 에너지 시스템 전환에 대한 이러한 자발적 시민 참여는 개인 주택들에서도 이뤄지고 있습니다. 도시와 농촌을 막론하고 독일 전역에서 태양광 또는 태양열 발전 시스템을 갖춘 주택을 어렵지 않게 찾아볼 수 있습니다.

기존의 에너지 공급원을 뒤로하고 새로운 에너지 공급원을 이용하는 사람들도 늘고 있습니다. 시민들이 직접 투자해서 설립한 재생에너지 시스템, 또는 작은 에너지 기업들이 지방 분산적으로 생태 전기를 공급하는 시스템으로 전기를 공급받는 것입니다. 이렇게 기존의 에너지 대기업 대신 지역의 소규모 에너지 공급 시스템을 이용하는 시민들은 그 이점으로 탈핵, 근교에서 생산된 에너지, 고장의 일자리 창출 등을 꼽습니다. 즉 화석연료나 우라늄을 사용하지 않는 깨끗한 재생에너지를 사용할 수 있고, 근교에서 에너지가 생산되므로 초고압 송전망이 추가로 확보되지 않아도 되며, 새로운 에너지 공급망이 형성됨으로써 일자리가 창출된다는 것입니다.

이렇듯 독일은 정부가 탈핵을 선언하고 에너지 시스템 전환을 위해 다양하게 노력하는 나라이지만, 이 목표를 지지하는 집단과 그렇지 않은 집단 사이의 마찰이 진행 속도를 상당히 늦추고 있는 상황입니다. 독일 국민의 입장에서는 도대체 누가 옳은 말을 하고 있는지, 정부가 정책을 제대로 책정해서 시행하고 있는지, 전기료가 왜 급등하는지, 에너지 시스템 전환의 구체적인 목표가 실현 가능하기는 한지 등등에 대해 제대로 판단하기가 쉽지 않습니다.

이런 상황을 해결하려면 어떻게 해야 할까요? 앞서 언급한 설문조사 결과에서 알 수 있듯 독일 국민들은 전반적으로 에너지 시스템 전환에 관심이 많습니다. 문제는 관련 정보를 충분히 제공받지 못했다고 느끼기 때문에 확신이나 참여 의지가 약하다는 점입니다. 따라서 이들을 상대로 정부 기관 및 협동조합의 적극적인 홍보 활동이 중요합니다.

나아가 에너지 대기업들의 전략에 국민들이 말려들지 않게 사실에 기초한 정보를 적극적으로 전달하고, 구체적인 대안을 마련해야 합니다. 에너지 시스템 전환에 찬성하는 국민이 대다수라는 사실을 늦기 전에 잘 활용해야 한다는 뜻입니다. 그래야만 독일은 2022년 완전 탈핵이라는 목표를 달성하고 2050년까지 최종 에너지 소비량의 60퍼센트를 재생에너지에서 충당할 수 있을 것입니다.

우리나라에서도 에너지 전환의 움직임이 조금씩 일고 있습니다. 화석연료 및 핵에너지를 계속 사용하는 기존의 시스템을 유지한다면 지구온난화 등의 문제는 더 심각해질 것입니다. 이 지구에서 인간이 살아남는 일 자체가 위협받을 수 있습니다. 따라서 탈핵과 재생에너지에 대한 관심은 우리 모두의 미래를 위해 적극적으로 권장돼야 합니다. 비록 독일에서 시행되는 정책이 완벽하다고는 할 수 없지만 에너지 전환을 위한 연구와 활동이 전국적으로 활발하게 진행되는 상황은 매우 환영할 만한 모습입니다. 우리나라도 더 적극적으로 에너지 시스템을 전환하는 시기가 하루빨리 왔으면 좋겠습니다.

오은주　이화여자대학교에서 태양전지를 주제로 한 졸업논문을 썼다. 독일 프라이부르크 대학에서 재생에너지 및 지속 가능성 분야를 공부하고 독일의 송전망 확장과 대중 참여라는 주제로 석사과정을 마쳤다. 사람들이 어떠한 가치관과 사고 방식을 갖고 세상을 살아가는지, 그것이 얼마나 실천으로 연결되고 우리 주변 사람들에게, 다른 나라에, 이 지구에, 앞으로의 자손들에게 영향을 미치는지에 관심이 많다.

'기후전쟁'에 대책 없는
한국 사회

2014년 5월 26일, 세계기상기구는 독일과 아일랜드, 일본, 에스파냐, 아프리카 카보베르데 등지의 북반구 관측소에서 측정된 이산화탄소 농도가 4월 평균인 400피피엠(ppm)을 웃돌았다고 발표했습니다. 기상학자들은 지난 80만 년 동안 이산화탄소 농도가 180~280피피엠 사이를 넘나들었으며, 한 달 평균 농도가 400피피엠을 넘은 경우는 수백만 년 동안 없었다고 보고 있습니다.

미셸 자로(Michel Jarraud) 세계기상기구 사무총장은 "기후변화를 초래하는 온실가스 농도가 지속적으로 상승하는 데 따른 또 하나의 경고신호"라는 성명을 발표하면서 "시간이 없다"라고 강조했습니다. 지구는 우리에게 인류가 지금까지 향유해온 삶의 방식이 지속 가능하지 않다는 점을 계속해서 경고하고 있습니다.

앞서 5월 7일에도 의미 있는 사건이 있었습니다. 미국 백악관에서 버락 오바마(Barack Obama) 대통령은 〈국가기후평가(*National Climate Assessment*)〉 보고서를 발표한 뒤 "기후변화는 미래에 있을 먼 일이 아닙니다. 바로 지금, 우리에게 벌어지고 있는 문제입니다"라고 말했습니다. 미국은 오랫동안 기후변화를 믿지 않는 국가 중 하나였습니다. 이런 미국이 태도를 바꾼 이유는 이례적인 가뭄, 뉴욕을 강타한 태풍 샌디, 뉴올리언스를 휩쓴 허리케인 카트리나 등으로 인해 기후변화의 심각성을 더는 무시할 수 없다고 판단했기 때문입니다. 실제로 캘리포니아에서는 2011년부터 극심한 가뭄이 계속되고 있습니다. 1895년 이후 100년 만에 찾아온 이 가뭄으로 물 부족 사태가 심각해, 일부 도시에서는 손님이 식당에 들어오면 으레 내오던 물도 손님에게 물어본 뒤 제공하도록 제한하고 있을 정도입니다.

백악관은 오바마 대통령이 보고서를 발표한 이날 성명을 통해 "기후변화의 위협에 맞서는 긴급한 조치가 요구된다"라며 "오늘날 미국 시민들을 보호하고, 후손을 위해 지속 가능한 미래를 만들어야 한다"라고 강조했습니다. 기후변화에 대응하기 위한 이른바 '전투태세'에 돌입한 것입니다. 미국의 300명이 넘는 전문가가 참여한 〈국가기후평가〉 보고서에 따르면 기후변화는 현재진행형이며 더욱 악화될 것으로 보입니다. 미국은 이미 잦은 홍수와 산불, 가뭄으로 막대한 물질적·정신적 피해를 감당하고 있습니다. 800쪽이 넘는 분량의 이 보고서는 기후전쟁이 더는 영화에서나 나올 말이 아니라는 점을 증명하고 있습니다.

2004년 미국중앙정보국(CIA)은 "향후 50년간 전쟁이 일어난다면 그것은 기후변화로 야기된 식량과 자원의 부족이 원인일 것"이라고 전망했습니다.

지금 속도로 기후변화가 진행될 경우 2050년의 상황을 예견한 보고서도 있습니다. '기후변화에 관한 정부 간 협의체(IPCC)'가 2007년 발표한 제4차 〈기후변화 평가 보고서〉에 따르면, 한국이 속한 동아시아 지역의 커다란 강들은 유량이 지속적으로 줄어들게 된다고 합니다. 또 잦은 홍수로 해안 지역이 위협을 받게 됩니다. 전 세계는 기후변화로 자원, 주로 식량 부족을 겪을 것이며 홍수와 가뭄으로 수인성 전염병이 돌아 사망률이 높아집니다.

더는 기후변화를 강 건너 불구경하듯 바라볼 수 없다는 이야기입니다. 식량을 비롯한 자원 문제는 인류의 생존과 직결돼 있습니다. 그런 측면에서, 이미 시작된 이 상황은 가히 '기후전쟁'이라 할 만합니다. '기후전쟁'이라는 말은 독일의 사회심리학자 하랄트 벨처(Harald Welzer)가 2010년 펴낸 책 《기후전쟁》에서 처음 언급됐습니다. 이 책은 기후변화가 전 지구적 갈등을 야기할 수 있다고 지적하며, 이는 자연과학적 문제만이 아니라 정치·사회·문화적 문제임을 강조합니다.

초국가적인 기후전쟁의 심각성을 일찍이 깨달은 유럽연합(EU)은 탁월한 지도력을 발휘하고 있습니다. 이산화탄소 배출에 가장 큰 비중을 차지하는 석탄 화력발전소 등의 전력 생산 형태를 바꾸기 위해 구체적 목표를 세우기 시작한 것입니다.

EU 28개국은 2020년까지 최종 에너지 소비의 20퍼센트를 재생에너지로 대체하기로 합의했습니다. 그중에서도 스웨덴은 목표를 49퍼센트로 높여 잡고, 2020년까지 1990년대에 방출한 온실가스 양을 기준으로 20퍼센트 감축 목표를 세우기도 했습니다.

독일은 일조량이 에스파냐 및 미국과 비교해 낮은 환경이지만 정책적 의지와 시민들의 참여에 힘입어 태양광으로 전력을 가장 많이 생산하는 국가로 성장했습니다. 에스파냐는 석유파동(1973~1974년, 1978~1980년의 두 차례에 걸친 석유 공급 부족과 가격 폭등으로 인한 세계적 혼란)을 겪은 뒤 1980년대에 재생에너지를 확대하는 법을 만들었습니다. 그 결과 2009년 세계에서 네 번째로 큰 풍력 설비를 보유한 나라가 됐고, 재생에너지를 핵에너지 다음가는 전력 생산 에너지원으로 성장시켰습니다.

이산화탄소 배출량 세계 7위인 한국은 지금까지 기후전쟁을 앞당기는 데 크게 기여했습니다. 지난 10년 동안 OECD 국가 중 가장 빠르게 이산화탄소 배출량이 증가한 나라이기도 합니다. 이런 노력(?)으로 2012년 한국에는 50년 만에 처음으로 한 해 네 개의 태풍이 상륙했고, 13회에 걸친 홍수예보가 발령됐습니다. 이에 따른 재산 피해는 각각 1조 23억 원, 287억 원에 달했습니다. 2013년에는 이상 열대야로 인한 온열질환자 수가 급증해 14명이 목숨을 잃었습니다.

이렇게 눈에 보이는 피해가 심각한데도, 정부는 앞으로 20년 동안 석탄 화력발전소와 위험한 핵발전소를 늘리겠다는 계획을 공고히 하고 있습니다. 반면 재생에너지에 대한 투자는 2011년 1조 34억 원에서 2014년 8027억 원으로 꾸준히 줄었습니다.

이 모든 정책과 동시에 정부는 "2020년 온실가스 배출 전망치 대비 30퍼센트 감축"이라는 거창한 목표를 국제사회에 약속했습니다. 도대체 어떻게 약속을 지키겠다는 걸까요?

국가는 국민을 보호해야 할 의무가 있습니다. 그 의무를 다하기 위해서는 미래를 내다보는 안목을 갖고 전쟁이나 자연재해 등 재난 상황을 대비해야 합니다. 기후전쟁의 규모와 파괴력, 복구에 드는 자원은 가늠할 수조차 없습니다. 한국 정부는 지금이라도 환경을 파괴하는 화석연료와 위험한 핵에너지의 사용을 줄이고, 재생에너지를 늘려 다가올 기후전쟁에 현명하게 대비해야 할 것입니다.

이현숙　그린피스 동아시아 서울사무소 기후에너지 캠페이너. 2013년 11월 '에너지[혁명] 보고서 버전 1.1' 〈재생 가능 에너지 현실화, 기로에 선 한국〉을 발표한 후 그린피스에서 활동하고 있다. 재생에너지가 한국에 안정적으로 확대될 수 있는 환경을 만들기 위해 노력하고 있으며 기후변화에 적극적으로 대처하기 위한 재생에너지 확대 및 탄소세 부과 정책에 관심이 많다.

9장 탈바꿈 프로젝트! 무엇을 해야 할까?

요즘 날씨 이상해진 것 같지 않니? 더울 땐 폭염 비 올 땐 폭우 장난 아냐

몸살 앓는 지구 달래주기 위해 우리 쿨하게 에너지를 아껴볼까

안 쓰는 플러그들은 뽑고 쓰레기는 분리수거

세수할 땐 물 받아 쓰고 일회용 컵 말고 내 컵을 쓰면 돼

어디 갈 땐 자가용 말고 BMW 타고 나가

버스 전철 걷기 이게 완전 개념 하이 클래스

I love energy You love energy We save energy 우리 지구를 식혀

I love energy You love energy We save energy 우리 모두를 위해

열 받으면 화가 나기 마련이고 지구 화내면 우리 정말 큰일이야

뜨거워진 지구 식혀주기 위해 우리 쿨하게 에너지를 아껴볼까

– 〈Save the energy〉, 정민석 · 한재윤 작사, 한재윤 작곡

학교에서 에너지 절약에 관한 노래를 배웠다.
친구들과 신 나게 노래를 부르다 보니 전기를 아끼는 일이
재밌는 놀이처럼 느껴졌다. 선생님께서 노래를 가르쳐주면서
전기를 아끼면 핵발전소도 없앨 수 있다고 하셨다.
무서운 핵발전소가 다 사라질 때까지 내가 할 수 있는 일은 무엇일까?

탈핵으로 바꾸는 나의 삶,
우리의 꿈

애석하게도 나는 '핵에너지 최후의 날'을 살아서 보지 못하고 먼저 가게 됐습니다만, 최소한 '플루토늄 최후의 날'은 살아서 보고 싶었습니다. 그렇지만 그것도 이제 시간문제일 것입니다. 이미 모든 현실이 우리의 주장이 옳았음을 보여주고 있습니다. 그러나 낙관만 할 수는 없습니다. 이러한 상황 속에서 큰 사고와 부정의가 원자력의 세계를 엄습할 위험성이 남아 있기 때문입니다. 일본 JCO 사고(핵연료를 가공하던 중 사고가 일어나 노동자 세 명이 피폭당하고 이 중 두 명이 사망)부터 러시아 핵잠수함 폭발 사고에 이르는 지난 1년간을 생각할 때, 원자력 시대의 말기 증상에 의한 중대 사고의 위험성과 이러다가는 방사성 폐기물이 허술하게 처리되지 않을까 하는 위구심이 이제 먼저 가는 인간의 마음을 가장 괴롭힙니다. 뒤에 남은 사람들이 역사를 꿰뚫어보는 투철한 지혜와 대담하게 현실에 맞서는 활발한 행동력을 가지고 하루빨리 핵에너지 시대에 종지부를 찍기 바랍니다. 나는 어딘가에서 반드시 여러분의 활동을 지켜보고 있을 것입니다.

영원히 여러분과 함께, 다카기 진자부로
세기말에 즈음해서 새로운 시대를 바라보면서

일본의 대표적인 반핵운동가이자 시민과학자인 다카기 진자부로(高木仁三郎)가 2000년에 세상을 떠나기 전 마지막으로 남긴 유언입니다. 도쿄 대학 화학과를 졸업하고 일본원자력사업주식회사를 거쳐 도쿄 도립대학 조교수로 일하는 평범한 과학자였던 그는 일상을 벗어던지고 반핵운동가가 됐습니다. 민간 원자력자료정보실을 만들어 시민과학자로 평생을 산 이유는 방사능이 얼

연도	탈핵운동
1978	한국 최초 핵발전소 고리 1호기 가동
1987	핵발전소 가동에 따른 어업 피해보상 운동 시작(영광)
1989	국내 최초 핵폐기장 반대운동(영덕)
1989	영광 핵발전소 3, 4호기 건설 반대운동
1989~1991	영덕 및 안면도 핵폐기장 반대운동
1991~1994	전국 6개 후보 지역(강원도 고성·양양, 경북 울진·영일, 전남 장흥, 충남 안면도) 핵폐기장 반대운동
1994~1995	굴업도 핵폐기장 반대운동
1997~2005	울산 신규 핵발전소 반대운동
1991~1998	전국 신규 핵발전소 후보 지역 백지화 운동
2003~2004	부안 핵폐기장 반대운동
2005	경주 핵폐기장 부지 선정(4개 후보 지역 주민투표, 3000억 원+알파 지원, 한수원 본사 이전)
2005	경주 핵폐기장 부지 선정 이후 반핵운동 급격히 약화

표 9-1

후쿠시마 핵발전소 사고 이전 우리나라 주요 탈핵운동 약사

출처: 김혜정, 2012.

마나 위험한지, 죽음의 재(핵폐기물)를 끊임없이 만들어내는 핵발전이 우리의 삶과 미래에 얼마나 끔찍한 존재인지를 느꼈기 때문입니다. 2000년, 62세로 삶을 마감한 다카기 진자부로는 투철한 지혜와 대담함, 활발한 행동력으로 하루빨리 원자력 시대에 종지부를 찍어줄 것을 마지막 유언으로 남겼습니다. 그리고 이후 고이데 히로아키(小出裕章), 히로세 다카시(広瀬隆)와 같은 대표적인 반핵운동가와 지역의 주민들, 시민단체에서 반핵운동을 이어왔지만 일본 정부는 핵발전 정책을 고수했습니다. 우리나라도 마찬가지입니다. 후쿠시마 사고 이전부터 정부의 정책에 문제 제기를 해온 반핵운동 진영이 있지만 여전히 정부는 핵발전 정책을 고수하고 있습니다. 그렇다면 우리나라의 탈핵운동은 어떻게 이어져왔을까요?

후쿠시마 사고 이전 우리나라의 반핵운동은 대부분 핵폐기장 반대운동이었습니다. 1989년 정부는 경북 영덕군 남정면, 영일군 송나면, 울진군 기성면(순서대로 1, 2, 3순위) 등 동해안 세 개 지역을 핵폐기장 후보지로 지정했으나, 최초의 핵폐기장 반대운동이 영덕 지역을 중심으로 강력하게 전개되면서 전면 백지화됐습니다. 이후 안면도, 굴업도, 부안으로 이어지는 핵폐기장 반대운동도 주민들의 적극적인 참여로 모두 성공했습니다. 특히 부안 핵폐기장 반대운동은 등교 거부, 부안군민 1만여 명 이상이 모이는 대규모 집회로 이어져 초등학생, 할머니, 노동자, 농민 등 다양한 주체들이 참여하는 반핵운동의 성격을 띠었습니다.

이렇게 핵폐기장 반대운동을 중심으로 이어지던 반핵운동은 2005년 경주 핵폐기장 부지 선정이 최종 결정되면서 점차 약화됐습니다. 그리고 이 잦아들던 반핵의 불씨를 다시 지핀 것이 바로 후쿠시마 사고였습니다. 2011년 3월 11일 이후 세계 반핵운동은 탈핵운동으로 이어지고 있습니다. 단순히 핵발전소 건설을 반대하는 것이 아니라 기존 핵에너지의 전환, 노동의 전환, 삶의 전환을 이야기하기 시작한 겁니다. 특히 독일의 탈핵 선언은 핵발전 중심에서 새로운 에너지로의 전환 가능성을 보여주는 역사적 사건입니다. 그동안 한국의 반핵운동은 핵폐기장 및 핵발전소 지역의 주민 또는 환경운동 단체 중심이었습니다. 지역에 국한된 문제가 아님에도 사회 전반의 문제로 확장되기에는 한계가 있었던 반핵운동이, 이제 전환과 대안을 이야기하는 탈핵운동으로 이어지고 있습니다. 탈핵운동의 주체와 영역, 주제와 내용이 더 많이 확장되고 있습니다. 핵에너지는 안전하고 경제적이고 친환경적이라는 핵발전 찬양 구호에 익숙해 있던 시민들이 후쿠시마 사고 이후 변화하기 시작했습니다. 그 변화의 키워드는 크게 넷으로 나눌 수 있습니다.

첫째, 변화의 중심에는 엄마들이 있습니다. 관심의 시작은 방사능 먹거리에 대한 두려움이었지만 이들은 방사능이나 핵발전에 대해 공부하고 나아가 '방사능 안전 급식 조례 만들기'와 같이 정책 수립 과정에도 적극적으로 참여하기 시작했습니다. 사회문제에 대해서는 다소 소극적이었던 엄마들이 탈핵운동을 만들어가는 주체가 되었습니다.

둘째 변화는 녹색정치를 하는 녹색당의 창당입니다. 녹색당은 2012년 창당 이후 두 번의 선거(2012년 총선거, 2014년 지방선거)에 탈핵 후보들을 내면서 탈핵과 에너지 전환 정책을 적극적으로 제시하고 있습니다.

셋째 변화는 교육입니다. 아마 후쿠시마 사고 이전에는 핵발전의 위험에 대해 교육받은 청소년들이 거의 없었을 것입니다. 교사들이 이 문제에 관심이 없기도 했고 입시 위주, 경쟁 위주의 교육 현실에서 핵발전이니 방사능이니 하는 주제는 별로 중요하지 않았을 겁니다. 하지만 후쿠시마 이후 이 사회에서 정말 가르쳐야 하는 것이 무엇인지 고민하는 교사들이 생겨나기 시작했고 전국에 몇 안 되는 환경교사들과 대안학교 교사들이 아이들과 탈핵 수업을 하기 시작했습니다. 학생들이 태양광 패널을 직접 만들어보고 탈핵집회에 참여도 하면서, 글로 배우는 탈핵이 아니라 실천하고 경험하는 탈핵 교육이 확산되고 있습니다.

넷째는 기존 반핵운동 진영의 변화입니다. 후쿠시마 사고 이후 매년 3월 11일 즈음 열리는 탈핵집회에는 다른 집회와 달리 가족 단위 참가자들이 많습니다. 또 집회 장소에서 자전거 발전기를 이용해 솜사탕 만들기, 태양광 패널로 휴대전화 충전하기, 탈핵 북페어 등을 체험할 수 있고, 신 나는 타악기 연주에 맞춰 행진하면서 집회가 마무리됩니다. 그간의 반핵운동이 시민들과 공감하지 못한 이유는 핵발전 문제가 우리 모두의 문제라는 사실을 더 쉬운 언어로 표현하지 못했기 때문일 수도 있습니다. 탈핵집회의 축제화는 즐겁고 재미나게 탈핵운동을 확산시키는 새로운 문화를 만들고 있습니다.

또 환경운동 단체와 지역 운동 단체를 중심으로 이어져오던 탈핵운동이 여성, 청소년, 인권, 교육, 정보공개, 풀뿌리민주주의, 반부패, 종교, 노동의 영역으로 확장되고 있습니다. 핵발전 중심 정책은 환경을 넘어 사회 전반의 문제와 연결돼 있기 때문입니다. 사용후핵연료 등 핵폐기물의 문제는 미래 세대에도 이어질 문제이고 방사능에 오염된 식품을 걱정하는 주부들의 문제이며 핵발전소에서 일하는 노동자의 문제이기도 합니다. 그래서 우리 모두의 삶에서 탈핵은 배제될 수 없는 주제입니다.

후쿠시마 이후로 우리는 분명 많은 변화를 느끼고 경험하고 있습니다. 삶의 가치와 전환에 대해 다시 한 번 생각하게 한 이 문명사적인 사건 앞에서 어느 사회학자는 20세기 이후 인류의 역사는 후쿠시마 이전과 이후로 나눌 수 있다고 말하기도 했습니다. 누구는 우리나라에서는 결코 후쿠시마와 같은 중대 사고가 발생하지 않을 것이라고 합니다. 만약 그렇더라도 그것은 운이 좋았기 때문일지 모릅니다. 체르노빌과 후쿠시마를 통해 우리는 더 이상 핵발전의 안전 신화를 믿을 수 없게 됐고 세계 핵발전 산업은 이미 사양길을 걷고 있습니다. 탈핵운동도 그런 의미에서 반대가 아닌 전환을 이야기하는 것으로 시즌 2가 시작됐다고 할 수 있습니다. 핵발전 중심주의에서 벗어나 생태적 가치로 전환하기 위해, 인간 중심의 물질만능주의에서 벗어나 생명 중심의 공존 사회로 전환하기 위해, 탈핵운동 시즌 2가 이어집니다. 우리는 이 가치의 전환을 위해서 탈핵을 결심하고 실천해야 합니다.

강언주   투명사회를 위한 정보공개센터 활동가. 2009년부터 시민의 알 권리와 사회의 투명성을 위해 정보공개 운동을 해왔다. 후쿠시마 사고 발생 이후 핵발전과 방사능에 관련한 정보의 아카이빙과 공유를 위한 활동을 하고 있다. 온라인 아카이빙 공간 방사능와치(nukeknock.net)를 개설, 운영해오고 있으며 공공기관을 비롯한 찬핵 기관을 정보공개 청구로 괴롭히고 있다. 핵 없는 세상을 위해 기본적으로 정보가 투명하게 공개되어야 하고 더 많은 시민이 이해하기 쉽게 공유해야 한다고 생각한다. 녹색당 탈핵특별위원회 위원으로도 활동 중이다.

탈바꿈!
나부터 실천해요

불 켜진 방 침대에 멍하니 누워 형광등을 바라본 석 있으세요? 이 형광등이 켜지기까지 전기가 어떤 길을 달려왔는지 상상해본 적 있으신가요? 음, 저는 생각해보지 않았습니다. 전기가 어떻게 만들어지는지, 어디에서 왔는지 관심이 없었거든요. 그냥 스위치를 켜거나 콘센트에 플러그를 꽂으면 이 집 안에 들어 있는 전기에 연결된다고 생각했습니다. 지금 돌이켜보면 재미있는 상상이지만 그 정도로 전기에 대해 관심이 없었습니다.

그러다가 성미산학교를 다니면서 수업 시간에 기후변화나 핵발전소에 대해 배우게 됐습니다. 우리가 쓰는 전기 중 상당량이 핵발전소에서 만들어지고, 그 핵발전소는 가뭄, 태풍, 이상 고온 등 기후변화의 주범이란 걸 알게 됐습니다. 그뿐만이 아니었습니다. 체르노빌 사고를 공부하면서 알게 된 핵발전의 위험성은 정말 무시무시했습니다. 그래서 '두 번 다시 이런 일은 없어야 하는데!' 생각하던 찰나에 후쿠시마 사고 소식이 들려왔습니다. 그야말로 대혼란이었습니다. 폭발이 일어나 어마어마한 양의 방사능이 누출됐다는데, 텔레비전으로 사고 장면을 보면서 눈에 보이지 않는 방사능의 공포를 처음 실감할 수 있었습니다.

핵발전소 폭발 사고로 그 주변은 온통 방사능에 오염되어 사람도 동물도 살 수 없는 죽음의 땅으로 변해버렸습니다. 체르노빌 사고 지역에 아직도 사람이 들어가지 못하는 것처럼 아마도 우린 죽을 때까지 그 땅을 밟을 수 없을 겁니다. 그때부터였던 것 같습니다. 핵발전을 멈춰야 하지 않겠느냐고 생각한 건.

그런데 저는 이런 모습을 보았음에도, 우리나라에 핵발전소가 없으면 전기가 부족하지 않을까 하는 고민이 생겼습니다. 밀양의 송전탑도 우리가 부족함 없이 전기를 사용하려면 어쩔 수 없는 일이라고 생각하기도 했습니다. 전기가 부족하면 어쩌나? 냉장고는? 휴대전화 충전기는? 텔레비전은? 하며 핵발전은 필요악일지 모른다고 생각했습니다. 하지만 그 생각은 오래가지 않았습니다. 방송에서도 학교에서도 전기가 부족하다고 하는데, 사실 핵발전소를 짓는 이유는 전기가 모자라서가 아니라는 이야기를 들었기 때문입니다. 핵발전소 수출을 위해 짓는다는 말도 들려왔습니다. 게다가 신고리 핵발전소 3, 4호기 같은 경우는 가뜩이나 낡아서 조심해야 하는데 불량 부품을 사용하고 그 과정에서 비리까지 저질렀다니 기가 막혔습니다. 수출을 목적으로 하는 나라라면, 기술력이라도 좋아야 하는 것 아닐까요? 그런데 가장 중요하게 지켜야 할 안전을 이렇게 허술하게 관리하다니 이해하기 어렵습니다.

또 핵발전소를 가동하면 핵쓰레기들이 나오는데, 방사능 수치와 열이 너무너무 높아서 사람이 마주 볼 경우 즉사할 수도 있다고 합니다. 게다가 방사능이 완전히 사라지기까지 걸리는 시간이 최소 10만 년이라니 상상이 가질 않습니다. 저는 참치김밥과 참치 김치찌개를 좋아하는데, 후쿠시마 사고 이후로는 방사능 때문에 참치를 먹으면 위험하다고 해서 식당의 메뉴판을 볼 때마다 한참 고민을 합니다. 눈 딱 감고 먹을 때도 있지만 꺼림칙한 기분은 어쩔 수 없습니다. 또 물건을 살 때도 어디서 만들어졌는지 꼭 확인하고 삽니다. 일본 여행을 가고 싶었지만, 사고 이후론 전혀 생각해보지 않았습니다.

이렇게 좋아하는 것들이 하나둘씩 위험해지고 가까이할 수 없게 된다는 생각에 무섭기도 했습니다. 파괴되어가는 생태계도, 아무 죄 없이 아파하는 생명들도, 무엇보다 이 아픔이 10만 년 넘게 계속된다는 사실도 너무 슬픈 일입니다. 돈을 위해, 전기를 위해 핵발전소를 짓는 일은 그만두어야 한다고 생각합니다.

　그래서 저는 탈핵운동에 참여해 거리로 나섰습니다. 서명도 받고 일인시위도 하고 집회와 촛불문화제에도 참석해 탈핵을 외쳤습니다. 그래도 핵발전소를 줄이기는커녕 늘릴 계획이라는 소식에 무력감에 빠지기도 했습니다. 게다가 사람들은 더 이상 핵발전소가 안전하다고 생각하지는 않지만, 그러면 전기는 어떻게 만드느냐고 되묻곤 합니다. 우리나라에서 사용하는 전기 중 핵발전소에서 만들어지는 양이 약 3분의 1인데 이 많은 전기를 다른 방법으로 어떻게 만드느냐고 말입니다. 그런데 말이죠, 우린 꼭 지금만큼 전기를 써야 하는 걸까요?

　길거리의 불빛들과 빵빵한 에어컨들…… 밤낮이 따로 없는 이 도시에 꼭 이만큼의 전기를 사용해야 할까요? 그리고 사실 주택용보다 산업용, 기업용 전기 소비량이 더 많은데 이 산업용 전기야말로 낭비되고 있지 않을까요? 쓸데없는 전기 소비를 줄이면서, 핵발전이 아닌 다른 방법으로 전기를 만들 수 있습니다. 이산화탄소를 내뿜는 화력발전과 생태계를 파괴하는 핵발전 말고, 바람과 태양으로 전기를 만들면 위험하지도 않고 환경도 지킬 수 있습니다. 이런 재생에너지는 대규모 발전소가 필요하지 않기 때문에 각 지역마다 만들면 송전탑이 없어도 됩니다. 우리 집 지붕에 직접 태양광 패널을 부착해서 전기를 만들 수도 있습니다. 이렇게 된다면 밀양 송전탑을 둘러싼 비극도 일어나지 않을 것입니다.

　그런데 이런 이야기를 비웃으면서 핵발전소를 짓도록 뒤에서 움직이는 이들이 있다고 합니다. 바로 '핵마피아'들입니다. 그들은 더 많은 핵발전소를 짓고 수출해 돈을 버는 사람들입니다. 마피아 게임을 해본 사람은 알겠지만, 마피아들은 꼭꼭 숨어 있고 빠르게 움직이잖아요? 그들도 그렇습니다. 그들이 누구고 어떤 일을 하는지 궁금해하던 차에 저는 〈핵마피아〉라는 다큐멘터리 영화에 참여하게 됐습니다. 영화에서 저를 비롯한 탐정들은 직접 핵마피아를 만나려는 시도와 함께 탈핵 퍼포먼스를 하기도 하고 다 같이 핵마피아에 대해 공부도 합니다. 또 밀양과 청도의 송전탑 현장을 왔다 갔다 하면서 할매들, 활동가들의 이야기를 듣고 한국전력이 어떤 방식으로 공사를 강행하는지를 보며 분노하기도 합니다. 사람보다 전기, 혹은 사람보다 돈을 중시한다는 사실을 확실히 보여주는 현장입니다. 사람이 사는 집 앞, 그리고 논에 수십만 볼트의 송전탑들이 들어서는 중이고, 이 말도 안 되는 공사를 위해 많은 경찰이 현장에 함께하고 있습니다. 우리는 살고 싶다! 밀양 할매, 할배들이 외치는 이 말이 가장 중요한 이야기이지 않을까요?

가끔 고리 핵발전소에서 큰 사고가 나는 상상을 합니다. 우리나라는 작기 때문에 어디서 사고가 나더라도 모두 위험해질 수 있습니다. 누가 언제 어떻게 될지 모르는 상황에 어떻게 안전감을 느끼고 살 수 있을까요? 저는 지금 이 시간에도 어떤 사고들이 일어날지도 모른다는 불안 속에 살고 있는데, 수명 연장을 하는 핵발전소가 많아질수록, 새로운 핵발전소를 더 지을수록, 핵쓰레기가 더 많이 쌓여갈수록 더 큰 불안을 느끼게 될 겁니다.

지금 핵발전에 대한 모든 결정권을 쥔 사람들은 어른들이고, 청소년들은 결정권도 발언권도 없고 의견을 낼 수도 없습니다. 분명 우리가 더 많은 시간을 살아갈 것이고 더 많은 시간을 핵발전소, 핵쓰레기와 함께 보내야 하는데도 말입니다. 게다가 우리는 '우리 아이들', '미래 세대 청소년' 같은 말들 덕분에 미래 세대가 됐어요. 우리도 2014년, 지금 세대를 같이 살고 있는 사람인데 말입니다. 그래서 우리(청소년)의 목소리가 더 커져야 한다고 생각합니다. 지금 이 시대를 같이 살아가는 사람으로서 핵발전소에 대해 이야기해야 하고, 함께 결정해야 한다고 생각합니다. 청소년인 저부터 가만히 있지 않겠습니다. 한 명 한 명의 작은 변화와 실천이 탈핵 시대를 조금 씩 앞당기리라고 믿습니다. 이 책을 읽는 여러분도 함께 동참해주시길 부탁드립니다.

공혜원　성미산학교 12학년에 재학 중이다. 녹색연합 에너지기후국에서 인턴으로 일하고 있으며 '청소년 참여 사용후 핵연료 공론화 사업단'에 참가하고 있다. 주로 밀양 송전탑 관련 활동을 했으며 노후 핵발전소 폐쇄, 핵쓰레기 등에 대한 공부와 활동 들을 하고 있다. 에너지와 공동체를 위한 적정기술, 에너지 자립 마을 등에 관심이 많다. 컴퓨터 앞에 앉아 있 기보다 현장에서 활동하거나 몸을 움직이고 손을 움직이는 활동들을 더 좋아한다.

착한 에너지로 가득한
세상을 위하여

우리가 일상생활에서 사용하는 에너지의 대부분은 스위치 한 번으로 켜고 끄는 전기입니다. 그런 전기의 60퍼센트 이상을 석탄, 석유 및 천연가스를 이용한 화력발전에서 얻고 30퍼센트 이상은 핵에너지에서 얻습니다. 재생에너지의 비율은 2퍼센트 미만에 불과합니다.

우리는 음식을 먹을 때면 재료나 영양 성분을 확인하고 먹지만, 전기가 어떻게 만들어지고 공급되는지 의문을 품고 따져보는 사람은 거의 없습니다. 그런데 우리가 전기를 소비하는 과정이 다른 사람의 생명을 위협하는 과정이 될 수도 있습니다. 기존의 화력발전과 핵발전은 전기를 생산하는 과정에서 온실가스 배출 등 많은 부작용을 낳을 뿐 아니라, 우리에게 전달되는 과정 또한 안전하거나 평화롭게 진행되지 않습니다. 전국 여기저기 세워진 대형 발전소들에서 우리에게 전기를 보내려면 초고압 송전탑이 필요한데 송전탑은 해당 지역 주민들의 삶의 터전과 생명을 위협하는 위험 시설입니다. 밀양이나 청도의 주민들이 수년째 벌이고 있는 송전탑 반대운동도 결국 우리가 전기를 소비하기 위한 과정에 원인이 있다고 할 수 있습니다.

이런 문제를 해결하려면 어떻게 해야 할까요? 대형 발전소들이 보내주는 전기 소비를 줄이기 위한 실천과 함께 태양, 바람, 물과 같은 착한 에너지의 사용을 늘려갈 방법을 논의해야 합니다. 실제로 서울시에서는 '원전하나 줄이기'를 선언하고 함께 에너지를 절약하고 있습니다.

교사인 저 역시 학생들과 함께 몇 가지 약속을 하고 자원과 에너지 절약을 실천하고 있습니다. 빈 교실의 전등과 에어컨 끄기, 다른 일을 할 때는 텔레비전이나 컴퓨터 끄기, 잘 때는 휴대전화 충전도 쉬기와 같은 실천을 하고 있습니다. 또 대기전력 10퍼센트 절약을 목표로 쓰지 않는 플러그를 늘 뽑아두려고 신경 씁니다. 교사인 저와 학생들이 학교에서 생활하는 시간은 하루 중

8시간입니다. 나머지 시간인 저녁부터 다음 날 아침, 주말, 방학에도 교실에 플러그가 꽂혀 있다고 생각해보세요. 얼마나 많은 전기가 버려지고 있을까요? 교실 천장에 꼭꼭 숨겨진 에어컨의 플러그를 찾아내는 재미를 여러분도 경험해보면 좋겠습니다.

물을 절약하면 물 생산과 관리에 필요한 에너지를 줄일 수 있습니다. 물도 결국 전기를 이용해 펌프를 돌려 각 가정으로 보내지기 때문입니다. 물을 절약하는 방법은 다양합니다. 변기 수조에 물을 채운 페트병을 넣으면 25퍼센트가량의 절수 효과가 있고, 양치컵을 사용하거나 씻을 때 물을 받아서 쓰는 일도 일상에서 쉽게 실천할 수 있는 방법입니다.

자원 절약도 마찬가지 효과가 있습니다. 이면지로 공책을 만들거나 작아서 맞지 않는 교복, 다 읽은 책은 친구들과 나눕니다. 폐건전지, 기한 지난 의약품, 쓰지 않는 휴대전화나 안경을 관공서에 보내고 받은 금액을 환경단체에 후원할 수도 있습니다. 폐휴대전화 한 대를 우체국이나 주민센터에 보내면 5000원을 지급해줍니다. 이 돈으로 전 세계의 굶주리는 아이들과 병들어 치료받지 못하는 아이들에게 후원하는 일은 청소년들도 얼마든지 실천할 수 있습니다.

우리는 대부분 아프면 병원에 갈 수 있고 배고프면 맛있는 음식을 먹을 수 있습니다. 먹다가 음식을 남기기도 하고요. 그렇게 1년 동안 버려지는 음식을 돈으로 환산하면 무려 20조 원이라고 합니다. 식사할 때 적당한 양을 덜어 먹으면서 음식 남기지 않기를 실천하면 환경과 건강을 함께 지킬 수 있습니다. 지역 주민들에게 '빈그릇 운동' 동참을 요청하고 버려지는 쌀뜨물로 수질 정화 효과가 있는 EM(유용미생물) 배양액을 만들어 주민들에게 나누어 줄 수도 있습니다. 더운 여름날에는 사람이 많은 곳에서 신 나는 음악과 춤으로 에너지 절약 캠페인을 할 수도 있습니다.

내가 아는 환경 지식을 주변에 소리 내어 알리는 역할도 필요합니다. 혼자 하는 절약은 외롭지만 함께하는 절약은 기분 좋게 할 수 있습니다. 모든 절약은 결국 전기를 아끼는 데 일조하게 되고, 그러다 보면 발전소 하나를 줄이는 효과를 얻을 수 있습니다. 놀랍지 않나요?

어떻게 실천해야 하는지 상상이 잘 안 된다면, 숭문중학교 학생들이 2013년 한 해 동안 펼친 활동을 소개해보겠습니다. 시간과 마음만 있다면 누구나 쉽게 할 수 있는 일들입니다. 우리 학교의 활동은 학교 내 자원과 에너지 절약 프로젝트를 기본으로 합니다. 급식실의 쌀뜨물로 EM 배양액을 만들어 마포치매지원센터에 후원했고, 이면지로 공책을 만들고, 폐건전지, 폐휴대전화, 기한 지난 의약품을 모아 주민센터와 약국에 보내는 활동도 했습니다. 폐휴대전화로 발생한 수익금은 국제 구호단체인 기아대책의 아프리카 식수 사업에 후원하고 밀양송전탑 주민대책위원회에도 보냈습니다.

모든 교실에는 대기전력 차단을 위해 절전탭을 설치했고, 학생들이 요일별로 돌아가며 쓰지 않는 플러그 뽑기를 실천했습니다. 에어컨 설정 온도 높이기도 한마음으로 실천했습니다. 그렇게 열심히 한 결과 전년도 대비 2012년에는 6.35퍼센트, 2013년에는 13.69퍼센트의 전력 사용량 감소라는 성과를 얻었습니다. 여름철에는 20퍼센트 이상의 절약을 실천하는 서울시 '원전하나 줄이기'를 위한 변화에 동참했습니다. 숭문중학교 환경 교실에서는 태양광에서 얻은 전기로 수업을 하고, 태양열 조리기로 음식을 만들어 먹습니다. 더운 여름에는 자전거 발전기로 팥빙수를 만들어 먹기도 합니다. 휴대전화 충전도 가능합니다. 학생들은 우리가 직접 만든 착한 에너지로 생활하는 것은 예전에는 상상도 못 했던 일이라며 신기해합니다.

또한 시민 홍보를 위한 노래 〈Save the energy〉를 만들고, 플래시몹(특정 장소에 군중이 모여 춤 등의 퍼포먼스를 하고 흩어지는 행위) 활동을 진행했는데, 이는 서울, 인천, 청주에서의 자연에너지 캠페인으로 확대됐습니다. 이 노래와 춤 영상은 유튜브에서도 볼 수 있습니다(omn.kr/a97a).

지역 아동시설에 매달 찾아가는 에너지 교육 봉사(마포구 망원공부방, 서대문구 충현공부방, 성동구 청소년문화의집)를 시작으로 경기도 판교생태학습원 어린이 생태 체험 프로그램의 청소년 강사로도 활동했으며, 나아가 교원 직무연수의 강사로도 초빙되어 청소년들이 교육을 진행하기도 했습니다. 또래들이나 교사들과 함께 핵에너지 없는 세상을 위한 실천에 대해 이야기하는 우리 학생들을 보고 있으면, 그들은 이미 착한 에너지의 천사들이라는 생각이 듭니다.

숭문중학교 학생들을 비롯한 한국환경교사모임의 에너지 천사 2000여 명은 2013년과 2014년 3월의 지구촌 전등끄기 캠페인에 참가해 서울시청, 청계천, 광화문 광장에서 〈강남스타일〉과 〈젠틀맨〉 노래가 나오면 반짝하고 나타나 춤을 추고 사라지는 플래시몹을 선보였습니다. 이는 CNN과 AP통신 등에서도 놀라운 한국 청소년의 캠페인으로 조명을 받았습니다. 이날 학생들이 에너지 절약에 대한 시민 서명을 무려 15만 명에게 받았다니 놀랍지 않은가요? 그리고 이 캠페인으로 서울시에서 한 시간 동안 절약한 전기요금은 23억 원이나 됐답니다. 2013년 5월 서울시는 1년에 한 번이 아닌 매달 22일 행복한 전등끄기 캠페인을 펼친다고 발표했고, 구마다 자체적으로 시행 중입니다.

학생들은 핵발전소 없는 세상과 태양의 나라(태양열 등 재생에너지를 활용하는 나라)를 이야기하는 전문가들을 만나 배움을 얻기도 했습니다. 박원순 서울시장, 박수택 SBS 기자, 곽노현 전 서울시교육감, 이미경 환경재단 사무총장 등과 인터뷰를 진행하며 학생들은 탈핵이라는 과제의 심각성을 깨달았습니다. 학생들이 만난 전문가들의 공통점은 지속 가능한 미래를 먼저 준비하고 있다는 것입니다. 이 인터뷰 작업은 더 발전하여 한국환경교사모임과 전국의 학생들 175명이 직업전문가 50인을 만난 이야기를 엮어 《그린멘토, 미래의 나를 만나다》로 출간했습니다.

우리가 펼친 여러 캠페인을 통해 많은 사람이 탈핵에 관심을 보이는 듯해서 기쁩니다. 탈핵을 위한 실천은 아주 사소한 일부터 시작할 수 있습니다. 내가 무엇을 할 수 있는지 생각해보는 변화가 필요합니다. 그리고 주변에 알려야 합니다. 혼자가 아닌 우리가 함께해야 합니다.

신경준　　한국환경교사모임 공동대표. 서울 숭문중학교에서 환경과 기술을 가르치는 9년 차 교사다. 환경 교육 단체인 초록교육연대를 거쳐 현재 태양의 학교 교육국장, 생명다양성재단 운영위원으로 활동 중이다. 착한 에너지에 관심이 많아 2013년에는 중학교 기술 교과서의 대체에너지 관련 내용을 분석한 논문을 발표했고, 핵에너지에 관한 잘못된 설명을 수정하는 결과를 이끌어냈다. 환경재단에서 선정한 '2013년 세상을 밝게 만든 사람들' 중 한 명으로 뽑혔다.

더 공부하기

 📺 동영상

핵발전이 경제적인가?

"전기 30퍼센트를 아끼면
핵발전소를 닫을 수 있다는 얘기 아니겠습니까?
희망을 가져봤으면 좋겠습니다."

omn.kr/a9pb
Plan-Bee | 2분 | 2013

김익중 교수 인터뷰 영상. 전기 사용량을 줄이고 핵에너지 대신 태양력, 풍력 등의 재생에너지로 전환한다면 탈핵은 가능하다고 말한다. 프로덕션 플랜비(Plan-Bee)에서 '탈핵하는 그날까지 무엇이든 물어보세요'라는 제목으로 제작한 '작은 영상 시리즈' 중 하나다.

행복한 불편

"제도가 도입될 때마다 불편함이 늘어난 것은 사실이지만, 나아진 환경은 계속해서
우리 곁에 있다는 공감대가 형성돼 있습니다."

omn.kr/a9qf
EBS | 5분 | 2013

탈핵 선언 국가 독일의 에너지 정책을 다룬 EBS 〈지식채널 ⓔ〉 방송. 세계 4위의 핵발전 강국이었던 독일은 2010년 9월 단계적인 탈핵을 선언했고 태양과 바람을 새로운 에너지원으로 선택했다. 이들이 비싼 비용과 추가 세금을 부담하면서까지 탈핵을 실천하는 이유가 무엇인지 들어보자.

에너지와 핵발전소

"복도나 공간 들이 매우 밝았고 각 방에는 많은 플러그들이 있었다.
무감각하게 지나치던 것들이 눈에 들어오기 시작했다."

omn.kr/a9r6
하자작업장학교 장영훈
2분 | 2013

하자작업장학교 영상팀 학생들이 제작한 에너지 절약 캠페인 영상. 집 안의 물건들이 의인화되어 전기에 대해 말하는 내용이다. '전기흡혈귀'라고 불리는 대기전력이 얼마나 낭비되고 있는지, 탈핵을 가능하게 하기 위해서 어떤 실천들을 해야 하는지 소개한다.

후쿠시마, 우리의 삶, 녹색정치

"핵발전에 대해서도 불편한 진실들이 많습니다.
이런 사실을 외면하지 않고 행동에 나설 때,
우리는 더 행복해질 수 있습니다."

omn.kr/a9qi
CBS TV | 16분 | 2011

녹색정치인이자 시민활동가인 하승수 변호사가 CBS TV 〈세상을 바꾸는 시간, 15분〉에 출연해 '후쿠시마, 우리의 삶, 녹색정치'라는 주제로
강연한 영상. 후쿠시마 이후 우리의 삶이 어떻게 전환되어야 하는지, 탈핵은 왜 중요하고 어떻게 해야 가능한지 이야기한다.

 책

원자력 신화로부터의 해방
다카기 진자부로 지음, 김원식 옮김 | 녹색평론사 | 2011

저자인 다카기 진자부로는 2000년에 생을 마감하기 전까지 평생 반핵운동을 해온 시민과학자다. 민간 원자력자료정
보실을 만들어 시민에게 정보를 제공하는 역할을 해온 그는 2000년에 출판된 이 책에서 이미 후쿠시마 핵발전소의
위험에 대해 이야기하고 있다. 핵에너지가 왜 위험한지, 왜 대안에너지가 될 수 없는지, 핵발전 위주의 에너지 정책들
이 만드는 신화가 왜 허구인지를 자세히 설명한다. 2000년에 초판이 나오고 10년 뒤 개정판이 출간됐다.

착한 에너지 나쁜 에너지 다른 에너지: 석유부터 탈핵까지, 지금 에너지에 관해 알아야 할 모든 것
에너지기후정책연구소 | 이매진 | 2014

에너지·기후 분야의 진보적 싱크탱크 역할을 하고 있는 에너지기후정책연구소에서 특강 형식으로 발간한 책.
석유와 핵에너지 중심인 기존 시스템의 문제를 살펴보고 에너지와 사회, 정치, 경제, 복지의 관계를 설명함으로
써 정의롭고 지속 가능한 탈핵과 에너지 전환의 시나리오를 제시한다.

탈핵 | 에너지기후정책연구소 | 이매진 | 2011
원자력이 아니면 촛불을 켜야 할까? | 장바티스트 드 파나피외 지음, 배형은 옮김 | 내인생의책 | 2014
기후변화의 유혹, 원자력 | 오수길 외 | 도요새 | 2011
아톰의 시대에서 코난의 시대로 | 강양구 | 사이언스북스 | 2011
10대와 통하는 탈핵 이야기 | 최열 외 | 철수와영희 | 2014

나쁜 에너지 기행 | 에너지기후정책연구소 | 이매진 | 2013

잘가라, 원자력 | 염광희 | 한울아카데미 | 2012

3·11 이후를 살아갈 어린 벗들에게 | 다쿠키 요시미쓰 지음, 윤수정 옮김 | 돌베개 | 2014

왜 원전을 폐기해야 하는가 | 게르트 로젠크란츠 지음, 박진희 외 옮김 | 시금치 | 2011

폐쇄하라! | 캠팩트 지음, 김하락 옮김 | 한얼미디어 | 2012

무지개 욕심 괴물 | 김규정 | 철수와영희 | 2014

행복하려면, 녹색 | 하승수 외 | 이매진 | 2014

그린 멘토, 미래의 나를 만나다 | 한국환경교사모임 외 | 뜨인돌 | 2014

초록발광 | 에너지기후정책연구소 엮음 | 이매진 | 2013

원전 없는 미래로 | 이이다 데쓰나리 지음, 한승동 외 옮김 | 도요새 | 2012

 기사

원자력 · 석탄화력 '값싼 전원' 아니다 | 이투뉴스 | 2013. 11. 4. | omn.kr/a9ue

독일 원전제로 선언도, 재생에너지 확대도 '시민이 해냈다' | 한겨레 | 2013. 12. 10. | omn.kr/a9uf

대체에너지 · 폐로 인력 양성 독일, 14년 전부터 철저 준비 | 경향 비즈앤라이프 | 2014. 8. 5. | omn.kr/actk

독일, 여성의 힘으로 탈핵 선언 이끌었다 | 오마이뉴스 | 2012. 3. 14. | omn.kr/actl

독일이 원전을 버릴 수 있었던 비결 | 시사IN | 2011. 6. 16. | omn.kr/acue

'2022년 원전 완전 폐쇄' 선언한 독일의 고민 | 시사IN | 2011. 6. 16. | omn.kr/acuf

부록
탈핵 용어사전

감마선 ▶ 123

암반이나 토양에 있는 방사성 물질에서 방출되는 방사선. 투과력이 매우 높아 콘크리트 벽 등을 통과하기 때문에 납과 같은 중금속으로만 막을 수 있다.

경수로 ▶ 70

핵발전소의 원자로는 쓰이는 감속재(중성자의 속도를 느리게 하는 물질)의 종류에 따라 크게 중수로와 경수로로 나뉜다. 경수로형 원자로는 저농축우라늄을 연료로 사용하며(중수로의 경우 천연우라늄이 원료) 냉각재와 감속재는 물(H$_2$O)을 사용한다(중수로의 경우 감속재로 중수를 사용하는데, 중수는 일반 물과 달리 수소에 중성자가 한 개 더 있는 구조로 무게가 경수보다 무겁다). 전 세계에서 가동 중인 핵발전소의 80퍼센트가 경수로형이고, 우리나라는 월성원자력발전소를 제외한 모든 핵발전소가 경수로형이다.

고리 핵발전소 ▶ 41, 49, 56

부산광역시 기장군 장안읍 고리 및 효암리, 울산광역시 울주군 서생면 신암리 일대에 위치한 핵발전소. 1971년 11월 착공되어 1977년 완공됐다. 1978년 4월 상업운전을 시작한 대한민국 최초의 상업용 핵발전소다. 정부가 사용하는 공식 명칭은 고리원자력발전소다.

2007년 6월 9일, 30년인 설계수명을 다해 가동이 중단됐으나 발전소 운전을 10년 연장하기로 결정되어 현재 운영 중이다. 이 수명 연장을 두고 안전성 논란이 계속되고 있는데, 고리 2호기도 2014년 설계수명 완료를 앞두고 있다. 고리 1~4호기와 신고리 1·2호기가 가동 중이며, 신고리 3·4호기가 건설 중이다. 2012년 2월 9일 고리 1호기에 전원 공급이 끊겨 큰 사고로 이어질 뻔했다.

고이데 히로아키(小出裕章) ▶ 136, 143, 209

일본의 대표적 반핵운동가이자 핵공학자. 1949년 도쿄 출생으로 현재 교토 대학 원자로실험소 조교로 재직 중이다. 1968년 핵의 평화적 이용을 꿈꾸며 도호쿠 대학 공학부에 입학했고 같은 대학원 공학연구과 석사과정을 수료했다. 핵발전에 대해 공부하면서 그 위험성을 알게 됐다. 이카타발전소 재판, 우라늄 토양 문제, JCO 임계사고 등을 겪으며 시민들의 편에서 핵 전문가의 입장으로 핵의 위험성을 지속적으로 호소해왔다. 주요 관심 분야는 방사선 계측과 핵안전이며 저서에 《은폐된 원자력 핵의 진실》, 《원자력의 거짓말》, 《후쿠시마 Q&A》 등이 있다.

국가 환자 방사선량 데이터베이스(NPDD, National Patient Dose Database) ▶ 129

건강검진 시 발생하는 환자의 방사선 피폭량을 전국 의료 기관에서 의무적으로 기록·관리하게 하는 시스템. 이 시스템은 진단용 방사선 발생 장치에서 생성된 방사선 정보를 환자별 유효선량(검사받는 장기나 조직에 흡수된 방사선 민감도를 고려해 인체 전신에 대한 위험 정도를 수치화한 양) 데이터베이스로 만들어 관리하게 한다.

영국의 경우 1992년부터 UPDD(UK National Patient Dose Database)라는 제도를 통해 의료 기관에서 진단 및 치료의 목적으로 환자에게 쓴 방사선량을 의무적으로 기록하게 함으로써 연간 피폭량을 감안한 검사를 시행하고 있다. 이 제도를 통해 영국은 1인당 연간 피폭량을 상당히 줄였다.

국가방사능방재계획 ▶ 58

'원자력시설 등의 방호 및 방사능 방재 대책법'에 명시되어 있는 방사선 비상 및 방사능 재난 업무에 관한 계획을 말한다. 1999년 일본의 핵연료 가공공장인 JCO에서 일어난 사고로 인해 구체적이고 효과적인 비상대책이 평상시에도 필요하다는 자각이 한국 사회에 생겨났다. 핵발전 시설에 대한 테러 대비 방재 능력 강화의 필요성이 부각된 것이다.

이에 따라 2001년 8월 교육과학기술부에 '방사능중앙통제상황실'을 구축했고 11월에는 방재 업무 전담 부서인 '원자력방재과'를 신설했다. 이어 원자력안전전문위원회에 '방사능방재 및 환경분과위원회'를 설치했으며 2003년 5월 '원자력 시설 등의 방호 및 방사능 방재 대책법'을 공포하는 등 방사선 비상 대응 체계를 강화했다.

국가방사선비상진료센터 ▶ 60

국가방사선비상진료체제에 따른 미래창조과학부 산하 한국원자력의학원 부설 기관. 방사능 사고 및 재난에 적절히 대응하기 위한 의료 대책의 일환으로 설립됐다. 피폭 환자의 응급 진료 등 방사선비상진료, 방사선비상진료 요원 및 구조 요원에 대한 교육·훈련, 1·2차 방사선 진료기관에 대한 지원, 방사선비상진료 관련 연구, 그 밖에 센터의 장이 필요하다고 인정하는 방사선비상진료 관련 업무를 수행한다.

국가방사선비상진료체제 ▶ 58

국가 방사능 재난 상황에 대비하기 위한 의료 지원 체계. '원자력시설 등의 방호 및 방사능 방재 대책법' 제39조(국가방사선비상진료체제의 구축)에 명시된 "정부는 방사선 피폭 환자의 응급 진료 등 방사선비상진료 능력을 높이기 위하여 국가방사선비상진료체제를 구축하여야 한다"라는 조목을 근거로 구축됐다. 방사선비상진료기관, 진료 요원, 방호약품 등이 포함된다.

국제방사선방호위원회(ICRP, International Commission on Radiological Protection) ▶ 143, 155

방사선 방호에 관한 권고와 지침을 제공하는 국제 비영리 자문기구. 1928년 스웨덴 스톡홀름에서 열린 제2차 국제방사선의학회의에서 '국제 X선 및 라듐 방호위원회'가 설립됐고 1950년 런던에서 열린 제6차 회의에서 명칭이 국제방사선방호위원회로 바뀌었다.
주로 방사선 예방에 관한 권고와 가이드라인 제공, 방사선 노출로 인한 암 등의 질병 예방, 환경보호와 관련된 활동을 수행한다.

국제에너지기구 (IEA, International Energy Agency) ▶ 170, 176

1974년 발족한 국제적 에너지 계획 기구. 산유국 모임인 석유수출국기구(OPEC)의 석유 공급 삭감 및 가격 인상에 대응하기 위해 주요 석유 소비국들이 만들었으며, 경제협력개발기구(OECD) 산하 조직이다. 주요 기능은 국제 석유시장에 대한 정보 공유, 대체에너지 개발, 석유 수급 비상시 회원국 간 공동 대처 방안 마련 등이다. 최근에는 산유국과 소비국 간 협력 대화, 구소련 지역 에너지 지원, 에너지 환경 협력 등 현안에 대한 국제 협력을 선도하고 있다.

내부피폭 ▶ 94, 121, 138, 142

공기 중에 흩어진 방사성 물질을 흡입하거나 방사능 오염 식품을 섭취한 경우, 혹은 상처가 난 피부조직으로 방사성 물질이 유입된 경우, 이들이 신체 내부에 머무르면서 지속적으로 방사선을 방출해 내부 조직에 손상을 입히는 것을 말한다.
방사성 물질의 유입 경로, 양, 반감기, 특성, 그리고 생체 조직의 감수성 및 대사 활동 등에 따라 신체 내 곳곳에서 여러 가지 문제가 발생한다.

냉온정지 ▶ 20

핵연료의 냉각 상태가 안정적으로 유지돼 원자로 안의 온도가 100도 아래로 떨어진 상태를 말한다. 2011년 3월 11일 후쿠시마 사고가 발생한 뒤 일본 정부는 2011년 12월 16일 "후쿠시마 제1원전이 냉온정지 상태로, 안전한 상태로 돌아왔다"라고 발표했다. 하지만 냉온정지 상태는 방사능 누출이 되지 않는다거나 원자로가 안전해졌다는 뜻이 아니다. 단순히 온도만 내려갔을 뿐이므로 일본 정부가 냉온정지 상태를 발표해 시민들의 불안을 잠재우면서 안전성을 과장한 것이라는 논란이 있었다.

녹색당 ▶ 98, 148, 189, 210

생태주의를 기치로 내걸고 녹색정치를 지향하는 정당. 1979년 독일에서 처음 창당한 이래 캐나다, 프랑스 등 다른 나라에서도 이를 모방한 정당들이 창당됐다. 2001년 '세계 녹색당(Global Greens)' 네트워크가 만들어져 현재 전 세계 90여 개국의 녹색당들이 세계 녹색당에 소속돼 연합하고 있다. 한국 녹색당은 녹색정치와 풀뿌리민주주의의 실현 등을 목표로 2012년 3월 4일 창당했다. 주요 정책은 환경문제 외에도 농업 살리기, 비정규직 문제, 소수자 인권, 방사능 먹거리 문제와 핵발전소 폐기, 재생에너지, 동물권, 청소년 인권과 참여, 노동시간 단축과 생활임금 보장, 지속 가능한 지역계획, 협동조합, 사회적 기업과 마을 만들기, 반전 평화 등등 다양하다. 공식 홈페이지(www.kgreens.org).

다카기 진자부로(高木仁三郎) ▶ 208

일본의 대표적 시민과학자. 도쿄 대학 화학과를 졸업하고 원자핵연구소 및 일본원자력사업에서 근무했다. 이후 도쿄 도립대학 이학부 조교수로 부임했다가 1973년 자립적인 과학을 추구하기 위해 대학을 떠났다. 1975년 원자력자료정보실을 설립하면서 핵의 위험을 알리는 반핵 시민과학자의 삶을 살기 시작했다.

1997년 대안 노벨상으로 알려진 바른생활상(Right Livelihood Award)을 받았고, 이를 계기로 시민과학자 양성을 목표로 한 다카기 학교를 세웠다. 1998년 암 진단을 받았으나 투병 중에도 원자력의 실체를 알리기 위해 책을 집필하는 등 원자력 시대에 종지부를 찍기 위해 헌신하다가 2000년 10월 8일 생을 마감했다. 저서로 《지금 자연을 어떻게 볼 것인가》, 《시민과학자로 살다》, 《원자력 신화로부터의 해방》, 《플루토늄의 미래》 등이 있다.

라돈 가스 ▶ 119

암석과 토양 등에 천연적으로 존재하는 우라늄과 토륨이 연속적으로 핵붕괴(하나의 원자핵이 방사선을 내어 다른 원자핵으로 변화하는 일)를 일으키면 라듐이 되는데, 이 라듐이 붕괴하면서 생성되는 방사성 비활성 기체를 말한다. 라돈은 색이 없고 냄새가 나지 않는 방사성 가스로서 가장 무거운 기체 중 하나다. 우라늄 광물 속에 흡착되어 존재하거나 광천, 온천, 지하수 등에도 용해되어 있다. 라돈은 폐암을 유발할 수 있는 대표적인 자연 방사성 물질이다. 주로 지하 시설이나 단독주택 건물의 갈라진 틈새로 새어나와 공기를 오염시키며, 최근에는 건물 공사 자재로 사용된 석면에서 라돈이 검출되어 사람들의 건강에 나쁜 영향을 미친 사례들이 밝혀지기도 했다.

멜트다운(meltdown) ▶ 18, 94, 133

핵발전소에서 사용되는 원자로의 노심(원자로 중심부의 연료봉 다발)에 있는 핵연료가 급격히 과열됨으로써 연료 집합체 또는 노심 구조물이 녹아내리거나 파손되는 것을 가리킨다. 노심 용해 또는 노심 용융(고체 상태의 물질이 에너지를 흡수해 액체로 상태 변화가 일어나는 일)이라고도 한다.

반감기 ▶ 51, 73, 138, 158

원자핵이 방사선을 내어 붕괴됨으로써 원래의 원자 수가 반으로 감소되기까지 걸리는 시간.

반핵운동 ▶ 65, 188, 209

핵발전, 핵실험, 핵무기 개발 등의 위험성을 알리고 반대하는 활동을 말한다. 최근에 반핵운동은 세계적인 흐름으로 확대되고 있다. 특히 체르노빌과 후쿠시마 사고를 경험하면서, 핵발전의 위험을 비롯해 핵발전 사업의 구조적 문제에 이르기까지 공감이 확대되고 있다.

'탈핵운동'이라는 말도 많이 쓰이고 있는데, 이는 핵발전소 등 핵에 반대하는 운동을 넘어 재생에너지를 중심으로 지속 가능한 사회로의 에너지 전환을 주장하는 활동을 포함한다.

방사능 ▶ 19, 48, 94, 119, 142, 173, 189, 208

라듐, 우라늄, 토륨 따위 원소의 원자핵이 붕괴하면서 방사선을 방출하는 일 또는 그런 성질. 방사선의 세기를 가리킨다.

방사능 수증기 ▶ 94, 158

방사성 물질이 포함된 수증기. 핵연료가 과열되어 멜트다운이 일어났을 때, 연료를 식히기 위해 원자로에 투입된 냉각수가 끓어오르면서 발생한다.

후쿠시마 사고 7개월 후 3호기에서 방사능이 포함된 수증기가 배출되는 사고가 발생했다. 도쿄전력은 방사능 수치는 이전과 변화가 없다고 밝혔으나 재측정 결과 시간당 2170밀리시버트의 초고농도 방사능이 확인됐다. 이는 방호 복장을 갖춘 작업원들도 8분 이상 일하기 어려운 수치다.

방사능 오염수 ▶ 29, 57, 94, 134, 153
멜트다운이 일어난 원자로에 투입된 냉각수가 방사능에 오염된 상태. 후쿠시마 핵발전소에서는 사고 이후 녹아내린 핵연료를 찾지 못한 채 원자로를 식히기 위해 매일 400톤 이상의 냉각수를 주입하고 있다. 이 과정에서 주입한 물은 대량의 방사능에 오염되고, 안전하게 통제되지 못한 채 바다나 지하수로 누출되어 심각한 오염 상황을 만들고 있다. 방사능 오염수를 저장하는 공간도 현재 포화 상태며 오염수 저장 탱크에서 누설이 일어나는 등 크고 작은 사고가 반복되고 있다.

방사능방재훈련 ▶ 58
'원자력시설 등의 방호 및 방사능 방재 대책법'에 따라 핵발전소의 사고 완화 및 대처 능력을 확인하고 방재 관련 기관 간의 협조 체계를 점검하며 사고 발생 시 주민 및 환경 피해의 최소화와 주민 보호 조치 능력을 확인하기 위해 실시하는 훈련. 훈련의 종류에 따라 중앙 행정기관, 지방자치단체, 지정 기관(원자력안전기술원, 한국원자력의학원, 군부대, 경찰서, 소방서 등), 지역 주민 등이 다양하게 참여한다. 훈련 평가에서 나타난 부족한 점은 비상 계획에 반영해 비상시 대응 능력을 보완하도록 규정돼 있다.

방사능 안전 급식 조례 ▶ 104, 110, 210
후쿠시마 사고 이후 일본산 수입 수산물의 안전성에 대한 우려가 커졌다. 특히 방사능 오염수가 대량으로 바다로 누출되는 사건이 이어지자 일본산 수산물 수입 금지를 요구하는 목소리가 커졌고 단체급식을 하는 어린이집과 학교 등의 수산물 원산지 관리 및 방사능 검사 체계가 부실하다는 문제 제기가 있었다. 이후 방사능에서 안전한 급식을 위해 몇몇 지방자치단체가 방사능 안전 급식 조례를 제정하기 시작했다.

방사선 ▶ 19, 51, 118, 123, 124, 154
방사성 원소가 붕괴하면서 방출되는 입자나 전자기파. 알파선, 베타선, 감마선, 중성자선, 엑스선 등이 있다. 방사선은 인체에 여러 가지 손상을 줄 수 있는데, 큰 에너지를 가진 방사선은 DNA를 손상시켜 유전자의 돌연변이를 일으키거나 세포를 죽이기도 한다.

방사선비상진료기관 ▶ 60
국가방사선비상진료체제에 따라 원자력안전위원회가 전국의 권역별로 지정하는 1차와 2차 진료 기관. 피폭 환자의 응급 진료 등 방사선비상진료, 기록 보존, 국가방사선비상진료센터장에 대한 보고, 환자 이송, 방사선비상진료 교육, 비상진료 장비의 보관 및 유지·관리 등의 역할을 한다.

방호약품 ▶ 62
방사성 물질에 의한 내부피폭을 치료하거나 막을 수 있는 약품. 갑상선 보호를 위한 요오드 치료제와 프러시안블루라는 세슘 치료제가 있다. 요오드 치료제는 방사성 요오드가 갑상선에 모이는 것을 차단하고 신장을 통해 배설되게 한다. 프러시안블루는 세슘이 장에 흡수되는 것을 막고 대변을 통한 배출을 촉진한다.

베크렐(Bq, becquerel) ▶ 21, 95, 134, 142
방사능 활동의 양을 나타내는 단위. 1베크렐은 1초 동안 원자핵 한 개가 붕괴한다는 뜻이다. 예컨대 '고등어에서 세슘-137이 킬로그램당 10베크렐 검출됐다'는 것은 고등어 1킬로그램에서 세슘-137이 1초 동안 10번의 핵붕괴를 일으킨다는 뜻이다.

비상계획구역 ▶ 57
국제원자력기구(IAEA)의 기준에 따른 발전소 사고 시 비상계획구역은 크게 셋으로 나뉜다. 첫째 구역은 예방적 보호조치구역(PAZ, Precautionary Action Zone)으로, 발전소에 가장 인접한 구역을 말한다. 이 구역에서는 '결정적' 영향의 위험을 줄이기 위해 예방적인 차원에서 방사능 누출 이전 또는 이후에 즉시 긴급보호조치를 실시한다. 둘째 구역은 환경 감시 결과를 기반으로 긴급보호조치 필요시에 대비해 구호와 대피 계획을 준비하는 긴급보호조치 계획구역(UPZ, Urgent Protective action planning Zone)이다. 이 구역은 '결정적' 영향을 방지하기 위해 방호약품(요오드제) 등을 구비 및 배포하고 사고 시 구역 밖으로 신속히 대피할 대책을 마련한다.

마지막으로 위의 두 구역을 포괄하는 식품제한 계획구역(FRPZ, Food Restriction Planning Zone 또는 LPZ, Long term Protective action planning Zone)은 사고 인근 지역에서 재배한 식품을 섭취함으로써 건강에 미칠 수 있는 영향을 줄이기 위한 보호 조치로, 보통 환경 감시 및 시료 채취 결과를 근거로 정해지며 필요에 따라 대피, 음식 섭취 제한, 농업 대책을 검토하게 된다.

비상용 디젤발전기 ▶ 18

핵발전소 내부 및 외부의 전원 공급이 끊기는 등 비상사태 발생 시, 안전 관련 계통 기기에 비상 전원을 공급하는 보조 전원 설비. 디젤발전기는 경유나 중유로 작동하기 때문에 전기가 없는 상황에서 유용하다.

사용후핵연료 ▶ 18, 50, 133, 173, 211

핵연료가 일정 기간 원자로 내에서 연소하면 더는 충분한 열을 생성하지 못하기 때문에 계속적으로 에너지를 만들기 위해 새로운 핵연료로 교체하고 연소된 핵연료는 원자로에서 뽑아낸다. 이때 연료로 사용되고 난 후의 핵연료를 사용후핵연료라고 한다. 핵연료에는 우라늄과 플루토늄 등 강한 방사선과 높은 열을 뿜어내는 물질이 들어 있기 때문에 사람이 접근할 수 없다. 따라서 핵폐기물 기준에서 사용후핵연료는 고준위 핵폐기물로 분류된다.

사일로 ▶ 79

핵폐기물 처분장의 폐기물 최종 저장 창고. 중·저준위 핵폐기물 처분장인 경주 방폐장의 경우 암반 상태가 좋지 않아 사일로에까지 지하수 침투가 우려되는 상황이

다. 만약 사일로 내부로 지하수가 유입되면 방사능 누출 사고로 이어질 수 있기 때문에 경주 방폐장의 안전성을 둘러싼 논란이 계속되고 있다.

선량한도 ▶ 128, 143

인체에 해가 없다고 생각되는 방사선의 양적 한도. 선량한도 이상으로 피폭될 경우 인체에 심각한 영향이 미칠 수 있다. 국제방사선방호위원회가 권고하는 선량한도는 방사선 작업 종사자에 대해 연간 50밀리시버트를 넘지 않는 범위에서 5년간 100밀리시버트 즉 평균 1년당 20밀리시버트이고, 일반인은 1년에 1밀리시버트다.

설계수명 ▶ 45, 53

핵발전소를 건설하기 전 설계 단계에서 정한 핵발전소의 운영 기간. 우리나라 핵발전소의 설계수명은 대부분 30~60년이다. 수명이 다한 발전소는 수명 연장 심사를 통과하면 계속 운전할 수 있는데, 잦은 고장 등 노후 핵발전소에 대한 불안이 높아 수명 연장을 둘러싼 갈등이 존재한다.

세슘(Cs, cesium) ▶ 22, 62, 73, 134

세슘에는 여러 동위원소가 있는데, 핵발전과 관련해 언급되는 종류는 핵분열에 의해 발생하는 주요 동위원소인 세슘-137이다. 세슘-137은 방사선 치료 등에도 사용되지만, 핵발전소 사고나 핵무기 실험에서 생기는 방사능 오염 물질 중 고위험군에 속한다. 반감기는 약 30년이다. 다른 방사성 물질에 노출됐을 때와 마찬가지로 세슘-137의 방사선에 노출되면 암에 걸릴 위험성이 커지며, 노출 정도가 심하면 화상을 입고 사망할 수 있다.

쇠나우 마을 에너지 독립 운동 ▶ 189

체르노빌 사고 이후, 독일 남서부에 있는 주민 2500여 명의 작은 마을 쇠나우에서 몇몇 부모가 '원자력 없는 미래를 위한 부모 모임'을 결성했다. 이들은 온 마을에 방사능 안전 지침 정보를 발신하는 시스템을 갖추고 절전 캠페인도 진행했다. 주민들은 쇠나우 마을과 독점적 계

약을 맺고 있던 전력회사에 '원전에 의존하지 않는 전력 공급, 자연에너지 전력에 대한 매입 가격 인상, 절전을 촉구하기 위한 기본요금 인하와 사용 요금 인상의 비례 요금제' 등을 제안했지만 거절당했다.

이후 주민들은 직접 전력회사를 만들기로 했고 마침내 '쇠나우 전력회사'를 설립하기에 이르렀다. 쇠나우 전력회사는 1997년 전력 공급을 시작했으며, 현재도 독일 곳곳에 핵발전에 의존하지 않는 자연에너지 위주의 전력을 공급하고 있다.

수소폭발 ▶ 18
수소와 산소가 급격히 반응해 폭발적인 연소를 일으키는 현상. 후쿠시마 사고의 경우 3월 12일 1호기에서 수소폭발이 일어난 데 이어 3월 14일에는 3호기, 3월 15일에는 2호기와 4호기에서 잇달아 수소폭발이 발생하면서 원자로 격벽이 붕괴돼 다량의 방사성 물질이 누출됐다.

스리마일 섬 핵발전소 사고 ▶ 65, 170
미국 펜실베이니아 주 남부의 스리마일 섬 핵발전소가 전기 생산을 시작한 지 1년이 채 지나지 않은 1979년 3월 28일, 핵발전소 2호기에서 냉각장치 파열로 인한 멜트다운이 일어나 방사능이 누출된 사고. 미국의 핵발전 역사상 최악의 사고였지만 다행히 원자로 격납용기가 붕괴되지 않아 주민들에게 큰 피해를 끼치지는 않았다. 그러나 이 사고를 계기로 미국에서 핵산업에 대한 안전성 논란과 반핵운동이 확산됐다.

스트론튬(Sr, strontium) ▶ 20, 121, 143
스트론튬의 동위원소 중 가장 널리 알려진 것은 스트론튬-90이다. 스트론튬-90은 핵폭발 또는 핵반응기(폭발하거나 인체에 해로운 작용을 하는 일 없이 핵반응이 진행될 수 있게 하는 장치)에서 생성되는 인공 방사성 물질로, 반감기는 약 28년이다.
1986년 체르노빌 사고, 2011년 후쿠시마 사고에서 스트론튬-90을 포함한 방사능이 누출됐다. 반감기도 길고 칼슘과 유사한 성질이라 체내에서 뼈 등에 침착되기 때문에 성장기 어린이와 청소년에게 특히 유해하다. 요오드나 세슘보다 더 위험한 고농도 방사성 물질로 피폭 시 감마선보다 위험도가 높은 베타선을 방출해 골수암이나 백혈병 등을 유발한다.

시버트(Sv) ▶ 20, 118, 143
생물학적으로 인체에 영향을 미치는 방사선의 양을 나타내는 국제 단위. 시버트는 밀리시버트(mSv), 마이크로시버트(μSv), 나노시버트(nSv) 등 더 작은 단위로 나타낼 수 있다.
1시버트=1000밀리시버트, 1밀리시버트=1000마이크로시버트, 1마이크로시버트=1000나노시버트.

아세 중·저준위 방폐장 ▶ 81, 84
독일에 있는 방폐장으로, 1967년부터 1978년까지 12만 6000드럼의 중·저준위 핵폐기물이 저장됐다. 2013년 1월 지반에 균열이 생기고 지하수가 들어와서 방사성 물질 누출 위험이 있다고 판단돼 핵폐기물의 이전이 결정됐다. 아세 방폐장의 폐기물을 모두 이전하는 데 드는 예상 비용은 10년 동안 40억 유로(약 6조 원)다. 애초 건설 비용보다 많은 돈이 들어가는 것은 물론이고 핵폐기물을 이전하는 동안 방사성 물질 누출의 위험도 있다.

연료봉 ▶ 18, 70, 137
저농축우라늄 연료를 지르코늄으로 싼 막대 모양의 핵연료. 연료봉을 수십 개 묶은 것을 '연료 집합체'라고 부른다.

영광 핵발전소 ▶ 59
전라남도 영광군 홍농읍 계마리에 위치한 핵발전소. 1981년부터 착공돼 2002년 완공됐으며 현재 총 6기가 가동 중이다. 잦은 고장과 비리로 인한 부정적 이미지를 쇄신하고자 2013년 5월 '한빛원자력발전소'로 이름을 변경했는데 이로 인해 시민들이 오히려 헷갈려하는 문제가 생기기도 했다.

외부피폭 ▶ 138, 154

사람의 신체 외부에 있는 방사선원에서 방출된 방사선에 의한 피폭을 말한다. 이 경우 투과력이 센 엑스선, 감마선 등은 신체 조직 전체에 영향을 주지만, 베타선은 투과력이 약하기 때문에 피부와 안구 등에 영향을 준다. 음식물 섭취 등을 통한 내부피폭보다는 위험도가 적지만 장기간 또는 고농도의 방사성 물질에 노출될 경우 위험도가 커진다.

요오드(I, iodine) ▶ 22, 95, 135, 155

요오드의 동위원소는 37종인데 그중 요오드-127만이 안정하다. 동위원소 중 하나인 요오드-131은 반감기가 8일 가량으로 짧은 편이지만 몸속에 들어오면 대부분 갑상선에 쌓여 갑상선암을 유발하기 때문에 위험하다.

요오드 치료제 ▶ 62

갑상선을 안정 요오드로 포화시켜 방사성 요오드가 갑상선에 모이는 것을 차단하는 약품. 요오드제를 먹으면 이후 방사성 요오드와 안정 요오드 모두 신장을 통해 배설된다. 대기 중 방사성 요오드(요오드-131) 증가로 인한 피폭 우려 시 피폭 직전 및 직후 통상 6시간 이내 복용을 권장한다. 방호 효율은 복용 시간에 따라 달라지므로 (15분 내에 복용하면 90~95퍼센트, 6시간 내에 복용하면 50퍼센트, 12시간 이후에는 효율이 거의 없음) 최대한 즉시 복용하고 7~14일 동안 같은 양(130밀리그램)을 매일 복용해야 한다.

체르노빌 핵발전소 복구 작업에 동원된 사람들에게 요오드가 함유된 보드카가 지급된 적이 있는데, 무해한 요오드가 먼저 갑상선에 들어가면 요오드-131이 들어갈 자리가 없어서 체내에 흡수되지 않기 때문이었다고 한다. 현재로서는 요오드제가 방사능 피해를 막을 수 있는 가장 확실한 요법이지만, 갑상선 이외의 장기를 보호하거나 다른 방사성 물질을 막을 수는 없다.

우라늄(U, uranium) ▶ 70, 158, 180

천연으로 존재하는 가장 무거운 방사성 원소. 대형 상업용 핵발전소에서 전기에너지를 얻는 에너지원으로 쓰인다. 야구공만 한 크기의 우라늄에서 그 무게의 300만 배에 해당하는 석탄에서 나오는 것보다 더 많은 에너지를 얻을 수 있다. 우라늄은 일부 핵무기에 쓰여 엄청난 폭발력을 낸다.

울진 핵발전소 ▶ 59

경상북도 울진군 북면 부구리 동해안에 있는 핵발전소. 현재 총 6기의 원자로가 가동 중이다. 1983년 착공되어 2003년 완공됐으며 신울진 1·2호기의 공사가 진행 중이고 신울진 3·4호기가 공사 예정이다. 2013년 5월 '한울 원자력발전소'로 이름을 변경했다.

원자력안전위원회 ▶ 64, 149

1960년대 초 핵발전이 국내에 도입된 지 50여 년 만인 2011년 10월 26일 공식 출범한 대통령 직속 상설 기구. 이전까지 우리나라는 원자력 진흥 업무와 원자력 규제 업무가 분리되지 않고 하나의 부처에서 수행된다는 국제 사회의 지적을 받아왔다. 그러던 차에 2011년 3월 발생한 후쿠시마 사고를 계기로 원자력 안전 규제에 대한 중요성이 대두되면서 원자력안전위원회가 조직됐다.

이후 2013년 3월 22일 정부조직법 개정에 따라 대통령 직속 장관급 위원회에서 국무총리 소속 차관급 위원회로 개편되면서 위상이 상당 부분 격하됐다.

구체적인 업무로는 ①원전 건설·운영에 대한 인허가 발급과 안전성 심·검사 수행, 방사선 이용 기관 안전 규제, ②생활 방사선 안전 관리, 환경방사능 감시와 방사능 누출 시 효과적 대응을 위한 방재 대책, ③핵물질 탈취, 테러 등의 위협에서 원자력 시설 보호, 북한 등 주변국의 핵 활동 탐지 및 국가 핵물질 통제 등이 있다.

원자로 ▶ 18, 48, 70, 133, 174

핵분열 연쇄반응의 진행 속도를 인위적으로 제어해 핵에너지를 서서히 끌어내는 장치. 핵융합로가 과학적으로 옳은 용어이지만 관행상 표기가 굳어졌다. 원자로는 다양한 형태가 있지만 일반적으로는 핵연료로 불리는 핵분열성 재료, 핵분열에서 방출되는 중성자를 감속시키기 위한 감속재, 중성자가 원자로 외부로 빠져나가는 것을 방지하기 위한 반사체로 구성된다. 또한 측정 및 제어 장치와 다양한 방호 설비를 갖추고 있다.

월성 핵발전소 ▶ 41, 71
경상북도 경주시 양남면 나아리와 양북면 봉길리에 위치한 핵발전소. 우리나라의 유일한 중수로형 발전소다.
월성 1호기는 2012년 11월 설계수명이 다해 수명 연장 심사가 진행 중이고, 현재 월성 1~4호기와 신월성 1호기가 가동 중이며 신월성 2호기가 건설되고 있다.

유효선량 ▶ 130
인체의 여러 조직에 방사선이 균일 또는 불균일하게 쬐어질 경우, 조직별 상대적인 위험도의 차이를 반영해 전체적 영향을 평가하기 위해 도입된 양을 이른다. 즉 등가선량(방사선의 종류에 따른 생물학적 영향을 반영해 계산한 양)을 인체 전체에 미치는 영향으로 환산해 실용화한 양으로, 신체의 어느 부위에 방사선을 받는가에 따라 인체에 미치는 영향이 달라진다. 단위는 시버트가 사용된다.

자연방사선 ▶ 118, 129
자연 방사성 원소 등에서 방출되는 방사선. 자연 방사성 동위원소들이 방출하는 알파선과 베타선과 감마선, 우주선 및 우주선에 의해 생성된 방사성 물질이 방출하는 방사선, 지표와 건축물, 공기와 식재료에 들어 있는 방사성 물질이 방출하는 방사선 등 많은 종류가 있다. 배경방사선 또는 바탕방사선이라고도 한다.

저선량 피폭 ▶ 143
한꺼번에 많은 양의 방사선을 쬐면 급성 장애를 일으키거나 급사할 수 있다. 100밀리시버트 이하의 저선량 피폭을 당한 경우에는 방사선량에 따라 백혈병, 암으로 인한 사망 등이 일어나며, 생식세포가 피폭되면 유전 장애 등이 발생할 수 있다. 이러한 암이나 백혈병은 피폭 후 수년 혹은 수십 년이 지난 뒤에 발생하므로 후발성 장애라고 한다. 유전 장애의 경우 한 세대의 피폭 영향이 자손 대에

까지 신체적 장애로 나타난다. 이렇듯 피폭은 다른 단순 재해나 사고와는 비교할 수 없는 심각한 결과를 초래한다.

제어봉 ▶ 18
핵분열 연쇄반응을 제어하기 위해 원자로 속에 넣었다 꺼냈다 하는 막대. 핵발전소는 핵분열을 하는 과정에서 생기는 열에너지로 전기를 만든다. 이 핵분열이 연쇄적으로 일어나면 핵분열 시 나오는 중성자로 인해 너무 많은 열이 발생해 원자로가 과열될 수 있으므로 핵분열 연쇄반응을 일정하게 유지하는 것이 중요하다. 그래서 제어봉을 넣거나 빼내거나 하는 방식으로 이를 조절한다. 제어봉은 주로 중성자를 흡수하기 쉬운 은이나 붕소, 하프늄 등을 스테인리스강으로 감싸서 만든다.

중수로 ▶ 70
연료로 천연우라늄을 사용하고 냉각재와 감속재로 중수를 사용하는 원자로(경수로의 경우 연료로 저농축우라늄을, 냉각재와 감속재로 물을 사용). 중수는 수소에 중성자가 한 개 더 있는 구조로 경수보다 무겁기 때문에, 중성자의 속도를 더 잘 감속시켜 천연우라늄의 핵분열 확률을 높여준다.
중수로는 우라늄을 농축하는 데 비용이 들지 않는 대신 값이 비싼 중수를 사용해야 한다는 부담이 있다. 또 중수로는 원자로의 작동을 정지하지 않고 핵연료를 교체할 수 있지만, 경수로에 비해 발전소의 덩치가 크고 핵연료를 자주 갈아줘야 한다. 우리나라의 핵발전소 21기 가운데 월성 1~4호기만 중수로형이고 나머지는 모두 경수로형이다.

증기발생기 ▶ 49
1차 냉각계통(노심)에서 발생한 열을 2차 냉각계통으로 전달하는 열교환기로 핵발전소의 핵심 부품 중 하나다. 노심에서 가열된 1차 냉각수는 증기발생기의 2차 냉각계통에서 증기를 발생시키고, 그 증기로 터빈발전기를 회전시켜 전기를 만든다.

지르코늄(Zr, zirconium) ▶ 18
천연금속 중에 중성자를 흡수하는 정도가 가장 낮아서 1940년대부터 원자로 핵연료의 피복재와 구조물 재료로 사용돼왔다.

체르노빌 핵발전소 사고 ▶ 143, 189
1986년 4월 26일 소비에트연방 우크라이나의 체르노빌 핵발전소에서 발생한 폭발에 의한 방사능 누출 사고. 체르노빌 핵발전소 원자로 4호기의 비정상적인 핵반응에 의한 열이 감속재인 냉각수를 열분해하고, 그로 인해 발생한 수소가 원자로 내부에서 폭발함으로써 사고가 일어났다.
이 사고로 발전소에서 누출된 방사성 낙진이 우크라이나와 벨라루스, 러시아 등에 떨어져 심각한 방사능 오염을 초래했다. 사고 후 소련 정부의 대응이 늦어지는 바람에 피해 범위가 넓어져 최악의 핵 사고가 되었다. 국제원자력사고등급(INES) 중 가장 심각한 사고를 의미하는 7등급에 올라 있다. 사고 당시 31명이 죽었고, 피폭 등의 원인으로 1991년 4월까지 5년 동안 7000여 명이 사망했으며 70만여 명이 치료를 받았다.

키와니 핵발전소 ▶ 49
미국 위스콘신 주에 있는 핵발전소로 한국의 고리 1호기와 쌍둥이라고 할 정도로 구조가 유사하다. 키와니 핵발전소의 운영사인 전력회사 도미니언리소시스는 2011년부터 더는 수익을 내지 못하는 키와니 핵발전소를 매각하려 했지만 대상을 찾지 못했고, 결국 2012년 10월 운전을 정지시킨 뒤 2013년 5월 폐쇄했다.

탈핵운동 ▶ 209, 215
'반(反)핵'을 넘어 '탈(脫)핵'을 추구하는 운동. 우리나라의 경우 그동안 소수 환경단체 활동가들에 의해 진행돼온 반핵운동이 후쿠시마 사고 이후 본격적인 탈핵운동으로 확산되고 있다. 반핵운동이 핵에너지에 의존하는 사회에서 핵을 반대하는 목소리를 내었다면 탈핵운동은 재생에너지를 중심으로 지속 가능한 사회로의 에너지 전환을 주장한다.

트리튬(T, tritium) ▶ 21
질량수가 3인 수소 동위원소, 삼중수소라고도 하며 방사능을 가진 방사성 동위원소다. 반감기는 12.26년으로 비교적 짧고 에너지가 매우 약한 베타선만을 방출하기 때문에 방사선의 영향이 다른 방사성 핵종에 비해 훨씬 적지만, 체내에 흡수되면 심각한 장애를 일으킬 수 있다. 우주선에 의한 핵반응으로 대기 상층에서 만들어지며 대기 중의 수분이나 빗물에 극미량이 존재한다. 핵폭발 실험, 재처리 공장 등에서도 발생하며 환경방사능의 주 오염원으로 지목되고 있다.

폐로 ▶ 20, 51, 173
수명이 다한 핵발전소의 원자로를 처분하는 일. 현재 전 세계적으로 핵발전소 건설이 정체해 있는 반면 폐로 시장은 급성장할 것으로 전망된다. 핵발전소의 설계수명은 보통 30~40년인데 가동이 끝나고 원자로를 해체하는 데만 짧게는 15년, 길게는 60년이 걸린다. 또 사용후핵연료와 같은 고준위 핵폐기물은 10만 년 동안 안전하게 관리해야 하지만 고준위 핵폐기물의 영구 처분 기술은 아직 어느 나라도 확보하지 못하고 있다.

프러시안블루(Prussian blue) ▶ 62
방사성 물질인 세슘이 장에 흡수되지 않게 하고 대변으로 배출되는 것을 촉진하는 의약품. 시간이 경과할수록 방호 효율이 떨어지므로 가능하다면 피폭 후 6시간 이내에 하루 1그램씩 정맥주사로 투여해야 한다.

플루토늄(Pu, plutonium) ▶ 70, 95, 135, 158
우라늄이 핵변환을 해서 만들어지는 초우라늄 원소의 하나. 우라늄 원광에는 극히 미량이 들어 있다. 플루토늄의 가장 중요한 동위원소는 플루토늄-239인데, 이는 우라늄-235처럼 핵분열될 수 있는 핵종이어서 핵발전 연료와 핵폭탄 제조에 사용된다. 우라늄-235보다 핵분열 특성이 우수하고, 사용후핵연료의 재처리를 통해 한층 대량으로 쉽고 값싸게 얻을 수 있다. 따라서 활용 용도에 따라 핵발전 연료가 될 수도 있고 인류를 파멸로 이끄는 핵무기 원료가 될 수도 있다. 1945년 일본 나가사키에 투하된 원자폭탄이 플루토늄-239를 사용한 것이었다.

피폭 ▶ 19, 51, 120, 146

인체가 방사능에 노출되는 것. 체외에 있는 방사선원에 의한 외부피폭과 체내에 들어온 선원에 의한 내부피폭으로 나눌 수 있다. 핵발전소 사고를 예로 들면, 먼저 방사성 물질이 덩어리(방사능운)가 되어 날아오르고 이것이 내는 방사선에 의해 외부피폭을 받게 된다. 다음으로 방사성 물질이 대기에 확산돼 지면에 쌓이면 인간은 지표나 대기에서 직접적으로 방사선을 받을 뿐 아니라 호흡으로도 방사성 물질을 체내에 빨아들이게 된다. 게다가 이 방사성 물질은 환경을 통해 식품 및 인체에 들어오고 그러면 체내에서 나오는 방사선에 내부피폭을 당하게 된다.

한국원자력의학원 ▶ 60

방사선의 의학적 이용을 통한 최신 암 치료법 개발 및 암 치료 효율 향상을 위해 1963년 방사선의학연구소로 출발했다. 1973년 원자력병원, 2002년 원자력의학원으로 개편됐으며, 2007년 3월 과학기술부 직속의 한국원자력의학원으로 새롭게 출범했다. 현재 산하에 원자력병원, 방사선의학연구소, 국가방사선비상진료센터, 동남권원자력의학원을 두고 있다. 주요 업무로 방사선 등의 의학적 이용에 관한 사업, 방사선의학 연구 및 기술 개발, 국가방사선비상진료, 전문 인력 양성, 연구 개발 등의 국내외 협력, 원자력 시설 주변 지역의 의료 지원 사업 등이 있다.

한국원자력환경공단 ▶ 79

방사성 폐기물을 안전하게 관리하기 위해 설립된 산업통상자원부 산하의 준정부 기관. 기존 명칭인 '한국방사성폐기물관리공단'에 포함된 '방사성'과 '폐기물'이라는 단어가 주는 부정적 이미지 때문에 2013년 6월 명칭을 변경했다.

해체 폐기물 ▶ 70

원자력 시설 운전 종료 후 해체 철거 과정에서 발생하는 핵폐기물. 핵폐기물 기준에서 중·저준위로 분류된다.

핵발전소 ▶ 18, 54, 147, 172, 213

연료를 이용해 물을 끓여 증기를 만들고 이 증기로 터빈을 돌려 전기를 생산한다는 원리에서는 화력발전 방식과 큰 차이가 없다. 하지만 화력발전의 에너지원은 석탄인 데 반해, 핵발전은 원자로 내에서 우라늄 등 핵연료를 이용한 핵분열 반응을 에너지원으로 사용한다는 점에서 큰 차이가 있다.

흔히 원자력발전소라고 불리기도 하는데, 핵에너지를 이용해 전기발전을 하는 것이기 때문에 핵발전소라는 표기가 정확하다. 그러나 정부와 핵발전 찬성자들은 핵에 대한 부정적인 이미지를 지우기 위해 원자력발전이라고 표현한다. 방사성폐기물처분장을 한국원자력환경공단으로, 영광원자력발전소를 한빛원자력발전소로 명칭을 변경한 것 등과 비슷한 맥락이다.

핵발전소 사고등급 ▶ 20

국제원자력기구는 1992년부터 국제원자력사고등급(INES)을 0~7등급(단계)으로 구분하고 있다.

7등급은 '심각한 사고'를 뜻하며 후쿠시마와 체르노빌 사고가 이에 해당한다. 방사성 물질이 매우 다량으로 방출된 경우를 가리키는데, 누출량을 요오드-131로 환산할 경우 수만 테라베크렐(TBq) 이상이다. 6등급은 '대형 사고'다. 방사성 물질의 상당량이 방출되는 경우로 누출량은 수천 테라베크렐 이상 수준이다. 5등급은 '시설 외부로의 위험을 수반한 사고'다. 방사성 물질의 한정적인 방출로 수백 테라베크렐이 외부로 누출되어 원자로 용기에 중대한 손상을 입은 경우다. 4등급은 '시설 내부의 위험을 수반한 사고'다. 방사성 물질이 소량 방출되어 시간당 피폭량이 수 밀리시버트에 달한 경우를 가리킨다. 원자로 노심의 상당한 손상, 핵발전소 노동자가 치사량의 피폭을 당한 경우도 4등급에 해당된다.

3등급은 '중대한 이상'으로, 방사성 물질이 매우 소량 방출되어 안전에는 큰 이상이 없는 정도의 피폭이 일어난다. 핵발전소 노동자가 중대한 방사성 물질에 노출되거나 급성 방사선 장애를 일으킬 수 있을 정도의 피폭을 말하며, 핵발전소의 안전 유지 기능(심층방호)의 상실을 뜻하기도 한다. 2등급은 '이상'으로, 안전상 중요하진 않으나 발전소 내의 상당한 방사성 물질에 의한 오염이나 법령이 정하는 연간 선량한도를 초과하는 정도로 노동자가 피폭당한 경우, 그리고 심층방호의 기능이 상당히 나빠진 상태를 말한다. 1등급은 '이례적인 사건'으로 운전 제한 범위에 드는 이탈 상황을 뜻하고, 0등급은 '척도 미만' 상태다. 핵발전소의 평시 상황이 0단계.

핵분열 ▶ 18, 70
원자핵이 많은 에너지를 방출하면서 거의 같은 크기의 두 개 이상의 원자핵으로 분열하는 현상.

핵폐기물 ▶ 32, 70, 76, 78
핵발전소를 비롯한 원자력 시설에서 나오는 방사성 물질 또는 방사성 핵종에 오염된 물질. 방사능이 남아 있어 위험하므로 콘크리트 등으로 밀봉해 매립한다. 폐기물에서 나오는 방사선량과 열량을 기준으로 고준위, 중준위, 저준위 핵폐기물로 나뉜다.
가장 많은 방사선과 열이 발생하는 고준위 핵폐기물은 핵발전소에서 사용하고 남은 사용후핵연료와 사용후핵연료를 재처리하는 과정에서 발생하는 부산물 등이며, 중준위 핵폐기물은 방사성 물질에 직접 접촉하는 원자로나 증기발생기와 같은 주요 부품 등이다. 저준위 핵폐기물은 핵발전소에서 노동자들이 입은 방호복과 각종 부품, 필터 등이다. 이들 핵폐기물은 포함된 방사성 물질의 종류에 따라 고준위 핵폐기물은 10만 년 이상, 중·저준위 핵폐기물은 300~400년 이상 지나야 방사능이 소멸한다.

핵폐기장(방폐장) ▶ 51, 85, 209
핵폐기물의 영구 처분 개념은 크게 중·저준위 핵폐기물과 고준위 핵폐기물의 경우로 구분된다. 중·저준위 핵

폐기물을 처분하는 데는 '천층처분(지표 처분)'과 '동굴 처분' 방식이 전 세계적으로 이용되고 있다. 천층식은 약 10미터 깊이의 콘크리트 구조물을 만들어 처분하는 방식이며, 동굴식은 지하에 인위적으로 동굴을 만들어 처분하는 방식이다. 우리나라의 경우 중·저준위 핵폐기장인 경주 방폐장의 1단계 공사가 2014년 동굴식으로 완료됐다. 고준위 핵폐기물은 아직 어느 나라도 처분 기술을 마련하지 못하고 있다.

후쿠시마 핵발전소 사고 ▶ 22, 26, 42, 96, 118, 152, 172
2011년 3월 11일 일본 동북부 지방을 관통한 지진과 쓰나미로 인해 도쿄전력이 운영하는 후쿠시마 제1원자력발전소의 원자로 1~4호기에서 발생한 방사능 누출 사고. 체르노빌 핵발전소 사고와 함께 국제원자력사고등급의 최고 등급인 7등급을 기록했다.
2014년 현재도 원자로에서 방사성 물질이 공기로 누출되고 있고, 빗물과 원자로 밑을 흐르는 지하수에 의해 방사능 오염수가 태평양으로 누출되고 있다. 누출된 방사성 물질로 인해 후쿠시마 핵발전소 인근 지대뿐 아니라 일본 동북부 전체의 방사능 오염이 심각한 상황이다.

히로세 다카시(広瀬隆) ▶ 65, 209
일본의 언론인 겸 작가이자 반핵·평화 활동가. 1943년 도쿄에서 태어나 와세다 공대를 졸업하고 대기업 엔지니어로 근무하던 중, 의학 및 기술 서적 전문 번역가로 명성을 쌓으면서 본격적인 집필 활동을 시작했다. 이때 유명 대기업들의 사내 기밀문서들도 번역하면서 언론에 보도되는 그들의 모습과 실제 행태 사이에 심각한 괴리가 있음을 알게 됐다. 이후 거대자본의 동향을 추적·조사해 실태를 지속적으로 고발하는 저술 활동, 그들의 투기 수단일지도 모르는 핵의 위험성에 대해 대중에게 알리고 대안을 모색하는 활동을 하고 있다.
우리나라에 번역된 저서로는 미국의 자본가를 중심으로 세계 근현대사를 심층 취재한 《제1권력: 자본, 그들은 어떻게 역사를 소유해왔는가》, 세계의 금융 시스템을 움직이는 소수 집단에 대한 보고서 《미국의 경제 지배자들》,

핵자본과 언론, 과학자 집단이 얽힌 핵 관련 복마전을 고발한 《위험한 이야기》, 소설 형식을 빌려 체르노빌 핵발전소 참사를 기록한 《체르노빌의 아이들》 등이 있다.

BEIR VII(저선량 방사선의 생물학적 영향에 대한 일곱번째 보고서) ▶ 121
낮은 수준(저선량)의 방사선에 노출될 때 생기는 암 또는 다른 건강 영향에 대해 가장 최근의 포괄적인 위험 평가를 제시한 보고서. 미국국립과학아카데미가 2006년 발표했으며, 피폭으로 인한 암 사망률뿐 아니라 암 발병률에 대한 상세한 평가를 담고 있다. 이 보고서는 방사선 피폭량과 암 발생 위험은 최소 선량에서도 비례하며, 낮은 수준의 방사선도 인체에 잠재적 위험 요소가 된다는 연구 결과를 내놓았다.

탈바꿈
탈핵으로 바꾸고 꿈꾸는 세상

1판 1쇄 펴낸날 | 2014년 11월 20일

지은이 | 탈바꿈프로젝트
펴낸이 | 오연호
편집주간 | 김병기
편집장 | 서정은

펴낸곳 | 오마이북
등록 | 제313-2010-94호 2010년 3월 29일
주소 | 서울시 마포구 월드컵북로 396 누리꿈스퀘어 비즈니스타워 18층 (121-270)
전화 | 02-733-5505 팩스 | 02-3142-5078 홈페이지 | book.ohmynews.com
이메일 | book@ohmynews.com 페이스북 | www.facebook.com/Omybook

책임편집 | 차경희 교정 | 최미연
디자인 | HOWSconsulting 장병인, 박지영
마케팅 | 황지희 관리 | 문미정 인쇄 | 천일문화사

ⓒ 투명사회를 위한 정보공개센터, 2014

ISBN 978-89-97780-14-3 03300

《탈바꿈》 독자 북펀드에 참여해주신 분들
강동구 강부원 강영미 강주한 김경무 김기남 김기태 김성기 김수민 김수영 김인겸 김종철 김주현 김중기 김지수
김현승 김혜원 김혜정 김희곤 나준영 류신애 박경진 박기자 박나윤 박무자 박재현 박진순 백승준 서동환 서지윤
송덕영 송부영 신정훈 신지선 신혜경 양지연 유동호 유지영 이만길 이사야 이수한 이중한 이하나 이효은 장경훈
전미혜 전재한 정영미 정지은 조은수 최경호 최영기 최헌영 탁안나 한승훈 허민선 (외 36명, 총 92명 참여)

이 도서의 국립중앙도서관 출판예정도서목록(CIP)은 서지정보유통지원시스템 홈페이지(http://seoji.nl.go.kr)와
국가자료공동목록시스템(http://www.nl.go.kr/kolisnet)에서 이용하실 수 있습니다.(CIP제어번호: CIP2014031499)